PENSER LE DROIT
À PARTIR DE LA RATIONALITÉ
OU DE LA MORALITÉ ?

Collection « Ouverture philosophique »
Série « Bibliothèque »
dirigée par
Dominique Chateau, Jean-Marc Lachaud et Bruno Péquignot

Une collection d'ouvrages qui se propose d'accueillir des travaux originaux sans exclusive d'écoles ou de thématiques.

Il s'agit de favoriser la confrontation de recherches et des réflexions, qu'elles soient le fait de philosophes « professionnels » ou non. On n'y confondra donc pas la philosophie avec une discipline académique ; elle est réputée être le fait de tous ceux qu'habite la passion de penser, qu'ils soient professeurs de philosophie, spécialistes des sciences humaines, sociales ou naturelles, ou… polisseurs de verres de lunettes astronomiques.

La série « Bibliothèque » comporte des ouvrages qui inaugurent ou complètent la connaissance des philosophes en explorant leur problématique, leur argumentation et leur héritage.

Dernières parutions

Arno MÜNSTER (en collaboration avec Fabio Mascaro Querido), *Le marxisme « ouvert » et écologique de Michael Löwy. Hommage à un intellectuel « nomade »*, 2019.
Paul DUBOUCHET, *Girard et Tresmontant, balayeurs et constructeurs. Pour le monothéisme*, 2019.
Pascal GAUDET, *Le projet démocratique. Recherche kantienne*, 2018.

Angba Martin Amon

Penser le droit à partir de la rationalité ou de la moralité ?

La philosophie du droit

L'Harmattan

5-7, rue de l'École-Polytechnique ; 75005 Paris

http://www.editions-harmattan.fr/

ISBN : 978-2-343-17172-2
EAN : 9782343171722

À ma mère SÉKA Aboueu Marceline dont la vie fut l'expérience d'une justice maternelle !

Sommaire

Préface...13

Introduction...15

Première section

LA PROBLÉMATIQUE DE L'INTERACTION ENTRE DROIT ET MORALE...23

Chapitre premier

Pour une éthicité juridique opérationnelle...25

Chapitre deuxième

La rationalité juridique et la responsabilité humaine...65

Chapitre troisième

Les conditionnalités juridiques et le pragmatisme procédural de la loi...93

DEUXIÈME SECTION

DE LA COMPATIBILITÉ ONTOLOGIQUE ENTRE DROIT ET RAISON SOCIALE...117

Chapitre premier

L'histoire de l'ontologie est consubstantielle à l'histoire de l'humanité......119

Chapitre deuxième

La déconstruction de la démocratie par la justice distributive.....................153

TROISIÈME SECTION

LE DROIT ENTRE RÉALISME ET UTOPIE.....................................185

Chapitre premier

La crise de légitimité du droit positif...187

Chapitre deuxième

Il faut démocratiser le droit...203

Conclusion générale..221

Bibliographie..225

Table des matières..231

Préface

Cet ouvrage ouvre la réflexion sur la nécessité d'une osmose entre éthique et droit en vue d'assumer l'ancrage démocratique d'une vie institutionnalisée. Pour ce faire, voudrais-je engager une réflexion axiologique sur le droit à la fois comme norme et éthique et organique de la communauté politiquc.

L'exigence d'une liberté plus grande dans la démocratie moderne obéit à un double impératif : celui d'une transformation qualitative de la société et d'une citoyenneté active. Ce qui ne peut se faire sans que l'on ne s'interroge sur les aspects moraux et ontologiques, d'une part et, les conditions normatives et objectives du droit qui fondent sa légitimité théorique et pratique, d'autre part. L'examen de ces déterminations sociologiques, métaphysiques, sociétales et éthiques est consubstantiel à l'effectuation du droit positif. Car son objectif est de parvenir au bien-être de la communauté politique. C'est pourquoi, dans le social s'évaluent la forme et le contenu du droit confronté à la fois à l'inégalité réelle et au principe d'égalité. Dans ce présent ouvrage, se jouent la liberté et la justice par rapport aux régulations sociétales objectives. La revendication d'un ordre sociétal juridique stable porteur d'une universalité structurant le champ politique débouche sur la légitimité du droit. La modernité démocratique renvoie à l'autodétermination du citoyen conformément à la normalité juridique dans laquel l'être et le devoir-être sont des catégories constitutives d'une ontologie sociale. Mon analyse se fait sur la base d'un rapport dialectique dans lequel, se déploie un ordre socio-politique où tantôt le droit est rejeté comme inefficace et aliénant, tantôt comme norme essentielle à l'instauration du constitutionnalisme et de la démocratie républicaine.

En débusquant les subtilités de la technique et de la positivité juridiques, cet ouvrage laisse émerger le principe éthique qui veut que la *res-publica* soit allouée selon des critères d'ordre constitutionnel mais aussi social et moral. C'est donc de la correspondance entre le social et le juridique que pourrait s'estomper les suspicions sur le droit. Dès lors, la contribution de cet ouvrage serait appréciable dans le sens où la pratique instituante et normative peut être perçue comme le point de départ de l'objectivation éthique et sociétale de l'Homme. Le recours à Kelsen, Bjarne Melkevik, Chaïm Perlman, Alaxendre Kojève, Sergio Cotta à partir de certains précurseurs tels que Kant, Hegel et Marx ainsi qu'à d'autres philosophes du droit positif et leurs épigones, ouvre sur la nécessité du contenu axiologique et les conditions d'une organisation rationnelle de l'espace public susceptible de consolider le lien social.

Ma grille de lecture se définit comme un réinvestissement épistémique des droits fondamentaux à partir desquels, se prolonge la théorie des normes et du droit positif, et la mise en relief du droit comme possibilité ou pas de la consécration constitutionnelle et politique de la vraie démocratie ou de la citoyenneté. Tout lecteur avisé peut donc découvrir dans cet ouvrage que la souveraineté de la raison par opposition à la souveraineté du peuple, n'est pas totalement gommée dans l'esprit et la lettre du droit positif. On assiste à une axiomatique juridique évacuant l'empirie de sa vertu constituante. La phénoménologie du droit apparaît comme une réalité institutionnelle en construction et qui, par ricochet, ne peut permettre d'instaurer la stabilité du pacte sociétal que si le droit, au-delà de son contenu théorique, est réellement l'équivalent de la justice, de la liberté et de la paix pour tout citoyen du monde.

Angba Martin AMON

Introduction

Notre réflexion sur le droit se fait à partir de la fondation rationnelle de l'ordre juridico-politique entrepris par Kant et Hegel et son effectuation dans un monde d'objectivité. L'examen de la position critique de Marx contre Hegel, réside dans le fait qu'il hérite de ce dernier la thèse selon laquelle le droit public s'objective dans l'État. Or, la controverse entre le maître et son disciple réside précisément dans le processus d'objectivation du social. En mettant en confrontation les aspects ontologiques et matérialistes du droit, il nous serait encore plus plausible de le scruter en ses racines pour mieux comprendre sa phénoménologie et surtout son impact sociétal. À cet effet, la métaphysique et le matérialisme sont deux modes de connaissances apparemment opposés mais dans leurs téléologies se retrouvent et convergent. Certes de la confrontation des discours sur le droit de ces trois grands auteurs, jaillirait l'être véritable du droit, mais l'enjeu de cette démarche est de mettre surtout en relief l'universalité du droit et sa restauration sociétale quel qu'en soit l'approche métaphysique ou matérialiste. Nous voulons plutôt montrer ce trait d'union qui résout la polémique et rapproche l'*ontos* (l'être, l'essence) de la matière, à savoir la méta-physique du droit ; cette dualité ontologique du droit longtemps occultée.

En effet, Hegel et Kant, penseurs de la modernité ont déjà posé les jalons d'une critique transcendantale du droit. Marx par contre, a tenté de critiquer le versant idéaliste et utopique d'une effectivité du droit du point de vue d'un réalisme politico-juridique, compatible avec l'idée de justice sociale. C'est donc de la confrontation de ces analyses divergentes que nous espérons extirper les schèmes susceptibles de consolider le droit positif et de faire ressortir l'archée du droit sans toutefois l'écarteler entre idéalisme et matérialisme. Hegel en théorisant la prééminence de l'Idée, de la raison et Kant en justifiant la validité de la raison pratique dans l'action, le devoir, nous permet de façon systémique et essentialiste de revenir aux fondements du droit positif qui s'est corrompu dans son incarnation historico-sociale. Marx, pour cela, ne croit plus au droit positif qui serait un subterfuge pour arnaquer la conscience sociale des peuples.

À lire Hegel et Kant, il y a chez eux, deux intérêts qui convergent. « (...) Héritier de l'Aufklärung, [Hegel] pense une époque où se sont nouées les conditions déterminantes de notre actualité [politique], où se sont constitués la société civile ; l'État national »[1]. Et « la science libérée par Kant de la double hypothèque dogmatique et sceptique (...) il pratique des déplacements notionnels (...) qui indiquent la signification, l'essence (...) parce qu'il réalise pleinement une volonté, Hegel nous permet d'en saisir le sens, et de l'apprécier »[2]. En soumettant le droit positif à cette exigence critique qui

[1] François CHÂTELET, *Hegel*, Paris, Seuil, 1968, p.17.

[2] Ibidem.

réaffirme sa valeur intrinsèque, « la science philosophique du droit a pour objet l'Idée du droit : le concept du droit et sa réalisation-effective »[3]. Cet intérêt de la science philosophique du droit rejoint celui de Marx et nous permet d'engager le débat constructif autour du droit. C'est dire que le droit contient cette double exigence d'être une Idée formalisée mais surtout technique, c'est-à-dire théorie et pratique. Le droit en tant que principe régulateur de la vie sociétale, est devenu une nécessité politique qui focalise toutes les passions et constitue le point d'ancrage démocratique de tout État. Sur ce, il s'impose à tous les peuples. Pour Hegel, « (...) le vrai [positif] se trouve hors de ce monde, et en même temps, comme la raison doit pourtant également s'y trouver, le vrai est réduit à n'être qu'un problème. Voilà ce qui donnerait le droit et même le devoir pour chaque pensée de prendre son élan »[4]. Cette nature ambivalente du vrai comme en soi et pour soi, montre que la recherche de la vérité est ce qui légitime toute réflexion et, fait que pour soi, la volonté subjective n'est identique en soi à l'universel. Cet universel qui s'objective dans la loi comme produit d'une volonté subjective, est repris dans le matérialisme dialectique comme une opération de la praxis au cours de laquelle l'abstraction du sujet rationnel est subsumée sous son être générique. Ainsi tout le voile d'un formalisme juridique qui enveloppe son existence d'être libre est alors déchiré par une connaissance-transformation qui, confronte fondamentalement la vérité à la réalité comme seule norme légitime.

Cet universel vrai est d'abord l'idée qui dans sa manifestation sociale s'impose à tous comme une vérité consensuelle. Si Kant le situe dans un subjectivisme positiviste et Hegel dans un idéalisme absolu, Marx par contre évoque un militantisme pragmatique de la pensée. En clair, l'universalité du droit doit s'appréhender comme une chose vraie et vécue. Cet objectif transcendantal de la raison-législatrice qui, dans l'agir opère le bonheur de la communauté humaine en la révolutionnant rationnellement, est ce que Marx assigne aussi à la *praxis* en tant que synthèse opérationnelle de la théorie et de la pratique pour révolutionner la société en vue du bien-être de l'homme.

Le juridisme d'un monde capitalisé s'exprime dans la critique du droit, chez Marx, comme la négation du droit dans le devenir-autre du monde. En effet, le dépassement du droit bourgeois est inscrit dans la phase d'une négation absolue des contradictions qu'on retrouve chez lui dans le communisme (synthèse). Ce faisant, le rapport de l'infrastructure à la superstructure (ensemble d'institutions étatiques) correspond à la logique d'une exploitation institutionnalisée dont la conséquence immédiate est : l'injustice. Pour faire coïncider l'être social et la liberté, il ne s'agit plus pour Marx de rechercher un cadre normatif ou un droit positif référentiel, mais il faut plutôt révolutionner les structures et les valeurs dites sociétales que

[3] Friedrich HEGEL, *Droit, Morale et politique*, textes choisis par Marie-Jeanne KÖNIGSON, Paris, PUF, 1977, p.19.
[4] Idem, p.17.

représente l'État capitaliste. L'État, dès lors, apparaît comme l'objectivation du mal social. Le dépérissement de l'État et l'extinction du droit, n'est rien d'autre que la suppression des racines d'une domination systémique. Mais concernant la thèse de la rupture avec les normes institutionnelles, Kelsen à la suite de Marx, voit plutôt une continuité en se fondant sur la thèse marxienne selon laquelle l'infrastructure engendre ses propres relations juridiques. Ce qui disparaît, dans la téléologie marxienne, ce n'est pas la juridicité du social mais la dissolution de la production normative et des principes qui légitiment son existence. La justice sociale qu'il revendique est bâtie sur le modèle de la justice distributive ou réparatrice qui, rétribue à chaque citoyen proportionnellement au travail dû.

La conscience révolutionnaire est dans ce cas conforme à l'autonomie de l'individu comme dépassement des formes d'aliénation incluant une dimension axiologique de l'émancipation qu'on perçoit chez Kant comme l'autonomisation de la raison. Pour ce faire, Marx se démarque de tout ce qui serait considéré comme principe d'ordre universel, car ces principes sont en réalité corrompus et vicieux. L'ontologie marxiste du droit se joue dans le devenir-autre du monde par un rejet systématique de la moralité objective. L'être social de Marx, dans sa production normative engage l'unité ontologique de l'humanité ; si bien qu'on peut dire que cette production prend la forme de l'impératif catégorique kantien, car l'agir du prolétaire s'inscrit dans l'universalité comme maxime d'action. C'est ce qui se justifie à travers le quantificateur universel « tous » dans « prolétaire de tous les pays unissez-vous ! ». Dans ce sens Marx rejoint ici Kant et Hegel relativement à ce qu'on peut appeler l'épanouissement de la liberté subjective qui, porte en elle la marque d'une liberté objective, universellement vécue. Il se dégage une praxis transformatrice du social où se retrouvent la théorie (connaissance) et la pratique (action) non pas comme deux modalités séparées dans l'agir, mais qu'il faut voir en termes d'identité et de compénétration structurelle.

Cette dimension axiologique qui détermine la production normative en idéalisant la réalité, est présente chez Hegel dans l'assimilation du réel à la raison et vice versa. Si la méthode (dialectique) est identique chez Hegel et Marx, l'essence de cette identité demeure différente. Dès lors, la finalité recherchée idéellement et matériellement respectivement par Kant, Hegel et Marx dans l'histoire de l'humanité, demeure le bien-être de l'homme. En dépit de cette accointance avec la logique hégélienne, Marx tente d'élaborer dès 1842 une position théorique originale, différente à la fois de l'historicisme juridique de Savigny et de la philosophie spéculative du droit d'Hegel en réélaborant le concept de « droit coutumier universel » en vue de défendre la cause des pauvres. Cette assimilation-transformation est le résultat de la constitution de l'éthos intellectuel de Marx. Quant au concept de l'être pur par lequel commence la logique hégélienne, et qui, inspirera l'essence du droit positif, est un être dépourvu de toute détermination. Autrement dit, un droit qui a une autonomie absolue à l'instar du postulat de l'unité fermé du droit positif de Kelsen. Ce normativisme positif rejette tout recours aux domaines extérieurs à la théorie pure, pour l'interprétation de la loi. L'opération d'abstraction de la philosophie du droit comme axiosophique, consiste à découvrir l'essence cachée de l'objet réel du droit. Extirper du champ d'application du droit, c'est-à-dire la démocratie citoyenne, toute forme arbitraire et abstraite du droit, renvoie à l'égalité entre producteur-citoyen et ceux qui les représentent. La problématique d'une démocratie sans domination fait refluer la perspective confuse du dépérissement de l'État chez Marx, et conforte l'idée qu'aucune émancipation ne peut se passer d'institutions. On ne peut donc concevoir une société totalement libre sans droits fondamentaux des travailleurs, des femmes, des enfants et de tous les opprimés.

La question de la justice sociale où s'estompent les inégalités sociales, relève d'un débat constitutionnel et juridique des citoyens, c'est-à-dire leurs droits sous diverses formes juridiques. Le combat pour un droit égal réel mené par Marx, Kant et Hegel prend certes des trajectoires différentes, mais ils convergent dans le sens de la rationalité normative qui, prédispose à l'institution d'une démocratie participative et représentative. C'est pourquoi, notre parcours porte la teinture philosophique de ces trois icônes de la philosophie du droit en vue de diversifier l'analyse de l'ontologie juridique face aux défis de la modernité. Ce qui permet un jugement ouvert sur le droit que nous offrent ces différents horizons philosophiques. La philosophie du droit ne peut se passer de la connaissance de la normativité juridico-positive, car cette normativité est le fondement rationel du droit. Elle est une modalité réflexive et critique sur le droit, dans le sens de la recherche d'une théorie autonome. Dans cette perspective, la théorie du droit au-delà de sa fonction de formalisation et de structuration sociétale, se perçoit autrement que dans l'action et le vécu.

Il ne s'agit donc pas d'une connaissance du point de vue axiologique, de vouloir le changement à tout prix en ce qui concerne le droit positif, voire sa dissolution, mais plutôt une déconstruction-adaptation du système juridique susceptible d'opérer la transformation véritable de la société mondiale devant réaliser le bien-être des sociétés humaines, c'est-à-dire la justice sociale. C'est pourquoi, le droit ontologiquement doit être la réalisation de l'homme dans la cité quelles que soient les circonstances dans lesquelles il se trouve. La logique et le droit malgré la critique marxiste, ont survécu aux conditions dans lesquelles ils furent formulés et, de ce fait, ne sont pas de simples superstructures susceptibles de disparaître avec la base. Le réel constitué par la science et la technique est le résultat de ces puissances autonomisées du capitalisme mondialisé.

Ce quotidien soulève la problématique de la norme juridique et de la culture démocratique et citoyenne parce qu'elles s'inscrivent dans un processus de structuration de ce quotidien des citoyens. Le droit comporte à ce niveau, le conditionnement des comportements en vue de socialiser les interactions et les commerces entre les individus. Il y a un privilège ontologique accordé au discours sur le droit qui, permet de transcender la conception d'une technique juridique souvent limité et insuffisante, pour résorber les questions liées à la démocratie et aux libertés individuelles.

> La technique juridique permet précisément au praticien d'approcher cette réalité, car le but du praticien n'est pas de se poser la question du droit ou du sens de la normativité donnée. Son approche au droit est conditionnée par un phénomène particulier que nous appelons un cas. De sorte que l'approche immédiate du praticien est conditionnée par la nécessité de trouver une réponse à son cas. La technique juridique lui indique que le premier pas est celui de la localisation de la norme, ou des normes qui vont lui permettre la résolution de son cas particulier. L'au-delà de la juridicité positive, n'est autre que l'horizon axiologique. Par conséquent, la philosophie du droit, est la pratique juridique qui permet la localisation rapide des textes nécessaires, car en plus de la loi il y a la jurisprudence et les autres sources formelles du droit. La connaissance de ces paramètres est le domaine de la technique juridique[5].

Plus précisément, le point de départ adéquat pour une interprétation suffisante. « La science philosophique du droit a pour objet l'Idée du droit, c'est-à-dire le concept du droit et sa réalisation ».[6]

> La philosophie du droit nous montre, en effet, que par-delà l'existence formelle de l'ordre juridique se profile une dimension strictement axiologique. Ceci dévoile le principe et la finalité du droit ; la réalisation effective du juste dans l'existence sociale. [...] La perception totalisante du droit inclut cette autre dimension du phénomène juridique : son devoir être. C'est le rapport de la positivité à cette autre dimension qui est l'objet de la philosophie du droit. Il ne s'agit pas ici d'un rapport arbitraire, mais d'une relation essentielle. Car le devoir être du droit est en même temps sa raison d'être[7].

La critique du droit s'enracine dans ce devoir-être synonyme de bien-vivre ou de mieux-vivre. Ce possible réalisable prévaut dans l'ordre de la raison et de la volonté tel que l'a exprimé Kant, Hegel et Marx. La critique du droit atteint ainsi sa pleine radicalité et se distingue de toute spéculation purement passive pour entrer dans le domaine de la *praxis* comme connaissance-transformation d'un ordre institutionnel et politique insatisfaisant. La

---

[5] Norman PALMA, *Introduction à la théorie et à la philosophie du* droit, Paris, Perspectives libres, 2014, p.20.
[6] Friedrich HEGEL, *Principes de la philosophie du droit*, traduit de l'allemand par André Kaan, Paris, Gallimard, 1940, p.47.
[7] Norman PALMA, Op.cit., p.4.

modernité et la postmodernité juridiques prennent tout leur sens dans ce projet de déconstruction des cadres normatifs et juridiques. Ce qui évite de retomber dans un simulacre de démocratie, de justice ou de droits de l'homme.

> La philosophie du droit moderne se révèle aujourd'hui un acteur de première importance dans les grands débats se rapportant à l'autolégalisation moderne (et démocratique) et aux choix qu'il convient d'effectuer quant à ce qui doit compter pour nous mutuellement sous le mode du « bien » et du « juste », et en tant qu'assurance (textuelle et potentielle) pour nos cosociétaires qu'il existe toujours une possibilité de faire appel au « droit » devant la violence, l'oppression, la discrimination, le crime. La philosophie du droit ne doit jamais se vautrer dans l'autosuffisance de son système, de la construction de sa « rationalité », ou encore se satisfaire d'un pur exercice de style et en référence à ses propres créations, à savoir en s'autoalimentant avec ses principes, ses règles de base (rules), ses systèmes (ou systématique), ses « pluralismes », et ses *tutti quanti*. [...] Il faut plutôt prendre le pari d'une modernité juridique perpétuellement en mouvement, en développement et en train de se rationaliser au bénéfice des individus en chair et en os. [...] Nous défendons qu'une philosophie du droit qui s'écrit aujourd'hui sans une prise en compte de la pratique judiciaire est plutôt sans valeur et inutile, voire nuisible. Il faut faire le contraire, c'est-à-dire investir le domaine de la pratique du droit et voir à partir des dossiers qui se plaident et qui se décident dans et par le prétoire, comment le droit se réalise(ou ne se réalise pas) dans la société contemporaine. [...] Le droit est pratique dans sa raison d'être là, à la disposition de tous et en tant que possibilité contingente en vue de régler les différends d'une façon juridique[8].

L'obligation propre aux normes et aux droits qui, engage des principes moraux valides doit participer à l'intégration sociale de l'individu à la confiance institutionnelle et à la reconnaissance de celui-ci de la légitimité de la loi. Ce qui traduit la corrélation entre la théorie du droit et le devenir-autre de la communauté politique. Dans le processus de détermination des abstractions par historicisation, les différents agents de transformation de l'ordre sociétal sont présents chez Kant, Hegel et Marx sous la forme de catégories dogmatiques appelées Raison, Idée et Prolétariat.

La logique idéaliste et matérialiste du changement ne devraient plus être perçue sous la forme d'une disjonction épistémique dans leur méthode comme dans leur contenu conceptuel, mais plutôt sur la base d'une communication de l'être, c'est-à-dire d'une vérité qui, engage analyse, technicité, interprétation, simulation et intelligibilité de l'ordre social. « L'horizon d'une solution juridique de nos querelles dépend de notre volonté et de notre engagement de même que des ressources saines de la tradition juridique en faveur d'une issue

[8] Bjarne MELKEVIK, *Philosophie du droit, Volume 2*, Canada, PUL, 2014, p. 2-3.

en droit. C'est en fait sur les ressources saines qu'il faut insister, autant chez les cosociétaires que chez les juristes, en rappelant que le droit est toujours écrit sur le mode faire »[9]. La connaissance du droit dans ce contexte doit se faire à partir de l'ontologie du droit pour être proche de la vérité sans toutefois occulter le pragmatisme juridique. Car la substitution de l'intelligibilité juridique à l'apparence juridique, pourrait sans doute être gage d'une autonomisation par rapport au monde et à l'être humain. La philosophie du droit est une pensée critique, dialectique sur le droit pour aboutir à une réflexion sur l'essence et l'intelligibilité du droit.

Mais le droit positif qui institutionnalise le pacte social peut-il être une norme stable et légitime? Quelles sont les conditions de l'autonomie du droit positif ? Que faire pour maintenir l'esprit de la loi dans la liberté ? La coexistence du droit et de la morale est-elle un mythe ou une réalité ? Cette problématique nous engage dans un exercice de synthèse des contributions des trois auteurs précités pour mieux appréhender l'être du droit en tant que phénomène et noumène sociétaux.

[9] Idem, p.16.

PREMIÈRE SECTION

LA PROBLÉMATIQUE DE L'INTERACTION ENTRE DROIT ET MORALE

Naturellement, le droit, pour l'essentiel, doit sa légitimité aux contenus moraux ; cependant, les ordres juridiques construits complètent les orientations morales de l'action acquises par la socialisation, afin que, dans des circonstances d'une complexité impossible à circonscrire, les citoyens n'aient pas à supporter les exigences cognitives et motivationnelles liées à une morale ambitieuse. C'est ce qui explique les différences de formes entre le droit et la morale, qu'il faut prendre en considération lorsque l'on parle de justice, selon que l'on se place précisément d'un point de vue moral ou d'un point de vue juridique. Que le droit ne puisse pas contredire la morale ne signifie pas que l'un et l'autre se trouvent pour autant à même hauteur de vue. Les différences apparaissent de manière particulièrement claire dans ce qui est exigé de nous et à quoi nous sommes positivement tenus à l'égard du prochain[10].

[10] Jürgen HABERMAS, *Entre naturalisme et religion. Les défis de la démocratie,* traduit de l'allemand par Christian Bouchindhomme et Alexandre Dupeyrix, Paris, Gallimard, 2008, p.227.

Chapitre premier

Pour une éthicité juridique opérationnelle

Le droit pur ne peut trouver toute réalité empirique que confronté aux faits. En ce moment la théorie s'objective, car sa validité conceptuelle dépend de son efficacité pratique. Or l'insertion de l'éthique comme conditionnalité normative du droit, permet d'établir l'idéal de justice sociale que revêt tout principe juridique, que ce soit la loi, le droit ou le contrat social. L'éthique est inhérente au droit et demeure donc valide dans toutes les circonstances que le droit veut régler. Elle représente à cet effet, le premier degré d'efficacité du mobil moral authentique et naturel qui, détermine le droit dans sa fonction de vecteur d'organisation et d'institutionnalisation de la démocratie et de la justice sociale. Le droit trouve sa substance vertueuse, moralement pure, sans aucun mélange par sa capacité d'établir une communauté politique unie et solidaire.

En tant que défense contre le tort, les concepts de droit et de justice sont des catégories de la législation positive. Il y a donc « un droit purement éthique, ou droit naturel, et une doctrine du droit pure, c'est-à-dire indépendante de tout règlement positif »[11]. L'exigence normative du droit implique alors dans sa manifestation sociale, une moralisation de la vie publique et privée comme deux sphères qui s'enchevêtrent et dont appartient tout citoyen. Dans ce contexte, l'interaction entre les individus doit se faire par une coïncidence des intérêts de l'État et de ceux du citoyen. L'équilibre des forces en présence est régulé par une égalité juridique qui confère à chaque membre de la société une égalité de chance sans considération sociale ou sans référence au statut social de l'individu. « L'hommage rendu par tout le monde à des paroles comme liberté, démocratie, autorité, loi, égalité, etc., montrent seulement l'absence de clarté dans la discussion : pour y remédier, il faudrait commencer par la question de la coexistence (consciente) de la révolution, de l'évolution et de la réaction dans le monde ; et il faudrait continuer par celle qui cherche le sens concret des termes [droit] et [morale] formel et réel, qui servent, l'un de justification, l'autre d'insulte et qui, pourtant, tous deux désignent ou des réalités ou des moments également abstraits de réalités ».[12] L'éthique juridique instruit par les erreurs du droit apprend la bonne conduite que les prétendus droits de l'homme n'arrivent pas à garantir aussi bien dans l'administration des choses que dans celle des hommes. Un droit plus démocratique renvoie à un système de justice. À l'intérieur du système, dès qu'on ne met pas en discussion le principe fondamental qui lui sert de base, la

---

[11] Arthur SCHOPENHAUER, *Les deux problèmes fondamentaux de l'éthiquen (la liberté de la volonté/ Le fondement de la morale),* traduit de l'allemand par Christian Jaedicke, Paris, Éditions Alive, 1998, p .189.

[12] Éric WEIL, *Hegel et l'État cinq conférences suivies de Marx et la philosophie du droit,* Paris, Vrin, 2002, p. 110.

justice sera celui d'éviter tout arbitraire dans les règles et toute irrégularité dans l'action. « Les juristes, mécontents d'une conception positiviste, étatiste et formaliste du droit, insistent sur l'importance de l'élément moral dans le fonctionnement du droit, sur le rôle qu'y jouent la bonne et mauvaise foi, l'intention méchante, les bonnes mœurs, l'équité, et tant d'autres notions dont l'aspect éthique ne peut être négligé »[13]. Ce qui caractérise cette relation du droit et de la morale, c'est cet engagement à être juste devant les règles communément admises dont l'interprétation et l'adaptation à des situations variées peuvent conduire à l'arbitraire.

I -Exigences d'une gouvernance juridique et institutionnelle

Il serait plus raisonnable d'exiger une moralisation du droit, c'est-à-dire, un droit anthropogène qui promeut l'humanité en éveillant en chaque citoyen des sentiments de justice, de compassion, d'humanité auxquels nous convient la sociabilité et la socialité. C'est donc une éthique de bonne conduite, de secours mutuel, d'utilité sociétale qui réunit les membres d'une société et les font travailler de concert à leur bonheur réciproque. Cette norme du droit permet la réunion, l'unité des volontés non pas de façon factice, mais réel en procurant à la nation de la force, de la puissance, de l'énergie pour surmonter les obstacles au bien-être de la communauté politique. Pour mieux comprendre l'éthicité juridique, il faut saisir l'homme dans ses mœurs, dans son désir de justice et de sa capacité à s'ouvrir à l'autre comme intersubjectivité. Ces démarches ontologique et politique assument notre universalité dans la dynamique nouvelle d'une citoyenneté active et agissante.

Le droit doit être empiriquement vécu si nous voulons en extraire sa substance comme manifestation de la liberté. Ce qui veut dire qu'au sens large, la liberté serait l'absence de tout ce qui fait obstacle ou empêche d'agir. Mais on entendra par la conception ontologique et positive de la liberté, « tout ce qui se meut ou agit uniquement par sa volonté »[14]. Par extension, un peuple est également dit libre s'il est uniquement gouverné par des lois qu'il s'est donné lui-même, c'est-à-dire il n'obéit jamais qu'à sa propre volonté institutionnalisée sous la forme de constitution ou de contrat social. Cette approche du droit que soutiennent les théoriciens du contrat a au fond une dimension métaphysique avant d'être sociale et politique. À partir de là, la liberté politique liée au droit positif doit donc être rattachée à la liberté physique, intellectuelle et morale.

Le droit combine dans l'agir, volonté et norme comme deux catégories ontologiques d'évaluation de notre liberté. « Le concept de liberté originaire, empirique, provenant de l'action, ne se laisse donc pas rapporter directement

[13] Chaïm PERELMAN, *Éthique et droit*, 2e Édition, Paris, Éditions de l'Université de Bruxelles, 2012, p.364.

[14] Arthur SCHOPENHAUER, Op.cit., p .3.

au concept de volonté. Pour pouvoir néanmoins appliquer le concept de liberté à la volonté, il a fallu le modifier en le rendant plus abstrait »[15]. C'est en ce moment que le concept de nécessité devient une norme opérationnelle dont le sens rime avec « une raison suffisante ».[16] Ce qui veut dire qu'il y a une analogie du point de vue sémantique entre nécessité et raison suffisante. Or chez Kant, « la liberté est le pouvoir de commencer par soi-même. Ce par soi-même veut dire, réduire à sa signification véritable, sans cause antécédente : ce qui est identique à sans nécessité ».[17] Ainsi Kant purifie la raison de toute intentionnalité. Le faisant, une volonté libre serait celle qui ne serait pas déterminée par des raisons, c'est-à-dire par rien. Toute action est mue par une intention comme le révèle l'intentionnalité de la conscience[18] husserlienne. L'éthique kantienne porteuse d'une raison législative subjective déconnectée de toute extériorité, conscience de soi se heurte à la conscience d'autres choses, dès qu'il s'agit du monde extérieur. En effet, « personne ne saurait récuser que notre volonté ait toujours pour objet des choses extérieures sur lesquelles elle est dirigée, autour desquelles elle tourne et qui l'occasionnent, au moins à titre de motifs ; s'il n'en était pas ainsi, il ne resterait qu'une volonté entièrement coupée du monde extérieure et enfermée dans l'obscur intérieur de la conscience de soi »[19]. La liberté est un fait et ne peut se constituer en un simple postulat métaphysique comme l'a voulu Kant.

C'est pourquoi, la politique est à la fois une œuvre positive et normative. La coïncidence de ces deux sphères, c'est-à-dire la spéculation théorique (élaboration de concepts) au service de la pratique (concepts opérationnels, capables de transformer la société) afin de parvenir à la meilleure société possible, est indispensable. L'enjeu du débat social est avant tout éthique, car elle détermine les conditions du bonheur de la communauté humaine. Dans cette perspective, le droit qui régule les interactions humaines « doit posséder la vertu éthique achevée car sa fonction est absolument directive, et la raison est directrice… »[20]. Ce qui lui permet d'assurer une bonne administration des affaires publiques de sorte que les citoyens soient satisfaits de leurs besoins matériels. La nature du citoyen, c'est « l'homme, […] qui a la possibilité d'accéder au conseil ou aux fonctions judiciaires dans un État ». Et l'« État la collectivité des citoyens ayant la jouissance de ce droit, et en nombre suffisant pour assurer à la cité, […] une pleine indépendance »[21]. De ces deux

---

[15] Idem, p .6.
[16] Ibidem.
[17] Idem, p .7.
[18] Selon le principe de l'intentionnalité de la conscience, toute conscience est la claire conscience de quelque chose d'autre qu'elle, car la conscience dans sa manifestation phénoménale ou nouménale ne peut être neutre. Elle est toujours orientée vers ce qui la détermine à penser ou à agir.
[19] Idem, p .189.
[20] ARISTOTE, *La politique, livre I*, traduit du grec par Pierre Pellegrin, Paris, Nathan, 1983, p.61.
[21] Idem, p.171.

schèmes constitutifs de la démocratie, la constitution est la norme supérieure qui tente de rationaliser l'hétérogénéité de la communauté politique en vue de garantir la stabilité du pacte social. La force d'une constitution réside dans l'autorité des lois, car « là où les lois n'ont aucune autorité il n'y a pas de constitution du tout : il est essentiel, en effet, que la souveraineté de la loi s'étende à toutes choses [...], et c'est à cela qu'on reconnaît une véritable constitution »[22]. La vraie constitution doit aboutir à la reconnaissance de la dignité de l'homme, à l'action libre et à l'invention de règles publiques offrant à tous les conditions minimales de mieux-être. Dans ce cas, le corpus juridique devient le choix d'une bonne organisation de la société, ayant un réel intérêt pour la majorité des citoyens dans le sens d'une pacification des esprits nécessaire à un développement global stable. C'est pourquoi, l'éthicité juridique repose sur « la conviction que la transcendance ne peut plus concrètement être aujourd'hui le fondement d'un ordre politique comme de principes moraux, c'est-à-dire règles pour conduire l'existence de l'homme [...]. [Néanmoins] la transcendance existe encore par brides, sous la forme de rémanences d'idéologies, qu'au demeurant elle peut revêtir des contenus qu'un démocrate va juger utiles, par exemple dans la défense des droits de l'homme »[23]. La libération de l'homme exige la référence à une loi pratiquement socialisante comme acte institutionnel de vie communautaire. C'est dire que la loi porte nécessairement la marque extrême du pragmatisme qui lui permet de parvenir à la réalisation d'un projet social commun.

Le rapport de tout système juridique à la réalité politique et sociale doit contribuer à la désaliénation systématique de l'homme et engendrer sans cesse une nouvelle humanité. La gouvernance relève du réalisme politique sans pour autant exclure une éthique sociale, c'est-à-dire celle qui réconcilie les bonnes conduites et les bonnes pratiques en vue de sa propre réussite. L'organisation de la communauté politique se fait sur la base de rapports volontaires à une construction sociale orientée par une constitution progressive et s'adaptant aux mutations sociales des peuples. « La conservation sociale rendra sans doute nécessaires bien des adaptations aux compromis [juridiques] qui ont rendu possible l'acceptation de cette société politique »[24]. Ce rôle doit être celui du droit ou de la constitution qui, en réalité est un choix éthique ; celui de « poursuivre la politique de compromis par laquelle les conflits trouvent leur solution, par laquelle les acteurs se promettent et se garantissent mutuellement de trouver, demain encore, au fur et à mesure des crises que connaîtront leurs relations toujours conflictuelles, une sortie de crise toujours possible. Cette conservation sociale est en définitive faite d'une adaptation constante et permanente aux défis nouveaux

22 Idem, p.280-281.
23 Nicolas TENZER, *Philosophie politique*, Paris, PUF, 1994, p.557.
24 Denis MAUGENEST, *Gouverner la violence*, Abidjan, Les Éditions CERAP, 2005, p.41.

du corps social »[25]. Dans cet esprit de conservation, le droit a une fonction d'arbitrage comme dernier recours du règlement des différends entre les citoyens que ceux-ci n'auraient pas réussi à résoudre directement entre eux. « [Le droit] intervient comme tiers et impose sa loi entre les parties. Il inaugure ainsi par-là l'émergence d'une sphère publique, distincte des sphères d'intérêts privés des acteurs sociaux. La fonction d'arbitrage et donc le pouvoir émerge de manière plus précise là où il y a, pour tous les acteurs de la société civile, promesse de sécurité pour leurs personnes et pour leurs biens, de paix durable dans les relations sociales, si possible de justice aussi dans le règlement des conflits »[26]. Le moyen normal du droit est d'assurer par la force de la loi la concorde intérieure relativement aux contradictions qui subsistent dans la société. La réalisation de ce principe vérifie l'efficacité du droit et surtout ce qu'il est convenu d'appeler l'effectivité du pouvoir politique. La nouvelle éthique du droit « devra réconcilier le politique et le juridique avec l'universel »[27]. Cette éthicité juridique est un droit à la vie capable de rétablir la cohérence et l'harmonie entre tous les éléments constitutifs du corps social. Elle est une exigence de paix sociale, car la paix est la valeur suprême, et est éthiquement valable pour la survie de l'humanité de façon impérative et catégorique.

Dès lors, les fins ne devraient plus justifier les moyens, car ses moyens doivent désormais subir une évaluation éthique. De l'osmose de l'éthique et du droit, contrairement à toute obligation juridique spécifique ou politique, l'obligation éthique, inconditionnelle et universelle participe de l'équilibre et de l'intégration des activités des individus en vue de l'accomplissement de leur l'humanité. La crise sociale est, en réalité, une crise éthique considérée comme élément mobilisateur des énergies et une synergie des forces sociales vers le progrès. De ce fait, l'éthique appliquée au droit est donc « l'instance organisatrice et directrice des [mœurs sociales]. [Cette] approche éthique [...] pourrait donc parvenir à la pacification du monde, et par conséquent à une culture universelle de la paix »[28]. Ce nouvel esprit civique et citoyen résulte d'un engagement sincère des gouvernants et des gouvernés à préserver l'essentiel en dépit de tout, c'est-à-dire la paix ; condition de tout développement.

En insistant sur la dimension opérationnelle de l'éthique juridique, nous voulons ici mettre en relief sa nature pragmatique qui, s'étend au niveau national et international comme une communication de la vie et une pédagogie du vivre-ensemble. Si la démocratie moderne est balbutiante, c'est parce que son étoffe juridique n'a pas été suffisamment faite. La prise de conscience de

---

[25] Ibidem.
[26] Idem, p.45.
[27] Lanciné SYLLA, *Anthropologie de la paix : De la contribution de l'Afrique à la culture de la paix*, Abidjan, Les Éditions CERAP, 2007, p.351.
[28] Ibidem.

tous les acteurs politiques et des juristes ou législateurs, implique nécessairement une éducation citoyenne et l'intégration de cette culture du droit dans tous les compartiments de la vie sociétale. Dans ce sens, la démocratisation et la socialisation deviennent des réalités tangibles et vécues, car l'éthique juridique redonne confiance aux citoyens en leur assurant « une atmosphère de sécurité, de libre expression de la citoyenneté. [...] Elle ne fait que créer l'espace public de rationalisation, d'émancipation qui permet aux hommes de retrouver leur dignité et de la protéger »[29]. Cette valeur architectonique de construction et de consolidation du pacte social demande de faire recours à un droit ou une loi qui favorise la participation croissante des citoyens au processus de gestions des affaires publiques, et ce, de manière transparente. C'est ainsi que « s'impose une nécessité de socialisation-sociabilisation du cadre communautaire »[30]. Dans ces conditions, le citoyen devient à la fois le héraut de la liberté mais il intègre par-là, l'exercice du pouvoir politique, c'est-à-dire une incarnation de l'État qui, du coup, devient un État social. L'éthique renforce la force de la loi, car elle impose la bonne manière de vivre comme norme qui rend le processus de démocratisation réelle et possible. « Elle devient [donc] cette inépuisable source de satisfaction des conditions d'émancipation de la société »[31]. La sociabilité se joue entre la dissociation du juridique et de l'économique pour éviter une inféodation de l'un par l'autre, c'est-à-dire rendre le processus de libération de l'homme possible.

La critique traditionnelle du droit bourgeois faite par Marx, est son immoralisme et son amoralisme. En clair, ce droit ne comporte aucunement un humanisme au sens propre du terme. Dans le procès de circulation, la norme juridique devient un instrument de mesure dans les échanges entre les individus. Ce droit individualise l'homme et dissout l'esprit communautaire qui devrait être le socle d'une démocratie citoyenne. Cette exigence fondamentale de la gouvernance juridique et institutionnelle, permet l'implémentation des vertus fondamentales de l'éthicité sociale qui, en réalité constituent l'écorce du droit vécu.

II – Les vertus fondamentales de l'éthicité sociale

L'institution d'une société de droit repose nécessairement sur une morale de l'intérêt général que nous nommons ici l'éthicité sociale. « Hegel peut dire de la philosophie qu'elle est au service de l'État et qu'elle doit lutter contre la destruction de l'éthicité intérieure et la droite conscience-morale, de l'amour

[29] Faloukou DOSSO, *L'universalisation de la démocratie Vers la théorie habermassienne de la démocratie ?*, Paris, L'Harmattan, 2015, p.42.
[30] Ibidem.
[31] Idem, p.35.

et du droit parmi les personnes privées »[32]. Cette éthicité dont parle Hegel renferme par extension des vertus fondamentales qui sont : l'altruisme, l'éthique de la vie sociétale qu'Aristote nommait « la sociabilité innée » et de la dignité-humanité. Ces catégories impliquent le respect en soi et le respect pour soi, et représentent une éthique auto-constructive de notre citoyenneté en dehors de tout carde constitutionnel. Car la sociabilité est immanente, donnée si l'on se réfère à Aristote dans *la politique*[33] (1989) avant d'être acquise dans un processus sociétal disciplinaire. Revenons à la première vertu : l'altruisme.

L'altruisme prôné par Stuart Mill montre qu'un acte est bon quand il engendre un bonheur partagé par tous. Pour transformer la société humaine, il faut se rapporter non pas exclusivement aux valeurs normatives qui fondent la communauté humaine, mais voir l'attitude que l'homme prend vis-à-vis de ces normes, au motif qui le fait agir conformément à elles. L'attitude des individus qui rend impossible l'intervention du droit, consolide davantage le corps social, car la morale réalise, par-là, la justice en chaque personne. L'altruisme implique une interaction marquée par la dynamique de trois formes de relations que nous avons ainsi systématisées : relation-conflit, relation-production, relation-justice que l'on perçoit dans le pacte sociétal. Et tant qu'il n'y a pas d'hommes qui commercent entre eux, on ne peut parler de droit. En effet, pour le droit la réalisation de la justice est un but en soi et son but unique.

La morale institue un comportement de l'homme qui relève de la perfection et ne réalise la justice qu'indirectement et d'une manière en quelque sorte facultative. « Les morales modernes courantes ont toujours un caractère plus ou moins social et reconnaissent la valeur morale du principe de justice, disant qu'on ne peut être moralement parfait qu'à condition d'être aussi juste, elles peuvent s'incorporer la majeur partie du droit valable dans la société où elles ont cours »[34]. La communauté politique enferme en elle des différences qui conduisent nécessairement aux différends, c'est-à-dire à une vie confligèle qui ne peut se maintenir que par un état de droit. Mais cette intentionnalité de l'homme qui le pousse à sortir de soi pour rencontrer l'autre, est porteuse d'humanité, car on ne peut vivre dans le solipsisme de la conscience cartésienne, encore moins en autarcie ; ce qui serait un contresens en soi de l'idée de communauté.

---

[32] Emmanuel Renault « Connaître le présent. Trois approches d'un thème » in Jean-François KERVÉGAN et Gilles MARMASSE (dir), *Hegel penseur du droit*, Paris, CNRS EDITIONS, 2004, p.24.

[33] Elle est une œuvre majeure qui comprend l'intense activité philosophique d'Aristote depuis son séjour à Assos jusqu'à la fin de son enseignement au lycée. Elle est en substance le reflet de l'art de gouverner, l'art d'éduquer et l'art organiser la cité dans sa double dimension éthique et sociale.

[34] Alexandre KOJÈVE, *Esquisse d'une phénoménologie du droit*, Paris, Gallimard, 1981, p.222.

La finitude de notre être exige pour exister la présence de l'alter ego. Comme un lieu privilégié de l'intersubjectivité, la société humaine n'a d'autre intérêt que la traduction en justice de ce qui fonde le pacte sociétal. Merleau-Ponty pose la problématique de la dynamique fonctionnelle de l'intersubjectivité chez Marx qu'on retrouve dans l'altruisme en ces termes « quel est donc pour Marx le porteur de l'histoire et le moteur de la dialectique ? C'est l'homme engagé dans un certain mode d'appropriation de la nature où se dessine le mode de ses relations avec autrui, c'est l'intersubjectivité humaine concrète, la communauté successive et simultanée des exigences en train de se réaliser »[35]. Cette communauté faite de concurrence est l'altérité en mouvement dans le sens de rupture et de progrès de la marche de l'humanité. Même la subjectivité finit toujours par se diluer partiellement ou totalement dans une communauté qu'elle soit économique, politique, culturelle, sociale ou religieuse. Le culte de l'humanité exige de « conserver toutes les valeurs [sociétales] pour les réserver au profit de l'homme communautaire »[36]. Mais l'idée de l'homme communautaire nous conduit irréversiblement au concept de communauté là où l'on comprend mieux l'idée d'altérité ou d'altruisme, car il se déploie dans le cadre d'un développement participatif de la société. « Le concept de communauté, groupe organique, homogène, cohésif et traditionnel au sein duquel les intérêts des membres coïncident avec ceux du groupe, contrastant avec la société, fondée sur les intérêts individuels et où prédominent des rapports impersonnels de type contractuel »[37], est souvent problématique mais cela n'entache guère l'efficacité stratégique et méthodologique de cette approche du développement inclusif.

En effet, l'inclusion de la communauté qui, autrefois se limitait à des élites ou groupes dominants, permet la transparence des processus de décision et de la gestion financière. On découvre une participation large des différentes couches sociales à la planification en intégrant les femmes, les jeunes et les couches sociales les plus vulnérables à la pertinence et à la réalisation des objectifs du millénaire. « Le projet de développement par les communautés met en place des mécanismes de décision collective de recours dans des contextes où les institutions publiques sont inefficaces, non représentatives et non responsables. Les bénéficiaires deviennent acteurs de leur développement »[38]. De ce fait, le développement « par le bas » comme le disait Marx dans ses écrits économiques, est amorcé et représente le fondement d'une intégration efficace des sociétés fragiles et des couches

[35] Merleau-Ponty in Jad HATEM, *Marx, philosophe de l'intersubjectivité*, Paris, L'Harmattan, 2003, p.9.
[36] Idem, p.61.
[37] Juana BRACHET « Le développement par les communautés : l'ambition de transformer les États fragiles » in Jean-Marc CHÂTAIGNER et Hervé MAGRO (dir), *États et sociétés fragiles. Entre conflits, reconstruction et développement*, Paris, Karthala, 2007, p.250.
[38] Idem, p.254.

pauvres. Ce renversement de méthodologie rompt d'avec l'approche classique du développement où tout était centralisé dans la main d'une bureaucratie bourgeoise et, que Marx avait longtemps critiqué parce qu'inopérante et inefficace. Désormais, le primat est accordé au communautarisme et au développement participatif et démocratisé. En faisant la promotion d'une intersubjectivité constructive, on « renforce le lien social au sein d'une communauté et, dans certains cas, entre les communautés. [...] Les mécanismes de décision collective peuvent servir à d'autres programmes ou projets et offrir des occasions d'introduire une approche participative dans d'autres domaines que le développement communautaire »[39]. C'est pourquoi « il est juste que tous participent aux fonctions publiques [et sociales] »[40]. L'utilité de la communauté politique réside dans sa téléologie puisque « c'est en vue de l'assistance mutuelle que la [communauté] est naturellement formée »[41]. Cette aide mutuelle traduit une éthique de la gouvernance qui fait de l'aide non pas une contrainte assortie d'un intérêt aliénant l'autre, mais ce qui lui permet de se réaliser afin de sortir de sa précarité et de sa fragilité existentielle.

Dans ces conditions, on peut dire que « le développement par les communautés peut permettre d'obtenir, tout d'abord, un meilleur résultat que celui obtenu par les voies alternatives (États, agences des Nations Unies et ONG maîtres d'ouvrage) »[42]. En instituant cette approche du développement, on parvient à « atténuer l'absence de sécurité, des clivages sociaux profonds, la restriction des droits d'expression et de libre circulation, le vide institutionnel ou l'opposition du gouvernement à tous les échelons, le manque de personnel qualifié pour la facilitation, la formation et la coordination, les aspects logistiques et particulièrement d'acheminement des fonds et des équipements et matériaux ... »[43]. Aujourd'hui, tous les États sont critiqués sur la base de leur rapport avec leurs citoyens et sur leur capacité à maîtriser leur intégration et insertion dans l'espace de l'économie mondialisée.

Dans un tel contexte, c'est le principe de la communauté et du développement participatif articulés autour de la décentralisation et du dépérissement de la superstructure étatique qui fait maintenant école. L'État est confronté à un double mouvement marqué par une demande de démocratie de proximité, qui met à l'ordre du jour le besoin de la décentralisation et, une demande de coopération entre pays voisins pour atténuer les contraintes que l'économie mondialisée fait peser sur chacun d'eux pris individuellement. Ce qui débouche sur la nécessité de l'intégration dans des ensembles régionaux, supranationaux. Cette dynamique est à l'œuvre partout dans le monde. C'est

---

[39] Ibidem.
[40] ARISTOTE, Op.cit., p.87.
[41] Idem, p.86.
[42] Juana BRACHET « Le développement par les communautés : l'ambition de transformer les États fragiles » in Jean-Marc CHÂTAIGNER et Hervé MAGRO (dir), Op.cit., p.253.
[43] Idem, p.261.

une dynamique du développement basé sur le principe de communauté et de l'altérité qui, démontre bien que le monde se trouve dans une relation intersubjective où nul ne peut prétendre progresser sans l'autre. En scrutant dans leur essence les notions d'intégration, de coopération, de communauté ou de communautarisme, on s'aperçoit que l'homme a pris conscience et la mesure d'un individualisme inefficace et anachronique dans le contexte de la société ouverte. Ce qu'il faut désormais à l'humanité pour consolider ce développement de la communauté, est une éthique de la gouvernabilité qui permet de sauver notre planète menacée par le développement capitaliste et économico-centriste et surtout une crise environnementale irréversible. L'Afrique particulièrement en sort fragilisée et vulnérable. Le grand défi d'une éthique de gouvernabilité du monde de demain sera de « régénérer les citoyennetés locales et de générer une citoyenneté planétaire, de lier nos diverses parties au sein de la terre patrie »[44]. Dans cette perspective d'une nécessité vitale, l'éthique de la gouvernabilité prend le sens d'une vocation universelle dans l'esprit du vrai socialisme concernant l'homme et son destin. Pour cela elle est mondiale, internationaliste, voire civilisatrice car elle unit et fraternise le corps sociétal dans sa diversité, en supprimant l'antique barbarie de l'exploitation de l'homme par l'homme.

Elle inaugure à la fois une approche réformiste du développement durable et la déconstruction du concept de gouvernance. On assiste donc à une métamorphose de la gouvernance classique tel qu'il est perçu par le système capitaliste. Dès lors, il faut « corrélativement conserver l'idée de révolution et révolutionner l'idée de conservation. C'est la notion de métamorphose [de la gouvernance] qui contient ce double sens, puisqu'une métamorphose radicalement différente de la révolution de la table rase et de conservation sans changement, porte en elle la conservation en même temps sa transformation en un autre. Elle sauvegarde en transformant et recompose en décomposant »[45]. En procédant ainsi, l'éthique de la gouvernabilité devient la synthèse de ce qu'il faut garder comme positif au développement, c'est-à-dire l'idée de la recherche d'un bien-être adosser à la refondation politique où prédomine le développement l'humain, c'est-à-dire l'anthropolitique. L'éthique renferme des valeurs socialisantes et humanisantes en termes d'énergie pour affronter son présent et préparer son futur. Dans ce cas la gestion déborde le cadre purement économique, car « le ressourcement dans le passé culturel est pour chacun une nécessité identitaire profonde, mais cette identité n'est pas incompatible avec l'identité proprement humaine en laquelle nous devons également nous ressourcer »[46]. La nouvelle pensée de la gouvernance démocratique ne doit pas perdre de vue l'histoire respective des peuples pour ne pas s'enfermer dans un universalisme abstrait du

[44] Edgar MORIN, *Pour et contre Marx*, Paris, Temps présent, 2010, p.118.
[45] Idem, p.116-117.
[46] Ibidem.

développement, incapable de satisfaire les attentes et les besoins réels des peuples de la planète.

Il nous faut « non plus opposer l'universel aux parties, mais lier concentriquement nos parties, familiales, régionales, nationales, européennes, [africaines], et les intégrer dans l'univers concret de la patrie terrienne »[47]. Cette entreprise est un engagement de la bonne volonté dans le processus de développement de l'humanité et ce, quelle que soit leur origine ou classe. La matérialisation du développement durable est consubstantielle à ce pari et à cette éthique (la bonne volonté) comme plein exercice de la pensée rationnelle. « La bonne volonté est une potentialité anthropologique que peuvent inhiber bien des échecs, des déceptions, des résignations, des habitudes, mais que peut éveiller l'espérance »[48]. Cette disposition d'esprit permet de repenser et de reformuler en termes adéquats le développement durable. Résister aux crises sous toutes ses formes demande de respecter et d'intégrer l'apport des cultures autres que celles provenant de l'occident. Si bien que la gouvernabilité mondiale qui, « ne s'inscrit pas dans le sauvetage de la planète et la poursuite consciente de l'hominisation est insoutenable »[49]. Développer le processus d'hominisation dans le sens d'une amélioration qualitative des rapports entre les citoyens et d'une amélioration des conditions de vie des sociétés humaines, doit être le défi de toute politique de gouvernance. La violence du capitalisme a considérablement entamé la capacité normative de l'État. Or l'éthique de la gouvernabilité répond à cet état de fait. Elle tente de recueillir et de faire renaître l'héritage normatif et moral des États déliquescents. À cet effet, elle compense les carences structurelles de la gestion publique par une légitimation démocratique des décisions prises au-delà de l'organisation étatique. Il y a donc des contraintes structurelles liées à la pauvreté de masse qui, requiert dans le cadre d'une éthique de la gouvernabilité, un environnement minimum favorable pour y remédier. Ces conditions sont :

> cadre légal fournissant la possibilité de créer et de s'engager dans des mouvements participatifs orientés sur les affaires publiques. Les dispositions portent généralement sur le droit de se réunir, de créer des associations, de s'exprimer, de mobiliser des ressources, d'avoir accès à l'information et de s'engager dans le débat public. Stabilité politique et sécurité : un minimum de sécurité doit être établi afin de permettre la réalisation d'activités collectives. Volonté politique de laisser un espace d'expression minimum. Bases économiques et financières assurant la viabilité des différentes formes

47 Ibidem.
48 Idem, p.115.
49 Idem, p.118.

d'engagement citoyen. Existence de normes socioculturelles permettant l'émergence, la pratique et l'efficacité des mécanismes de participation [50].

L'articulation cohérente de ces conditionnalités primordiales à l'amorce d'un développement durable, est tributaire d'une éthique qui renforce les capacités productives par la bonne volonté. Ce qui contribue à la construction de systèmes de gestion résistants aux conjonctures sociales, c'est-à-dire une résilience communautaire et sociale.

Cette gouvernance qui transcende la gestion démocratique est une forme de responsabilité de l'homme devant l'histoire et le legs universel à la future génération. L'éthique de la gouvernabilité ne se réduit pas à la gouvernance démocratique ou au respect scrupuleux des principes classiques de la démocratie. Mais plutôt elle porte sur la légitimité des hommes qui s'adonnent à cette politique de gestion et, surtout leur capacité à rester digne face à toutes les tentations ou à toutes les formes de corruptions. L'objectif d'émancipation et d'insertion sociale des couches majoritairement fragiles doit rester la maxime d'action d'une politique citoyenne. La visée éthique de la gouvernance dans l'institution politique et économique est un comportement, une action qui doit nécessairement coïncider avec le développement ou le progrès de toute société. Elle doit « conditionner l'action au point qu'agir n'est possible qu'au prix d'un intériorisation de la règle instituée »[51]. C'est l'idée d'un nouveau mode de gestion ancré dans la régulation sociale de survie et de respect de la chose publique.

De ce fait, l'éthique de la gouvernabilité qui s'assimile à la bonne gouvernance « permet de dépasser la dichotomie État/société civile et de délimiter la sphère publique et la sphère privée. [...] Elle est pensée comme étant le cadre du pluralisme juridique et des régulations sociales, donc l'expression de la liberté créatrice d'acteurs, dont l'intérêt à agir est orienté vers la réalisation d'un intérêt collectif »[52]. Cette réforme institutionnelle dans une approche normative de la gestion politique et économique des hommes, transcende la bonne gouvernance en dépit des caractéristiques convergentes qui risquent de les confondre, car elle ajoute à la performance des indicateurs économiques une dimension morale inquantifiable et qui, constitue la présupposition du succès des animateurs politiques du développement. Autrement dit, on peut mettre en place un paradigme de développement assorti de moyens nécessaires à sa réussite, mais tant que les acteurs qui l'animent

---

[50] Karene MELLOUL « La démocratie participative peut-elle reconstruire le contrat social dans les États fragiles ?» in Jean-Marc CHÂTAIGNER et Hervé MAGRO (dir*),* Op.cit., p.283.

[51] Paul LADRIÈRE et Claude GRUSON, *Éthique et gouvernabilité*, Paris, PUF, 1992, p.29.

[52] Séverine BELLINA et Hervé MAGRO « l'État dans les politiques de développement : le défi de l'approche par la gouvernance démocratique » in Séverine BELLINA, Hervé MAGRO et Violaine de VILLEMEUR (dir), *La gouvernance démocratique un nouveau paradigme pour le développement ?* Paris, Karthala, 2008, p.420.

n'ont pas une haute conscience de leur responsabilité double d'une qualité spirituelle, vaine sera cette entreprise. L'idée de la responsabilité n'est pas ici simplement administrative ou politique, mais surtout nationale et transnationale car elle s'inscrit dans le sens d'une conscience droit qui guide toutes actions et les transforme en une forme de patriotisme constitutionnel et productif. C'est le système de régulation sociale dans son ensemble qui est au cœur de l'éthique de la gouvernabilité, c'est-à-dire un appareil de gestion appelé à diffuser des modalités et des conditions de direction politico-administrative démocratique et transparentes. L'éthique devient la norme, le référent à partir duquel se conforme l'action. Or « la conformité à la norme consiste, dans une situation donnée, à réagir, à se conduire, conformément à ce que les autres membres du groupe sont en droit d'attendre »[53]. Agir selon l'éthique de la gouvernabilité, c'est répondre à l'attente de la communauté politique et, ce faisant, on crée une condition permanente de la cohésion sociale. L'organisation et l'exécution de la gouvernance qu'elle soit démocratique ou bonne, étant d'intérêt commun et public, devraient être suivies par des instances représentatives de la société de sorte à rapprocher les populations concernées de l'institution étatique. La responsabilité opérationnelle appartiendrait nécessairement non seulement au pouvoir politique mais aux acteurs sociaux (groupement, coopérative, ONG, société civile...), qui auraient notamment à repérer les bonnes décisions devant être coordonnées pour que les résultats escomptés se réalisent pour le bien des populations. Ce n'est en somme rien que le processus logique de gestion-concertation-planification, conduit dans un esprit démocratique ou consensuel qui, affecte et détermine l'avenir de la collectivité dans le cadre d'un projet global répondant aux objectifs du millénaire. Il faut donc rendre à l'homme au-delà de la dimension économique du développement, sa dignité qui fonde son humanité. Dans la perspective de l'éthicité sociale, il convient de lutter contre les germes de fragilité systémique aussi bien dans des pays développés que ceux de la périphérie.

La problématique de la dignité humanité, n'est pas seulement une question ontologique ou métaphysique, mais avant tout sociale. Les défaillances structurelles des économies et des sociétés humaines se manifestent de façon divergente.

> La discrimination raciale et ethnique par la police et les autorités judiciaires ; un niveau élevé de corruption politique ; l'influence des entreprises privées sur le gouvernement et les politiques publiques ; le rôle tenu par des réseaux d'économie parallèle et par des mafias, opérant dans des économies d'États solides ou prospères ; le coût astronomique (et pour certains prohibitif) de la candidature politique ; la chute des niveaux de participation aux élections, reflétant un sentiment croissant des électeurs que la gouvernance démocratique a échoué ; l'intrusion de l'État dans les affaires privées du citoyen (écoute,

[53] Paul LADRIÈRE et Claude GRUSON, *Éthique et gouvernabilité*, Paris, PUF, 1992, p.68.

surveillance) ; la tolérance vis-à-vis de violations des droits de l'Homme sous prétexte de guerre contre le terrorisme, etc.[54]

La mauvaise gouvernance secrète la vulnérabilité sociale qui n'épargne aucune société qu'elle soit faible ou puissante. Elle met en relief le devenir de l'Homme qui se définit dans une universalité politique et économique très souvent contestée ou souvent taxée d'inefficace et d'injuste.

La démocratie et la mondialisation ne constituent plus des paradigmes opérationnels de l'institution d'un bien-être globalisé. L'affaiblissement et la désintégration de l'autorité de l'État sont causés par des combinaisons de facteurs endogènes et exogènes qui, rendent difficile le succès de la promotion de l'action humanitaire et du respect des droits de l'homme. Le couple dignité et personne humaine représente le contenu substantiel du droit. Cette relation entre le droit et la dignité est la substance nourricière de la justice.

> Le droit, règle s'adressant à l'homme, a pour base la nature humaine elle-même. Caractères essentiels de l'homme, tels qu'ils résultent d'une observation universelle dans l'histoire et dans le temps présent : il n'est pas seulement un être social, il est aussi un être moral, ayant le sentiment que tout ne lui est pas permis, que tous les actes ne sont pas indifférents ; il en est de bons et de mauvais, indépendamment de la notion d'utilité[55].

En regard de cette fonctionnalité juridique, le droit discipline les interactions humaines en y introduisant une éthique de la responsabilité de soi-même mais aussi à l'égard des autres. L'humanité dans ce sens, doit dans la suite du temps, perfectionner son processus de socialisation au-delà du fait qu'elle oscille toujours entre le bien et le mal, le juste et l'injuste qui sont des pôles antinomiques constitutifs de son existence. Si la volonté est action de devoir-être, le droit politique bien qu'il mette la liberté des hommes en situation d'antagonisme, devient une réalité objective. Il semble être la seule chose qui par raison impose respect immédiat et, évite que toutes les influences exogènes sur le libre arbitre, ne rendent l'homme impuissant à maîtriser sa liberté. C'est dire qu'il y a une disposition psycho-ontologique de la justice que représente le devoir d'accomplir de façon désintéressée tout acte.

Le passage recherché entre nature et liberté s'effectue par la médiation et par la réflexion sur le moment juridique de l'humanité. Kant pense la fin de l'histoire comme réalisation du droit et aussi en termes de système de lois destiné à un peuple pour son progrès et sa réalisation sociale. Par ailleurs, s'il a su bien établir cette corrélation entre justice et bonne volonté, on peut dire

---

[54] Tom PORTEOUS « États fragiles ou faillis : une notion à dépasser » in Séverine BELLINA, Hervé MAGRO et Violaine de VILLEMEUR (dir), Op.cit., p.499.

[55] Louis Le FUR, « *Philosophie du droit international* » in Revue générale de droit international, Paris, A. Pedone, 1922, p.2.

qu'elle dépasse la cadre purement rationnel pour constituer la condition de la promotion d'un devoir-être matériel fait de justice et de liberté.

III – La corrélation entre justice et bonne volonté

L'ensemble des règles de conduite sociale qui harmonisent les inclinations et les tendances de l'homme, s'appellent la justice. Privée de déterminations concrètes, la justice n'est qu'une coquille vide. En liant le développement des lois aux progrès de la démocratie, l'homme s'humanise et pénètre ainsi par sa pensée l'essence de la justice. Mais pour y parvenir, l'homme doit soumettre son acte à cette exigence fondamentale. En effet, la première est celle de la raison. La règle de conduite implique un choix dans l'ordre des valeurs. Or, c'est la raison qui contrôle et choisit ce qui est bon en soi et pour soi, voire pour autrui. La seconde exigence est la solidarité. L'idée de solidarité est aussi un des principes de la morale moderne.

Nous sommes engagés solidairement à vivre en communauté. Ce qui traduit la dépendance réciproque, l'interdépendance des individus à l'intérieur du corps social. Léon Bourgeois en parlant de solidarisme, a voulu fonder non pas seulement la morale, mais surtout la société sur une solidarité agissante. Rousseau, l'appelle « le contrat social », qui selon lui, n'est pas un contrat formel mais plutôt ce qu'il nomme « un quasi-contrat ». Autrement dit, l'idée d'une dette de la génération actuelle envers la génération passée implique l'exécution de contrats et leur renouvellement selon les nécessités existentielles. Mais si la solidarité n'est pas un principe suffisant, elle apporte une raison claire et forte de servir, de travailler en vue de l'intérêt commun et de la survie de la communauté politique. « Le contrat provient du libre arbitre ; la volonté identique qui parvient à l'être-là par le contrat n'est qu'une volonté posée par ces personnes, elle n'est donc qu'une volonté commune »[56]. On peut donc subsumer toutes les volontés individuelles sous la même idée de contrat. L'universalité du contrat réaffirme la solidarité qui elle-même acquiert à partir de l'épicentre, une diffusion mondiale où naît une solidarité mondiale pour se constituer en un gouvernement mondial. À partir de là, intervient la troisième exigence, c'est-à-dire l'équité à l'intérieur de laquelle coexistent égalité et moralité. « Formellement, la constitution d'un peuple correspond à l'esprit de ce peuple »[57]. La justesse de tout pacte social s'établit à partir de la symbiose entre volonté du peuple, égalité et moralité. Autrement dit, l'équité pourrait représenter la dernière exigence. C'est l'exacte correspondance entre la volonté-loi et la liberté qui garantissent la validité de la justice. Ainsi pour manifester l'essence pure de la justice, il faut « la séparation radicale entre les

[56] Friedrich HEGEL, Op.cit., p.54.
[57] François CHÂTELET, Op.cit., p.140.

mobiles exclusivement issus du devoir et les mobiles issus des inclinations »[58]. C'est dire que le dénominateur commun de la morale kantienne, schopenhauerienne et même stoïcienne, relève du fait d'agir par devoir de justice, car cela nécessite une bonne volonté. Or, pour que la bonne volonté « agisse par devoir, il ne suffit pas qu'elle agisse conformément au devoir, car des actes conformes au devoir peuvent parfaitement être accomplis sous l'empire, soit de vues intéressées, soit d'inclinations immédiates, qui n'ont en elles-mêmes rien de morale »[59]. Ce rigorisme kantien qui transparaît dans la morale, montre que la volonté subjective s'extériorise dans l'action purifiée de toutes les inclinations possibles.

Agir avec équité, c'est observer le juste milieu, mais la neutralité absolue dans l'accomplissement de l'acte est difficile à observer. Moraliser l'acte dans son contact avec le réel, suppose une intuition actuelle de la situation et surtout montrer sa capacité dans certaines circonstances ; réminiscence du bien et son discernement à résoudre des cas de consciences complexes. Ce qui importe ici, c'est la morale vécue, c'est-à-dire la connaissance des faits et le contact avec les données positives de la vie et non la transformation de ce qui est en ce qui doit être.

Le sentiment d'effort est donc ce qui caractérise la volonté. C'est un effort dont nous avons bien la conscience d'être la cause, la source de façon autonome. Cette volonté éprise d'une dose de moralité, est toujours orientée vers le bien et la justice. Tout acte volontaire prend sa valeur dans son exécution par quatre phases classiques : la conception qui freine l'action impulsive, permet de la contempler, de la réfléchir en la maintenant au stade d'idée. Ce qui conduit logiquement à la délibération. Celle-ci représente la période de réflexion et d'examen précédemment engagée et, oscille entre l'appréciation de la valeur des deux parties en présence, c'est-à-dire faire ou ne pas faire. Ici la délibération est l'action d'une assemblée ou d'acte individuel de décision face à une situation donnée. Ainsi, la délibération volontaire est immanence, car elle est une opération qui engage la conscience morale. On pourrait caricaturer ces voix en parlant de la voix de la passion, du devoir, de l'intérêt et surtout la persistance de la voix sociale, car elle est, en définitive, celle qui conduit à la dernière phase à savoir : l'exécution.

Bien avant, la décision ou résolution est le dénouement de la délibération. On passe de l'hésitation au choix. Or choisir, c'est décider, le vouloir s'identifie ici au pouvoir, à l'option qui consiste à écarter une des deux tendances et consentir à l'autre. On parvient dans une sorte de transcendance à renoncer à l'un au détriment de l'autre. Enfin survient, l'exécution, c'est-à-dire le passage du stade idéel au stade pratique. Mais le primat de cette mutation qui tire son importance du point de vue social est secondaire,

---

[58] Emmanuel KANT, *Fondements de la métaphysique des mœurs*, traduit de l'allemand par Victor Delbos, Paris, Librairie Delagrave, 1971, p.39.
[59] Ibidem.

lorsqu'on l'apprécie dans sa dimension psychologique et morale. De cette phénoménologie de la volonté, l'effort reste le fil continu qui relie toutes ces opérations de la raison, car l'effort arrête l'acte à l'état de possible.

Quant à la conception, elle participe au réel travail de la délibération. Et le renoncement exprimé par le choix, fait advenir l'exécution. On voit à ce niveau que le problème de la bonne volonté comme soubassement de la justice est à la fois question de fait et une question d'idéal. Et ce problème est identique à celui du droit considéré comme système de principes régulateurs de la société humaine. La question de fait est posée par l'existence d'une morale, c'est-à-dire de croyances concernant le bien et le mal. Ces croyances ont une réalité indépendante de nos intérêts et de nos goûts individuels. L'idée qu'il est bon d'être juste et charitable, de traiter avec équité l'autre dans le respect de sa différence, l'idée de probité, de loyauté ont une valeur morale. Tandis que, l'injustice renvoie au mensonge, à la trahison, à l'inégalité. Mais toutes ces idées du juste et de l'injuste font partie de la mentalité commune et caractérise tout esprit normal. En arrimant la bonne volonté à la justice, il s'agit donc d'exiger un réalisme social qui implique des règles morales communément admises, et d'un idéal vital qui est celui de la fin la plus haute vers laquelle nous devons tous tendre dans toutes nos entreprises. Le bien moral n'est plus un caractère de l'objet poursuivi ; c'est un caractère de l'action ou précisément de la volonté. Si le bien moral doit être la plus haute valeur du droit, on ne peut cependant, occulter la morale utilitariste qui est distinctif du droit et à partir duquel fusent les critiques des adeptes du matérialisme. En effet, selon l'utilitarisme de John Stuart Mill, un acte est bon quand il a pour conséquence le plaisir. L'aspect hédoniste de cette morale, nous fait croire à une société humaine exclusivement de jouissance ou encore de consommation. Herbert Marcuse, en parle dans sa conception de « l'homme unidimensionnel », alors que la société ayant évoluée, *l'homo oeconomicus*, selon Edgar Morin, est devenu *Homo complexus,* l'insaisissable être en pleine mutation. Cette morale utilitariste a sécrété une morale de l'intérêt propre à la société capitaliste aussi bien dans son versant de libéralisme économique que dans celui de la politique. Pour elle, un acte est bon quand il engendre la grande somme de plaisir et la plus petite somme de douleur. L'idée d'autonomie est donc essentielle dans l'expression de la bonne volonté, car elle conduit à un règne des fins, c'est-à-dire un état idéal de l'humanité où chaque individu respecterait son alter ego réciproquement pour parvenir au vrai règne de l'universel kantien et hégélien. Autrement dit, une harmonie entre les hommes du cosmos exige la connaissance et la reconnaissance de l'autre.

Le droit est confronté à ce défi qu'il peine à relever, parce que les hommes n'ont pas encore compris, que le principe en s'élaborant doit avoir une bonne intuition de la réalité qui, à son tour, le façonne en l'instruisant aux épreuves des faits pour qu'il puisse être efficace. C'est bien ce que semble comprendre Marx, lorsqu'il établit dans la praxis une nécessité ontologique, voire une identité entre vérité et masse comme condition de réussite de tout acte. En clair, dans la praxis, Marx part de la rupture du pensé et du vécu, non pas pour établir la symbiose entre les deux, mais les affronter. « Il ne réconcilie pas réel et rationnel, il combat tout ce qui fige, atrophie, ou fuit la dialectique du réel et du rationnel »[60]. Les tensions entre devoir-être et l'être qui sont aussi les tensions entre théorie et pratique, sont celles qui d'ailleurs fragilisent le droit tant qu'elles ne seront pas surmontées ou résolues. C'est pour contourner cette difficulté métaphysico-épistémique que Kant se détourne de toutes inclinations qui pourraient être une entrave au bien morale. Pour lui, le bien moral, c'est l'obéissance libre de la volonté au devoir dicté par la conscience, par la volonté juste. Le respect de la personne humaine, l'autonomie de la liberté, l'idée d'une justice universelle sont les principes qui légitiment et constituent la substance du droit. Le but de la justice sociale, c'est l'association libre, loyale, faite de respect réciproque synonyme du vivre-ensemble dans l'égalité et l'équité qui sont les déterminants du devoir et du droit.

Kant se détourne des formes traditionnelles de la transcendance monacale et exaltée afin de retrouver une transcendance civile. « Il crut en découvrir le foyer dans cette action libre et morale de l'individu qui, n'étant motivée ni par le succès ni par l'espoir, fait ce qui convient par respect de la loi morale et par respect de soi-même en tant que sujet, distingué par tout le reste de l'Étant, de cette liberté »[61]. Cette autonomie de l'acte bon en soi-même qui est exempt de toutes motivations susceptibles de corrompre sa valeur intrinsèque, est la conditionnalité de ce subjectivisme transcendantal que l'on perçoit nettement dans l'impératif catégorique. Il s'agit à la fois d'essence et de valeur, à travers une question qui est la vocation de l'homme, à savoir : comment le droit positif dans sa manifestation sociale, doit toujours coïncider avec son archée, c'est-à-dire son fondement éthique ? Le droit assimilé à la volonté, est consubstantiel à une raison pratique. La vision kantienne du droit est en réalité une éthique de la plénitude ou l'intégrité de l'essence humaine, la liberté dépend d'un acte volontaire ; c'est-à-dire un primat de la raison pratique. Chez Hegel, ce subjectivisme rationnel se consume dans une universalité comme parachèvement de la destinée humaine et résultat d'une odyssée intellectuelle qui, structure et organise la réalité à laquelle l'esprit ou la raison s'identifie. Chez Kant, la perfection du droit serait la réalisation d'un principe achevé de la personne humaine, conçu par la raison. Être juste et avoir une conscience droite, c'est manifester quotidiennement par une emprise sur soi-même qui rejaillit sur la société humaine, la bonté, la justice, l'intelligence, la culture, le courage et la force qui élèvent l'autre à l'humanité. Refuser l'expérience morale qui ne veut pas dire expérimentation, car elle vise un idéal qui, par essence, n'est jamais atteint, est incompatible avec l'idée de justice et de droit.

---

[60] Edgar MORIN, Op.cit., p.33.

[61] Peter SLOTERDIJK, *Tempéraments philosophiques*, Paris, Libella Maren Sell, 2011, p.72.

Le droit doit être exempt de sensation négative, c'est-à-dire de toute inclinaison qui le conduirait vers la corruption. Il y a une antithèse fondamentale entre la plèbe qui subit le droit sans savoir son origine et son intentionnalité parce qu'elle n'a pas le sens critique et le juriste praticien du droit dont l'entendement est à l'œuvre, a ceci de bon qu'en cas d'erreur d'appréciation du droit, il devient le fautif, coupable d'avoir pris pour toute-puissance l'autorité dont il dispose, et d'avoir oublié que la meilleure des choses pour l'homme est le bonheur propre à une exigence ontologique et sociétale de la nature humaine. La raison vient donc réguler les influences de la sensation sur le vécu, non pas en la blâmant systématiquement, mais en guérissant ses affectes pathologiques. Kant fait donc reposer sur l'agir la possibilité que l'essence du droit existe en son intégrité, en tant qu'elle est le résultat d'une discipline de l'âme dont les préceptes ne sauraient être observés que dans leur manifestation rationnelle ou phénoménologique.

Le droit se réalise uniquement en pratique dans une société où les hommes interagissent avec des intérêts divergents et surtout des ressources de morale et de normativité qui leur sont propres. Il y a ici une déontologie du juridisme que revendiquent à la fois Hegel, Kant et Marx, mais l'approche méthodologique diffère. « Il ne saurait y avoir de règles où manquent à la fois l'objet à régler et le sujet porteur des lois »[62]. L'existence d'une positivité juridique se mesure par la capacité qu'a la loi d'apporter une clarté dans l'interaction entre la structure sociale et le citoyen. L'objet et le sujet juridiques sont ces deux ordres sociétaux qui nécessitent une régulation transparente. La relation entre l'acte et le choix d'une part, et le résultat ou la conséquence de l'acte d'autre part, a quelque chose de positif. En outre, elle maintient l'existence d'une positivité universelle dont parle Hegel avec la raison absolue, Kant avec la raison législatrice et Marx avec l'avènement du communisme comme des modalités structurelles de l'ordre social. C'est toujours cette ouverture à l'autre, à l'universel dans la dynamique de l'intersubjectivité que le droit prend tout son sens. Le droit porte ainsi l'étendard de la liberté en favorisant cette intégration de l'individu au monde, où se joue une morale altruiste comme le soutenait Emmanuel Levinas qui, ne serait pas forcément un affaiblissement de la théorie du droit.

IV- L'altruisme comme ouverture à l'universel

L'altruisme est une tendance supérieure qui nous ouvre à l'autre par la médiation du beau, du vrai et du bien. En l'inscrivant dans la phénoménologie intersubjective, le droit se fonde sur l'égalité structurale des individus dans la société. Ce qui rend possible l'universalité de la loi et sa capacité de

---

[62] Francis COURTÈS, *La raison et la vie : idéal scientifique et idéologie en Allemagne de la réforme jusqu'à Kant*, Paris, Vrin, 1972, p.53.

correspondre à la justice absolue ainsi que la participation de l'homme à la communauté politique. L'unité du corps social présuppose la loi comme principe consensuel. Le rapport de l'homme à l'homme et de l'homme ainsi qu'à son milieu, pose le problème de la personnalité juridique, c'est-à-dire l'homme qui s'adapte au social et au politique par l'entremise du pacte social. Il marque ainsi une fusion vitale qui ne se limite pas à une relation quasi-biologique, mais qui fait communiquer notre être avec la vie universelle. « La pensée de Kant est aussi civile pour une raison : elle s'exprime à la frontière entre la commune académique et la vie publique universelle et appelle, jusque dans ses parties techniquement les plus difficiles, à ce qui serait au moins la possibilité d'un consensus acquis par la critique, censé découler de la conversation des personnes initiées à propos des objets publics »[63]. Ainsi, le mot « civil » renvoie à « républicanisme », forme universelle de la société et, par extension, l'universalité politique. Or, cette vie universelle est rendue possible par le droit dans lequel se dissout toutes les contradictions de notre nature qui rendrait l'homme insociable.

Le droit permet aussi de substituer l'association (contrat social, loi ou droit) à l'antagonisme et à la dispersion égoïste. Aujourd'hui, ce qui constitue le principe même du droit des peuples en tant que droit universel, correspond en ce sens à l'idée des volontés particulières unifiées par une décision légale. Cet horizon du progrès de l'humanité s'explique par l'établissement de la paix perpétuelle adossée au pacifisme fédéraliste, c'est-à-dire où le droit des gens soit désormais fondé sur une fédération des États libres. Ce droit qui doit valoir en et pour soi entre les États et par opposition au contenu particulier des traités positifs, permettrait de mettre fin à toutes les guerres. Ce grand corps politique transcende, chez Kant, la simple idée fédérative pour former un État cosmopolitique sur la base du droit. Ce cosmopolitisme doit reconnaître aux hommes le statut juridique de citoyens du monde. Cette constitution d'une cité mondiale exigerait que les traités soient respectés, car c'est sur eux que va reposer les obligations par lesquelles les États se sont liés les uns aux autres. Mais la réalité-effective de ces droits des peuples repose sur la bonne foi qui médiatise les rapports intersubjectifs, surtout lorsqu'ils sont régulés par un pacte de confiance réciproque, qu'on appelle ici droit universel. De ce fait, l'altruisme est une forme de conduite universellement imitable, une règle universelle qui est une sorte de loi morale. S'ouvrir à l'autre n'est pas une opération banale, mais exige, une transcendance de son ego, un refoulement conscient d'une partie de sa souveraineté humaine. Si le droit entre dans une logique de promotion humaine, c'est-à-dire le désir actif de permettre à l'autre son plein épanouissement, on peut par conséquent dire que le fond de la conscience du droit est l'altruisme. « La représentation kantienne d'une paix perpétuelle qui serait l'œuvre d'une association d'États qui règlerait tout conflit et qui écarterait toute difficulté dans la mesure où elle serait une

[63] Peter SLOTERDIJK, Op.cit., p.72.

puissance reconnue par chaque État, ce qui rendrait impossible le recours à une solution militaire, présuppose l'accord des États »[64]. Cet optimisme kantien de l'instauration d'une paix perpétuelle, même si elle semble être contredite par la réalité d'un monde conflictuel et menacé par une globalisation du terrorisme, reste d'actualité.

En effet, si les unions économiques et l'union des États ne peuvent avoir la configuration que souhaite rigoureusement Kant, il n'en, demeure pas moins qu'elles épousent l'esprit de se mettre ensemble, devenu désormais, un processus politique irréversible aujourd'hui. Toutes les nations éprouvent le désir communautaire en dépit des sentiments particularistes ou sectaires qui, animent certains individus, sociétés ou groupes sociaux en vue d'une solidarité agissante et nécessaire pour le maintien d'une paix durable. Dans ce sens, l'union présupposerait l'accord des États et serait une puissance reconnue par chaque État, ce qui rendrait impossible le recours à une solution violente. Cet accord traduit le dépassement nécessaire de l'opposition relative à nos particularités, et le besoin d'une simplification du vivre-ensemble, par l'internalisation de nos rapports sur la base juridique. C'est dire que la qualité universelle du droit est indéniable, de même qu'elle confère une qualité universelle à l'action non pas seulement en soi même comme le fait d'agir par sa volonté subjective, mais objective l'action, car le sujet s'affirme en tant que pensée tournée vers l'extériorité, c'est-à-dire en fondant dialectiquement sa subjectivité dans la totalité universelle, l'humanité. Ce passage de la particularité à la communauté mondiale, est le processus de mutation dans lequel se trouve confrontée l'humanité.

En faisant de l'altruisme une catégorie en termes de valeur pratiquement juridique du cosmopolitisme, on ouvre l'analyse sur la problématique de l'identité du droit. Nous entendons par-là, l'idée du droit expié de toutes inclinations ou tendances humaines contrairement à un droit intéressé ou encore instrumentalisé. Le droit ne doit plus se confiner dans une sphère microscopique (nationale) mais plutôt macroscopique et mondial pour prendre en compte l'espèce humaine dans toute sa diversité. Mais arrêtons-nous à cette idée simple que le droit règle des situations sociétales. L'altruisme est avant tout l'amour du vivre ensemble, d'appartenir à une communauté commune. Autrement dit, il répond à l'idée de Comte et Schopenhauer où l'humanité est ce grand Être. Mais cet Être qui est un immense organisme, se saisit mieux à travers la société humaine dans laquelle nous sommes. À ce sujet, « la pensée de Kant est marquée par un esprit fondamentalement civil : Kant ne conçoit la position de l'homme dans le monde ni comme une cosmopolitie, dans le sens des anciennes théories de la sagesse, ni comme un statut de créature placée sous l'autorité de Dieu, dans le sens où l'entend la théologie médiévale ; l'homme kantien est à la base un compagnon du genre

[64] Friedrich HEGEL, Op.cit., p.177.

humain et, dans cette mesure, un citoyen du monde »[65]. L'esprit de citoyen du monde se transforme donc, chez Kant, en une forme d'extension de la sainteté chrétienne par les moyens du droit civil et du droit international qui vont préfigurer son projet de paix perpétuelle.

Notre existence en tant que citoyen doit être consacré au service et même au culte de ce qui est convenu d'appeler la nation ou maintenant la société mondiale. Le but du droit dont la sève nourricière est l'altruisme, n'est pas seulement la perfection individuelle, c'est surtout la perfection de la communauté sociale, la cité parfaite où règne la justice, la liberté et la paix. Cette perfection doit être reconnue comme un idéal possible et réalisable, car il est certain que les faits sociaux ne coïncident pas nécessairement avec lui, mais peuvent néanmoins être régulés par lui. La vie sociétale est l'expression de l'ensemble des êtres vivants dans leur relation intersubjective, de la relation avec l'espace et le temps. Elle traduit pour chaque être une manière particulière de réaliser une relation universelle, si bien que l'autonomie de chaque vivant est relative puisqu'il doit assimiler son ego à son alter ego dont il dépend. On dirait que le droit ne peut s'objectiver que s'il tient compte de cette unité négative comme conscience de soi. L'essence du droit doit se comprendre à partir de « cette unité universelle [qui] est le genre »[66]. L'esprit du droit doit se saisir comme totalité, être-pour-soi. Il assume dans ce sens une universalité comme une nécessité politico-ontologique, c'est-à-dire qui transcende le monde biologique où l'insatisfaction du désir de l'être, s'extériorise dans une lutte de la reconnaissance.

Cette reconnaissance transposée dans la sphère sociale est aujourd'hui concédée au droit comme médiateur entre l'homme et l'homme. Cette inclusion du droit dans la dialectique de la négation, serait donc la problématique de la société civile comme lieu d'expression de l'universalité politique. Seulement, ici, le droit en tant que catégorie de l'universel est confronté à la catégorie de la reconnaissance à la fois de lui-même comme droit et de la légalité institutionnelle comme fonction qui lui est assignée. Cette double reconnaissance du droit est le défi que la démocratie moderne n'a pas encore pu relever et qu'il convient ici de penser les conditionnalités onto-politiques de sa possibilité. La laïcisation de la sphère politique obéit certes à la démocratisation du politique, mais la politique ne s'est pas réellement affranchie des pesanteurs dogmatiques et théologiques reformées et réactivées sous d'autres coquilles que celles qu'elles recouvraient au départ. C'est d'ailleurs pour cela, que la métaphysique en explorant la forme et le fond du droit positif, découvre que la liberté est un mystère. La représentation fantasmatique du droit que critique Marx en philosophe avisé, est une supercherie de l'ego bourgeois pour sans cesse faire admettre de façon

---

[65] Peter SLOTERDIJK, Op.cit., p.73.
[66] Jad HATEM, Op.cit., p.54.

légitime et légale la servitude superstructurelle, c'est-à-dire inhérente à l'organisation et à la hiérarchisation politique et sociale de l'humanité.

Ce mystère de la liberté, que le droit veut rendre plus clair et transparent à l'homme, puise à la source concrète de la compassion, c'est-à-dire « de l'amour comme [...] caritas, menschenliebe »[67]. Or, le droit positif dont le vrai visage est le droit de propriété subjectif, est surtout motivé par l'idée principale de l'individualisme. Cet égoïsme érigé en institution ne considère le monde, son monde, qu'à travers « le kaléidoscope de la représentation et ne voit que configurations phénoménales et centres d'égoïsme qui se cristallisent pour rayonner de tous côtés [de l'univers] »[68]. Dans la pratique, se manifeste le dévoilement de la raison humaine endoctrinée par la religion et l'économie. Cette raison permet un discernement dans l'agir et la conduite humains à l'égard de tout ce qui est prétendu droit ou norme sociétale. La manifestation du droit comme principe universel régulateur des rapports interhumains et de la société mondiale, est décidable et concevable par l'intellect, c'est-à-dire par la raison comme faculté discursive sans pour autant être forcément juste. Ce n'est que lorsque « [la loi] s'est niée et absentée de l'ego en vertu de la lucidité transphénoménale qui a traversé le principium individuationis, que peut surgir, à même le monde phénoménal, la liberté nouménale, dans une articulation contradictoire entre liberté et nécessité »[69]. Ici, le principe du droit qui régulait les actes humains, c'est-à-dire la raison qui structure le monde de la représentation comme corrélation du sujet et de l'objet, est brisé dans une disparition de la volonté dont la connaissance était l'instrument.

Le décentrement de l'ego s'opère dans la négation de la volonté. Le fondement de la morale est ce dépassement de l'ego, car l'absence de toute motivation égoïste fournit le critère pour une action à valeur morale. Si le droit est vertueux, c'est qu'il surgit de la connaissance intuitive et subie qui appréhende dans l'autre, l'essence du monde. Ce droit comme connaissance, n'est pas théorique ou formel ; il n'est pas astreint aux textes de lois, mais doit s'évaluer et s'éprouver dans les actes. Le support ontologique du bien dans la relation intersubjective qu'implique le droit, possède un caractère social.

C'est pourquoi, Marx démontre que la production de l'être générique de l'homme passe nécessairement par la production de l'autre. En effet, son objet est en même temps « son existence pour autrui, l'existence d'autrui est l'existence de celui-ci pour moi »[70]. La praxis de l'intersubjectivité est ici médiatisée par une solidarité tributaire de la conscience de soi. La donation à autrui développe une vie qui ne ploie ni sous le fardeau de l'aliénation ni sous la richesse de l'individu. La richesse dans sa dimension anthropologique, est redoublée de la satisfaction du besoin du « Tu » qui n'est pas nécessairement

---

[67] Arthur SCHOPENHAUER, Op.cit., p.36.
[68] Ibidem.
[69] Idem, p.37-38.
[70] Marx in Jad HATEM, Op.cit., p.52.

besoin du « Je » et de son amour. Cette reconnaissance de l'autre comme exigence vitale, conduit à une éthique du décentrement de l'ego dont avait parlé Schopenhauer à travers le phénomène de la compassion. Elle est profondément non-violence et correspond au monde d'aujourd'hui en perte de valeurs qui est la nôtre. Dans ce contexte, « le concept de genre a d'ores et déjà perdu chez Marx la signification qui est la sienne chez Feuerbach : ce n'est plus la collection des prédicats humains se réalisant dans la somme des individus ou humanité qui est visée, mais précisément la totalité des potentialités incluses dans une seule objectivité. Ce n'est plus l'ensemble des individus mais chacun d'eux qui actualise ou doit actualiser en lui tous les pouvoirs de la vie, être un homme riche »[71]. Ici, la communauté politique subsume tous les individus sous le même genre d'être social, d'être générique. L'approche marxienne de la relation antagoniste se démarque de la dialectique hégélienne. « Chez Hegel [...], l'esclave servait de médiateur au maître entre les choses et lui. Mais entre l'esclave et le maître, la médiation s'avère la peur de la mort non le besoin, comme chez Marx, si bien que ce qui est unifié dans l'utopie marxienne est dédoublé chez Hegel : l'esclave transforme la nature, s'y contemple, mais c'est le maître qui jouit du fruit de son travail. Ce qui demeure conjoint, pour être négligé dès l'Idéologie allemande sans pour autant disparaître absolument, c'est la thématisation réciproque dans un procès de reconnaissance, à ceci près que l'homme hégélien, défini par le désir, recherche un accomplissement totalitaire, contrairement à celui marxien, défini par le besoin. Quand c'est le besoin, en tant qu'impulsion vitale, qui se traduit en désir, comme chez Marx, la satisfaction est en droit possible »[72]. La reconnaisance se dédouble en une négation ontologique qui ne peut mettre en veilleuse la négation sociale. Cette phénoménologie de la reconnaissance ne peut se faire que par la négation de l'autre, dans une vie qui aujiourd'hui est artificiellement régie par l'argent où on assiste au renversement des valeurs et la corromption des relations intersubjectives.

Si l'altruisme est le mode d'existence éthique du droit, c'est parce qu'il est acceptation mutuelle et respect de la différence de l'autre. Cela ne veut pas dire qu'il supprime systématiquement la contradiction du droit en lui-même. En effet, dans « le rapport de personnes immédiates entre elles, la volonté de ses personnes, tout en étant en soi identique et posé par elles comme commune dans le contrat, est pourtant en même temps une volonté particulière »[73]. Cette contradiction du contrat est normale mais elle ne devrait pas être un obstacle insurmontable. Ce qui importe, c'est le lieu politique où tout peut se faire selon la légalité et en déconstruisant notre libre-arbitre. Mais l'humanisme doit préfigurer et motiver tout acte. Et cela, Marx le souhaite et l'exige comme un impératif catégorique.

---

[71]Michel Henry in Jad HATEM, Op.cit., p.53.
[72] Idem, p.56-57.
[73]Friedrich HEGEL, Op.cit., p.55.

Imagine l'homme humain et son rapport au monde comme un rapport humain, et tu ne pourras échanger l'amour que contre l'amour, la confiance que contre la confiance, etc. Si tu veux jouir de l'art, tu devras avoir une culture artistique ; si tu veux avoir un ascendant sur autrui, tu devras être capable d'agir pour le bien des autres et exercer une influence stimulante. Chacun de tes rapports avec l'homme et avec la nature devra être une manifestation déterminée, conforme à l'objet de ta volonté, à ta vraie vie individuelle. Si tu aimes sans susciter l'amour réciproque, si ton amour ne provoque pas la réciprocité, si par ton expression vitale (lebensäuberung) en tant qu'homme aimant tu ne fais pas aimer, alors ton amour est impuissant, il est infortune[74].

Marx ramène les relations humaines dans le monde vécu. Au plan de l'ontologie, ce qui caractérise ces relations humaines, c'est leur pure réalité éthique. L'altruisme du point de vue anthropologique, est l'unité sociale intelligiblement assumée, car ce sont les modalités mêmes de la vie subjective transfigurées par l'argent en leurs contraires, c'est-à-dire l'amour en haine, la justice en injustice, l'ordre en anarchie de telle sorte que nous n'avons que l'illusion de l'un et de l'autre derrière lesquels se dissimulent leurs contraires. Les modalités de la vie subjective se déterminent réciproquement aujourd'hui dans la société capitaliste par l'universel entremetteur que représente l'argent. Cette vie présente monétarisée fait qu'il est impossible d'obtenir une quelconque réciprocité, car la confiance est une modalité de la vie subjective qui s'effectue comme une catégorie communicative de l'intersubjectivité. Il est vain de chercher à gagner le cœur de l'aimé moyennant artifice, c'est-à-dire l'argent.

L'exercice de la confiance ne s'étend qu'à la faveur d'une intégrité morale vécue dont l'usage est un puissant vecteur de consentement mutuel. Marx se fera le héraut de l'amour dans « La Sainte Famille, [dit-il], c'est l'amour qui apprend vraiment à l'homme à croire au monde matériel qui l'entoure, et fait non seulement de l'homme un objet, mais de l'objet un homme »[75]. La levée de l'hypothèque du monétaire a une influence sur autrui, car elle brouille la transparence des relations. C'est dans cette logique que la réduction de l'autre repose en réalité sur l'abstraction des simples relations utilitaires enracinées dans le capital. Dès lors, « le croisement de l'anthropologie avec l'économique qui repose sur la médiation de l'échange et de l'argent ne doit pas dissimuler le substrat ontologique tramé de sensibilité et de besoin »[76]. L'amour seul permet d'aller à la rencontre de l'autre et de le reconnaître en tant que sujet indispensable à l'effectivité de l'interhumain. Il est la catégorie par-delà la politique et le fondement de la communauté politique.

---

[74] Marx in Jad HATEM, Op.cit., p.56-57.
[75] Idem, p.58-59.
[76] Ibidem.

L'équilibre réfléchi entre les individus, suggère une communauté de valeurs et non seulement d'hommes. Il se fonde sur une justice qui caractérise notre sensibilité morale et éthique. Si l'éthique de Marx parie sur l'interhumain, son ontologie y prend son envol. Ainsi, Marx a repéré parmi les tonalités de la volonté du vivre-ensemble, celle du don de soi, et opposé à la guerre *omnium contra omnes* où s'exprime « la forme rigide de l'être-pour-soi »[77], l'idée régulatrice de « l'homme total dont le souple être-pour-soi trouve son accomplissement dans l'auto-communication et la solidarité »[78]. Il doit donc désormais agir fraternellement sur la voie de la production de la personnalité post-bourgeoise, c'est-à-dire l'homme nouveau qui a abandonné l'égocentrisme prétendument naturel en vue d'un communautarisme efficace.

Les forces productives invoquées par le marxisme sont, de par leur puissance morale, des forces d'amélioration du monde. Mais ce projet d'un monde réellement solidaire ne peut se réaliser que si l'homme parvient à remanier la psychologie sociale des peuples. Dès lors, l'altruisme se présente comme le sacrifice de l'ego au détriment de la communauté politique et sociale. La liberté ne se réduit pas à une simple formalité juridique, elle nécessite la cohésion la plus grande des forces et des moyens aussi bien matériels que moraux, pour l'instauration d'une vraie société mondiale. L'homme ne sera plus traité comme être sans privilège de liberté et d'altérité, mais parviendra à la réconciliation de sa vie mutilée par une transcendance de l'un-vers-l'autre et de l'un-par-l'autre dans une sorte d'intersubjectivité émancipatrice. Dans les rapports actuels de la société capitaliste, il y a une ontologie sous-jacente à l'économie qui à son tour fonde la politique et l'idéologie. L'intersubjectivité croise, chez Marx, l'idée de la perversion des rapports interpersonnels.

L'idée politique fondamentale du marxisme est la coalition des victimes du système capitaliste, la rencontre des hommes pour la réalisation du besoin de société et de la fraternité cosmopolite. Le « Je » qui implique nécessairement un « Tu », doit l'un s'unir à l'autre pour maintenir leur unité anthropologique sur le socle d'un humanisme coercitif, c'est-à-dire celui qui oblige l'homme à se soumettre à sa sociabilité innée et naturelle. La solidarité comme devoir est un impératif qui commande de se comporter comme des associés véritables en ayant une attitude d'entraide. Ce qui enveloppe en somme tout ce qui se réfère à la justice et à la charité. Mais c'est la raison qui seule peut transformer une simple juxtaposition d'individus en une association véritable, c'est elle qui crée l'accord et le vivre-ensemble. Cette sociabilité se caractérise par la dignité non pas tournée vers un égocentrisme, mais une dignité réinvestie dans le culte de l'universel et de la responsabilité envers l'autre.

---

[77] Idem, p.109.

[78] Ibidem.

V- La dignité transcendantale face aux inclinations humaines

La dignité est une valeur axiologique au sens de la connaissance de l'homme. Elle repose de ce fait sur une éthique de coercition qui permet à l'homme de ne pas aliéner tout son être quelles que soient les séductions aussi bien du biologique que du monde extérieur. Cette catégorie essentielle de l'homme qui le détermine dans sa capacité à rester humain ou à préserver ce qui l'identifie comme tel, prend ici une allure à la fois métaphysique, ontologique et politique. En effet, on ne peut concevoir l'homme sans l'emprise de la réalité qui le fait être, tout comme on ne peut le saisir de manière phénoménale, mais surtout nouménale, en tant qu'essence, être de raison qui transcende dans un dépassement dialectique, le déjà-être pour tendre toujours vers le devenir-être. Ce processus irréversible de la perfection humaine, ne peut se faire sans le sensible dont la communion avec le rationnel nous plonge dans l'antinomie presqu'insurmontable de cette dualité humaine.

Mais comment restez digne dans un monde en mutation et où la monétarisation systémique de l'être humain a brouillé la transparence qu'il a de lui-même, des autres et de la représentation qu'il fait de son monde ? Ou qu'est-ce qui fait la valeur d'un sentiment ou d'une attitude digne? L'immanence de cette éthique de la subjectivité centrée sur la conscience de la reconnaissance de soi, de son humanité est-elle encore possible ? Quelles sont les modalités opérationnelles du réalisme de la dignité humaine ? Cette problématique permet de comprendre la complexité d'une notion qui nous est presque familière, mais dont l'effectivité n'est pas aussi évidente comme nous le pensions. Kant qui sera notre boussole de départ, a tôt compris la difficulté d'établir une interaction entre la nature sensible de l'homme et sa nature rationnelle, a préféré privilégier l'homme exclusivement comme raison. Mais Kant a-t-il pu en le faisant ainsi, contourner la difficulté sans toutefois la résoudre de manière radicale ? Ou la restriction de l'homme au sujet rationnel renvoie-t-il à la réalisation de sa dignité face aux inclinations ?

La dignité renvoie ici à la bonne volonté ou à la conscience droite qui est au fondement de l'action. La morale kantienne tente de répondre à cette autonomie de la bonne volonté comme valeur inaltérable et inaliénable à tout point de vue. « La bonne volonté est la condition nécessaire et suffisante de la valeur morale »[79]. Ce rigorisme kantien qui transparaît dans la bonne volonté réduit la portée morale de tout acte à une pureté absolue de l'agir par devoir. Dans le cas de la dignité, celui qui s'en réclame, doit conformer son acte à une téléologie universelle. En clair, la dignité transfigure la nature en modérant toutes sortes d'excès pour permettre à l'homme de sauvegarder son humanité. Elle est selon l'expression de Spinoza une « nature naturée » par l'idéal de bonheur que Kant revendique, non pas sa singularité mais son universalité. Car l'humanité en nous est universelle et l'on ne peut être heureux tout seul.

[79] Emmanuel KANT, Op.cit., p.38.

« L'instinct est pour la recherche du bonheur un guide incomparablement plus sûr que la raison ; la raison (…) par la rupture qu'elle consomme avec les sentiments spontanés et la vie simple (…). La raison nous a été donnée (…) pour une fin haute et plus noble, que seule elle peut atteindre, en dépassant les inclinations, par ses ressources propres »[80]. Ce rapport souvent conflictuel entre raison et affects montre dans certaines situations que la valeur demeure trop vaste et difficile à déterminer.

Dans ce cas, « il ne nous reste qu'à nous fier à nos instincts »[81]. Même dans le cas où la raison a démissionné, car incapable d'entériner la valeur morale d'un acte, la valeur de l'affection quelle qu'elle soit, obéit à un engagement, un choix sur la base de la bonne foi. Rester digne, c'est que « je reste dans le domaine des possibles, mais il s'agit de compter sur les possibles que dans la mesure stricte où notre action comporte l'ensemble de ces possibles. À partir du moment où les possibilités que je considère ne sont pas rigoureusement engagés par mon action, je dois m'en désintéresser, parce qu'aucun Dieu, aucun dessein ne peut adapter le monde et ses possibilités à ma volonté »[82]. Dans ce champ des possibles, la responsabilité et la volonté sont symétriquement engagées pour permettre à l'être générique de transcender tout ce qui pourrait l'aliéner.

De ce fait, la dignité ne doit pas se soumettre purement à une interprétation intellectualiste, mais plutôt à une interprétation empirique où l'action justifie la dimension éthico-rationnelle de l'attitude. Le concept de dignité est manifeste dans le mouvement de l'être en tant que sujet actif. Elle révèle une essence primordiale de tout homme dans la dynamique de l'action constructive. « Ce mouvement est représenté comme le chemin du savoir, le processus qui part de l'être, le dépasse et accède à l'essence comme à quelque chose médiatisée, (et) apparaît comme une simple activité de la connaissance, extérieure à l'être et étrangère à sa nature. En vérité, (c') est le mouvement même de l'être. Il est apparu plus haut que l'être s'intériorise par sa nature et devient, par cette rentrée en soi, essence »[83]. Or, l'essence est comme le dépouillement total de l'être de toute corruption et qui retrouve sa pureté en transcendant les déterminations matérielles. Elle est donc introduite dans le bien, car elle dérive d'une forme d'intelligibilité pure. Et l'essentiel chez l'homme, c'est sa dignité.

Il y a donc une similitude entre essence et dignité, si tant est que la dignité, c'est la nature substantielle, voire essentielle de l'humain. L'autonomie que le citoyen acquiert conformément à ses droits, est « comme action instauratrice d'un ordre, elle a comme objectif essentiel la stabilité non point tant d'un pouvoir que d'une organisation politique régie par des lois. Pour être stable,

---

[80] Idem, p.39.
[81] J.-P. SARTRE, *L'existentialisme est un humanisme*, Paris, Éditions Nagel, 1970, p.43.
[82] Idem, p.50.
[83] François CHÂTELET, Op.cit., p.94.

cette organisation doit correspondre à une perception commune de la justice »[84]. Pour le sens commun, l'existence d'un pouvoir judiciaire indépendant, capable de restreindre l'arbitraire des autres pouvoirs et d'assurer le respect du droit, et spécialement du principe d'égalité devant la loi, donne une certaine contre le traitement inégal des individus qui se trouvent dans la même situation juridique. Dansa pensée de Rawls, les notions de justice et de raison occupent une place centrales dans sa philosophie politique. En distinguant le raisonnable du rationnel qu'il pose comme conditions normatives d'une justice sociale, Rawls « qualifie de rationnel le choix des meilleurs moyens pour réaliser les fins de chacun d'eux, il qualifie de raisonnables les conditions que les membres d'une société proposent pour définir les justes (*fair*) termes d'une coopération sociale : ces termes seront caractérisés par une réciprocité et une mutualité, qui aboutit à l'égalité des associés dans la situation originelle et par là à une structure fondamentale de la société juste »[85]. L'établissement d'un ordre social raisonnable présuppose l'application de la règle de justice qui permette de discerner à la fois ce qui est normal et rationnel pour la communauté politique.

Cette conception de la justice sociale ne s'oppose nullement à la possibilité d'un jugement éthique impartial. Le rapport du droit à la morale permet à l'individu dans la normalisation de la vie publique, de se discipliner et d'intégrer sa société. Du droit « peuvent être déduits certains interdits, en particulier ceux qui expriment qu'il est exclu de toucher à la dignité, à l'intégrité, à la liberté de l'homme. Ces interdits (...) s'expriment aussi en partie dans les droits de l'homme (...). Mais, au-delà de leur rattachement politique et immanent, ces interdits gouvernent la conscience morale des citoyens »[86]. Le règne de l'humanité implique une éthicité susceptible d'intégrer tout homme dans un environnement social et institutionnellement structuré. C'est dans ce cadre juridique qu'apparaît la nécessité d'une réconciliation entre la morale et la politique. Ce qui veut dire aussi que la maxime de la morale kantienne à travers l'impératif catégorique, possède des figures socialisantes. À cet effet, la notion philosophique de dignité apparaît ici comme une consécration juridique dans l'impératif catégorique de Kant.

L'action humaine motivée par le seul vouloir et désintéressée, se fonde en réalité certes sur l'autonomie comme mode opératoire, mais beaucoup plus sur le respect des droits de l'Homme en tant que finalité. La dignité humaine est, aujourd'hui, une exigence docimologique permettant d'évaluer ce qui reste encore d'humanité en l'homme. Pour mieux saisir ce rapport intrinsèque entre les deux catégories métaphysico-sociales, il convient de faire une incursion dans l'étymologie du mot dignité. Dignité désigne « ce qui a du poids, de la valeur. L'état de ce qui mérite ou de ce qui est digne de quelque

---

[84]Nicolas TENZER, Op.cit., p.82.
[85] Chaïm PERELMAN, Op.cit., p.299.
[86]Nicolas TENZER, Op.cit., 1994, p.85.

chose positivement ou négativement, ce qui vaut la peine et également ce qui est de grande valeur »[87]. Or, la valeur, chez Kant, est l'universel et est engendré par la seule force du vouloir bon en soi. Du coup, on s'aperçoit que le droit en partant de ce qui est éthiquement son fondement, est l'universel, c'est-à-dire ce qui est concevable, bienséant car il désigne l'ensemble des qualités (ou principes) qui font de lui une chose qui a du mérite et mérite d'être respecté. C'est dans ce sens que le droit défini, analogue à la dignité, est « tout autant la valeur intrinsèque de la nature humaine que tout autre forme d'excellence, notamment en termes de position et de responsabilité sociales »[88]. La qualité humaine provient d'une hiérarchie des normes et des valeurs dont le stade suprême est la dignité. C'est pourquoi, la perdre rétrograde notre identité, traduit une forme de rechute dans la bestialité. Ce qui renverrait à notre nature corrompue qu'Aristote qualifie de « brute » et de « Bête ». En clair, pour parler comme Hobbes, c'est retourner à « l'état de nature » ; un état sans loi, sans droit, sans civilité ou même sans civilisation.

Mais rester digne implique l'opération de l'intellect qui donne la marque de l'excellence et de la justesse à nos comportements à la fois publics, privés et sociaux. C'est donc cette faculté qui lui permet de transcender et d'aller au-delà du possible. « L'intellect est Dieu en chacun de nous »[89]. De l'osmose de l'intellect et de la dignité, le droit reçoit un aura positif qui fait de lui, non pas le principe uniquement procédural du légiste ou du juriste, mais la norme régulatrice de notre humanité et la vie qui reçoit au sein de l'État, l'influx de l'intelligence politique. Dans ce cas, tout citoyen « n'aura de dignité que dans la mesure où il participera de la pensée, où il recevra un influx de formes venues d'un intellect en acte, c'est-à-dire dans la mesure où quelque chose pensera en lui qui n'est pas lui. L'homme ne se définira plus comme un moi, mais un lieu où l'intellect pense »[90]. C'est dire que la dignité est une catégorie métaphysique, car elle traduit l'essence pragmatique de l'homme en termes de vertu sociale et socialisante. Elle irrigue tous les sentiments et sens humains. Cette approche ontologique de la dignité humaine s'inscrit dans la dynamique d'une recherche constante du sens du droit dont la manifestation est toujours problématique aussi bien dans la démocratie que dans la société civile. La courbure de l'homme décrite par Kant, engage la réflexion sur la fonction politique et morale du droit, et de la capacité qu'a l'homme de se conformer à ce qui est bien pour lui-même et pour les autres. Le droit est donc à la croisée des chemins dans un monde en crises de valeurs et où les mutations psychosociales des peuples, s'orientent beaucoup plus vers la contestation

---

[87] Jean-Frédéric POISSON, *La dignité humaine*, Bordeaux, Les Études Hospitalières, 2005, p.48.
[88] Ibidem.
[89] Thomas de KONINCK et Gilbert LAROCHELLE, *La dignité humaine, philosophie, droit politique, économie, médecine*, Paris, PUF, 2005, p.22.
[90] Jean PIC DE LA MIRANDOLE, *De la dignité de l'homme*, Combas, Éditions de l'Éclat, 1993, p.9.

permanente du cadre normatif et législatif qui, jusque-là les tenait en respect. On est bien là dans une recherche de « généralité qui se veut d'abord procédurale et substantielle (la loi est, dans ce cas de figure, à la fois un contenu et une forme), le sous-entendu de [la société] étant de se poser comme référence absolue de la bonne gouvernance dans l'ensemble de l'environnement productif au sein duquel elle est installée »[91]. La généralité s'inscrit dans la dynamique fonctionnelle de la norme. Elle évite à l'homme d'accorder des privilèges pour des causes personnelles, mais contribue plutôt à la transformation positive d'un nombre infini de citoyens dans un corps social.

La norme est perçue comme « ne devant trahir aucune indétermination dans ses modalités d'application. La prééminence, la symétrie et la simplicité sont présentées comme qualités indispensables pour la faire appréhender de manière favorable dans l'univers mental des individus »[92]. La bonne manière de vivre en société exige la formulation d'un cadre normatif plus consensuel, à l'effet de produire des traitements équitables et une rationalité organique dans le commerce des individus, dont le souci permanent est le progrès pour tous. La régulation intersubjectif est adossée certes sur le droit, mais se trouve prise dans une tension qui est permanente entre les exigences du droit et de la morale.

VI- La tension insoluble entre droit, morale et sanction

La fragilité de la liberté humaine se joue entre les conditions normatives qui, préfigurent l'humanisme juridique même en cas de sanction d'un reconnu coupable devant la loi. Notre démarche ici consiste en une analyse critique de ces catégories normatives (droit et morale) dans la manifestation d'un verdict ou d'une décision de justice conformément à une disposition juridique. « Le principe directeur sera toujours que la justice, c'est-à-dire la règle générale applicable, doit l'emporter sur les désirs particuliers [ou inclinations] »[93]. Le droit doit donc être dit. Dire le droit, est une activité qui n'entraîne pas des évaluations ou des décisions politiques.

Mais cela ne peut se réaliser que si au préalable, on a fait le droit. Et faire le droit, c'est créer des normes générales et abstraites susceptibles de résoudre d'innombrable cas de conflits. L'application de la loi n'est pas aussi simple qu'on le pense, même si pour les constructivistes, le juge ne fait qu'exécuter la loi ou les dispositions légales mises à sa disposition par le législateur. Il y a dans le « dire » le droit une responsabilité morale et juridique qui peut être

---

[91] Serge Alain GODONG, *Implanter le capitalisme en Afrique, bonne gouvernance et meilleurs pratiques de gestion face aux cultures locales*, Paris, Karthala, 2011, p.187.
[92] Idem, p.187-188.
[93] Friedrich HAYEK, *Droit, législation et liberté*, traduit de l'anglais par Raoul Audouin, Paris, PUF, 1982, p. 49.

imputable aussi bien à celui qui fait le droit qu'à celui qui dit le droit. Puisque ces deux activités sont consubstantielles et coextensives. La liberté est tout le problème du droit dans la manifestation de la justice. Celle-ci implique à la fois la connaissance du devoir car, au contraire, juridiquement, nul n'est censé ignorer la loi et l'intention. L'intention peut signifier projet vague, désir passager, velléité. Elle peut aussi dire volonté véritable, c'est-à-dire décision ferme. Cette volonté, ontologiquement traduit rigueur et rationalité et, trouve sa pureté, chez Kant, par sa capacité de transcender le subjectif pour atteindre l'objectif, c'est-à-dire le « je » devient « tous » ou mieux « je-tous » une dialectisation de la volonté subjective dans l'universel, à l'instar de Rousseau qui, ici, se dissout dans la volonté générale. Contrairement à Rousseau, la volonté générale n'est pas la totalisation des volontés particulières, mais la volonté universelle est cette transmutation du particulier en général, c'est-à-dire en loi un iverselle chez Kant. L'objectif fondamental étant pour les deux auteurs le même (l'universel), car l'essentiel c'est de parvenir à une universalité dont la base et les motifs déterminants soient incontestables moralement et juridiquement ; seules les démarches diffèrent. « Il faut donc développer le concept d'une volonté souveraine estimable en elle-même, d'une volonté bonne indépendamment de toute intention ultérieure tel qu'il est inhérent déjà à l'intelligence naturelle saine »[94]. C'est une volonté bienfaisante pour soi-même mais aussi pour l'humanité. La volonté véritable comme intention peut signifier aussi but. Par exemple : je vous ai menti, mais c'était dans l'intention de vous éviter un accident dramatique. Ici l'intention n'est plus la décision de la volonté, mais une fin ultérieure visée par cette volonté, et pour laquelle l'acte accompli n'est qu'un moyen. L'intention-but ne saurait faire la valeur morale de l'acte. Il y a deux choses à considérer, le but visé et le moyen employé. Il faut donc pour juger objectivement et moralement, tenir compte des deux.

Il est vrai que dans certains cas, on se résignera à employer le moyen blâmable à condition toutefois qu'il ne soit pas intrinsèquement mauvais, c'est-à-dire viole le fondement de la morale, le respect de la personne humaine, comme la torture, mais on s'y résignera comme un mal nécessaire : ce sont les cas où l'excellence du but surpasse sûrement et largement le vice du moyen. Il est donc indispensable de faire la balance de l'acte et de son but et de ne seulement pas regarder un but inadmissible. La moralité vraie consiste à atteindre une fin juste par des moyens justes. Et que « l'homme doive *sollen* accomplir son devoir de façon tout à fait désintéressée et qu'il faille *müssen* séparer complètement du concept du devoir son désir de bonheur pour l'avoir tout à fait pur, c'est ce dont il est très clairement conscient ; ou alors s'il ne croit pas l'être, on peut exiger de lui qu'il le soit autant qu'il est en son pouvoir de l'être : car c'est précisément dans cette pureté qu'est à trouver la véritable valeur de la moralité, et il faut donc

[94] Emmanuel KANT, Op.cit., p.94.

également qu'il le puisse »[95]. Conformer son devoir au droit est une attitude à la fois éthique et normative complexe, car se trouvent enchevêtrés la raison agissante, la nécessité de la pureté de l'acte et les moyens ou les mobiles qui le déterminent.

L'acte morale devient ainsi un système de droit qui ne peut être infaillible face aux contingences de la vie et aux nécessités de la société humaine. Ces nécessités humaines provoquent aujourd'hui l'émergence, « à divers époques et en divers endroits, d'une même espèce de système, semblable à celui fondé sur la propriété privée et le contrat »[96]. La souveraineté de la volonté subjective et de la volonté générale dans ce contexte précis, découle de la capacité présumée de trouver la justice pour l'équilibre et la pérennité d'un vrai ordre démocratique.

Il ne faut pas occulter le fait que dans la réalité pratique, le grand danger de la morale de l'intention-volonté est ce qu'on appelle la direction d'intention. On invente un but honorable pour justifier une conduite qui ne l'est pas : tel ambitieux politique peu scrupuleux qui trouve exclusivement son intérêt, arrive à se figurer qu'il n'a en vue que le bien commun ou public. L'intention comme décision véritable est essentielle à la moralité de l'action. L'intention quand elle n'est pas noble, peut corrompre l'acte et perturber l'harmonie ontologique que Kant avait établi entre le devoir et la volonté, car dit-il « il faut avoir de la tête pour se tirer de l'embarras où nous plongent les raisons contraires et ne pas se tromper dans le bilan »[97]. L'habileté pragmatique de la volonté exige un devoir inconditionnel. Il y a toujours l'idée de décision qui précède tout acte et, à partir de laquelle, on peut logiquement ou dialectiquement tirer toutes sortes de conséquences. En ce sens, de la décision ferme, on retient qu'il est vrai que c'est l'intention qui fait la valeur de l'acte. Dès lors, pour juger moralement et juridiquement un homme, il ne suffit pas de regarder ce qu'il fait ou a fait : derrière ce qu'il fait ou a fait, il faut voir ce qu'il veut et pourquoi il le veut ou ce qu'il a voulu faire et pourquoi il a voulu le faire. C'est une invitation à ne pas nous contenter de la façade et à aller dans le tréfonds. L'intentionnalité, la cause et l'effet de l'acte forment un système complexe dans l'agir et déterminent le comportement soumis souvent à un jugement de valeur. La casuistique a instrumentalisé cette idée d'intention. C'est qu'en effet, suivant l'angle que l'on vise, le même acte peut être bon ou mauvais ou insignifiant : on finit même par ne plus bien savoir ce qu'il vaut, et, avec un peu de mauvaise foi, par tout excuser. Par ailleurs si le droit implique une sanction pour tout contrevenant à la loi, la sanction elle-même pose problème, car une sanction peut basculer dans la manifestation pure et simple de l'injustice.

---

[95] Emmanuel KANT, *Théorie et pratique sur un prétendu droit de mentir par humanité*, traduit de l'allemand par Louis Guillermit, Paris, Vrin, 2013, p.26.
[96] Emmanuel KANT, Op.cit., p.48.
[97] Idem., p.29.

On appelle sanction les récompenses et les châtiments que nous concevons comme devant être liés au mérite et au démérite, à la vertu et au vice. Pour bien structurer notre réflexion sur cette notion, trois questions méritent d'être posées pour mieux les disjoindre et éviter la confusion communément faite : la question de fait, la question d'utilité sociale et la question morale. Est-il vrai, en fait, que le vice entraîne à sa suite la souffrance et le malheur, et que la vertu soit récompensée par la joie et le bonheur ?

Il est réel qu'il y a là, non pas une loi infaillible, car une imprudence bénigne peut avoir des crimes impunis. Mais il faut distinguer avec précision ce qui est vraiment sanction et ce qui est seulement conséquences heureuses ou malheureuses de notre conduite. On ne peut parler proprement de sanctions, de récompenses ou de punitions, que si c'est la valeur morale de l'acte, ou son immoralité qui en décide. Ne sont à vrai dire sanctions que l'estime et le mépris publics, et surtout la satisfaction morale et le remords. Les peines sont, en partie seulement des sanctions, car ce n'est pas l'immoralité proprement dite qu'elles frappent, mais avant tout le danger social. La sanction infligée à tout individu conformément à un droit peut donc être disproportionnée ou ne peut être décidée par le juge, au-delà de ce que prévoit la loi. On y perçoit le dépassement d'un juridisme clos qui exige une justice procédurale et pénale souvent injustes. « Cet esprit de droiture Rechtlichkeit qu'on aime à exhiber partout et qu'on prétend soustraire [du droit], ainsi que cette indignation superbe qui, au moindre signe de soupçon porté sur cet esprit de droiture, se réveille et s'apprête à laisser éclater sa colère seul quelqu'un d'inexpérimenté et de simplet s'empressera de prendre tout cela pour argent comptant en croyant y voir l'effet d'une sensibilité morale délicate ou de quelque conscience morale »[98]. La vérité morale de la sanction n'est toujours pas certaine, car le coupable peut devenir un récidiviste notoire. Il est évident pour l'individu, que l'idée des conséquences fâcheuses ou terribles d'une faute, ou le fait de les avoir déjà subies, est un frein puissant, capable d'arrêter le malfaiteur virtuel. Il ne les arrêtera pas tous, mais beaucoup, particulièrement intimidables, reculeront devant la menace. Quant à la société, elle ne peut vivre que si les actes antisociaux sont réprimés et châtiés. Ce qui pose la nécessité sociale et juridique de la sanction. Cette fonction juridictionnelle coercitive a pour objectif de garantir la quiétude des citoyens quand leurs droits sont lésés. La conscience populaire exprime souvent le vœu d'une justice réparatrice qui préserve l'intégrité physique et morale de la personne, et du coup, annihile toute velléité de vengeance.

Mais si la sanction maintient une certaine forme d'équilibre sociétale, le désir de voir souffrir celui qui nous a fait souffrir ressemble singulièrement au désir de vengeance. Et si ce n'est pas nous-mêmes qui avons été lésés, nous nous mettons par sympathie à la place de la victime et partageons son désir de représailles. Cette attitude n'est rien d'autre que l'expression moderne de la

[98] Arthur SCHOPENHAUER, Op.cit., p.163-164.

loi du talion. La justice réparatrice peut subrepticement conduire à une injustice plus grande si la problématique de la sanction n'est pas rendue intelligible à celui qui la subit et à celui qui l'exige comme réparation d'un tort.

Cette forme de justice transfuge de l'occidentalisation de l'espace politique et juridique, est donc de type culturel et symbolique. À cet effet, « l'injustice est le produit des modèles sociaux de représentations, d'interprétation et de communication, et prend les formes de la domination culturelle (être l'objet de modèles d'interprétation et de communication qui sont ceux d'une autre culture, et qui sont étranger ou hostiles à la sienne propre), de la non-reconnaissance (devenir invisible sous l'effet de pratiques autoritaires de représentation, de communication ou d'interprétation de sa propre culture) ou de mépris (être déprécié par les représentations culturelles stéréotypées ou dans les interactions quotidiennes) »[99]. Dans ces conditions comment éviter l'injustice à la lumière d'un jugement moral et juridique dans les conditions optimales d'un droit qui est dit et fait ? La reconnaissance se déploie dans une double direction. Celle de celui qui est victime et de celui qui est coupable d'une part, et celle de la disposition juridique à appliquer le droit sans toutefois l'outrepasser en faisant prévaloir ses inclinations. « Charles Taylor s'est inspiré de Hegel pour soutenir que l'absence de reconnaissance ou la reconnaissance inadéquate [...] peuvent constituer une forme d'oppression ou emprisonner certains dans une manière d'être fausse, déformée et réduite. [...] Le défaut de reconnaissance ne trahit pas seulement un oubli du respect normalement dû. Il peut infliger une cruelle blessure en accablant les victimes d'une haine de soi paralysante. [...] »[100]. Ce qui est en cause dans la gestion du conflit entre les hommes, n'est rien d'autre que la reconnaissance de soi et de chacun par l'autre, comme la reconnaissance de l'autre par moi et par chacun. La reconnaissance implique « le respect dû à chacun par les autres, le devoir de chacun de se faire respecter par les autres »[101], par la médiation du droit et non en se rendant justice soi-même ; ce qui déboucherait sur l'anarchie sociétale.

La bonne manière de dire et de faire le droit est dans la qualité de la reconnaissance. Elle n'est pas choix seulement d'une attitude de justice sociale, mais aussi « cet exercice de la liberté par lequel je reconnais autrui concrètement et lui fais droit. Inversement, elle n'est pas simple intégration participante, absorption de chacun dans un corps social distinct de lui : ce corps social ne serait pas société, faite de l'acte des libertés qui se reconnaissent sur le fond de l'hostilité virtuelle présente en elles »[102]. Elle

---

[99] Nancy FRAZER, *Qu'est-ce que la justice ? Reconnaissance et redistribution*, traduit de l'anglais (États-Unis) par Estelle Ferrarese, Paris, La Découverte, 2011, p.17.
[100] Ibidem.
[101] Denis MAUGENEST, Op.cit., p.18.
[102] Idem, p.23.

traduit une éthique de la bonne gouvernance, de l'altérité et de l'altercation naturelles entre les citoyens. La reconnaissance vraie implique une sanction et une réparation appropriées selon qu'on est coupable ou victime, c'est-à-dire le respect du droit à la vie. L'autonomie de chacun ne cesse de se heurter à celle de l'autre, ce qui rend inéluctable l'idée de sanction dans une juste proportion. C'est fort de cette idée, que la sanction relève du domaine du droit positif, de la morale et de la justice, que l'on peut sans ambages dire qu'elle reste problématique.

La faute a été commise ; rien ne peut faire qu'elle ne l'ait pas été. La croyance qu'elle est lavée ou effacée par une sentence ou une souffrance ne résiste pas à l'examen de la raison. Le seul but recherché par la sanction, c'est que le coupable s'améliore, et qu'il pouvait s'améliorer sans souffrir ; ce qui a lieu parfois. On perçoit cette solution pacifiste dans le domaine de la justice à travers le sursis à l'exécution de la première condamnation et la liberté surveillée ou provisoire accordée à certains détenus. Ce qui est clair, c'est que la réparation d'un dommage causé est souhaitable, mais la souffrance, par elle-même, ne répond à rien. En Côte d'Ivoire, le « phénomène de Microbes ou enfants en conflits avec la loi »[103] ; cette pathologie sociale de la société ivoirienne, pose la problématique de la sanction. Il leur faut-il une sanction pénale ou les corriger pour des actes avérés ou faut-il les transformer par une éducation citoyenne de réinsertion dans la vie sociale ? La solution pénale ou sociale à entreprendre dans ce cas précis, peut virer à l'injustice, à l'arbitraire si elle ne fait pas preuve de bon sens et de discernement, c'est-à-dire dans le sens d'une approche globale qui ne se limiterait pas exclusivement à traiter systématiquement les faits sans faire au préalable le diagnostic approfondi d'un malaise social profond, en établissant un rapport de causalité.

Pour Mieux comprendre ces remèdes à l'injustice sociale, nous nous sommes inspirés de Nancy Frazer. Elle commence par faire la distinction entre correction et transformation. « Les remèdes correctifs à l'injustice sont ceux qui visent à corriger les résultats inéquitables de l'organisation sociale sans toucher à leurs causes profondes. Les remèdes transformateurs, pour leur part, visent les causes profondes. L'opposition se situe entre symptômes et causes, et non entre changement graduel et transformation radicale »[104]. À la lumière de ces deux solutions, nous optons pour le cas ivoirien analogue à la déliquescence des sociétés modernes africaines, voire occidentales, le remède de la transformation-réinsertion.

---

[103] Phénomène apparu en Côte d'ivoire et initialement localisé à Abobo, un quartier populaire de la Côte d'Ivoire, s'est par la suite répandu dans presque toute les communes d'Abidjan et même dans certaines villes de l'intérieur. Ces enfants dont l'âge varie entre 10 et 17 ans sont d'une violence inouïe, terrorisant tout sur leur passage et armés d'armes blanches, souvent même défiant l'autorité policière. Ils ont pu installer une atmosphère de psychose dans tout le pays, car le phénomène s'est propagé dans d'autres villes et quartiers résidentiels censés être à l'abri. Il se propage rapidement là où se trouvent des enfants vulnérables et fragiles très exposés.

[104] Nancy FRAZER, Op.cit., p.31.

En effet, cette thérapie sociale nous semble efficace, en raison du diagnostic profond qu'elle fait pour mieux appliquer le remède approprié. Or, le phénomène « des microbes ou enfants en conflit avec la loi »[105] en Côte d'Ivoire, nécessite une approche globale, c'est-à-dire qu'il doit interpeller la conscience de chaque citoyen sur sa responsabilité, pénale, civile, morale et politique. Ce qui demande de comprendre ontologiquement le phénomène pour mieux cerner son essence en revisitant tous les éléments structurels, sociologiques, culturels et socio-politiques pour ne pas du choc émotionnel des actes perpétrés par ses enfants, opter pour une solution violente ou pénale qui serait inefficace. « Les remèdes transformateurs sont [...] habituellement associés à la déconstruction. Ils tendent à mettre fin au non-respect en transformant la structure d'évaluation culturelle sous-jacente. En déstabilisant les identités et la différenciation existantes, ces remèdes ne se contentent pas de permettre au respect de soi des membres des groupes actuellement non respectés de se développer ; ils changent le sens de soi de chacun »[106]. Il semble donc que souvent l'idée de sanction est irrationnelle. Il n y a pas de rapport logique entre le fait d'avoir commis une mauvaise action et le fait de souffrir. Mais il y a un rapport d'utilité générale et une raison sociale. Il est vraisemblable donc que cette idée est essentiellement sociale. La fusion de la faute et la menace d'une sanction a été créée par la société pour des raisons de légitime défense et de sécurité sociale d'une absolue nécessité. La sanction impose donc aux citoyens d'observer une certaine droiture au sein de la société qui les mette hors de toute poursuite pénale.

> Cette prétendue droiture universellement pratiquée dans le commerce *verkher* entre hommes et affirmée comme une maxime inébranlable, repose principalement sur deux nécessités extérieures : en premier lieu sur l'ordre établi par la loi, au moyen duquel les pouvoirs publics protègent les droits de chaque individu, et en deuxième lieu sur la nécessité convenue de l'honneur bourgeois *bürgerliche Ehre*, c'est-à-dire de se faire un nom pour s'ouvrir une carrière dans le monde, en vertu de quoi le moindre pas de l'individu est exposé, comme sur une scène, à la surveillance de l'opinion publique qui, dans son intransigeance impitoyable, ne pardonne jamais le moindre faux pas dans cette [société], mais le reproche coupable jusqu'à sa mort comme une tare impossible à annuler[107].

La situation de l'homme en société est une liberté conditionnée, surtout en ce qui concerne le respect de nos droits fondamentaux, ce point capital de la

---

[105] C'est un phénomène qui traduit une crise sociale profonde et met surtout en cause à la fois la responsabilité gouvernementale et la responsabilité parentale. Certains sociologues ivoiriens l'assimilent à la vulnérabilité et la pauvreté ambiantes, tandis que d'autres y voient les effets collatéraux de la crise post-électorale de 2010 en Côte d'Ivoire.

[106] Nancy FRAZER, Op.cit., p.31.

[107] Arthur SCHOPENHAUER, Op.cit., p.164.

vie humaine autour duquel s'articulent tous nos faits et gestes. Et la plupart des motifs juridiques ne coïncident pas forcément avec les motifs éthiques et sociales, ce qui fait que les droits ne peuvent souvent s'appliquer à certains actes qu'en empruntant un large détour. Les droits ne peuvent se rapporter, de façon immédiate et exclusive, qu'au jugement objectif des faits. Ce n'est que médiatement qu'ils peuvent se rapporter au droit positif dans la mesure en effet où celui-ci est fondé sur le droit, fondé originellement sur la propriété, c'est-à-dire sur la défense des intérêts de la bourgeoisie. Car le droit naturel ne s'attache qu'à la propriété *Eigentum* acquise grâce à un travail. Ce qui remet en cause la question de l'équité et de l'égalité comme essence du droit. Vu de prêt, l'application du droit, comme le disait Marx, n'est rien d'autre qu'un subterfuge pour perpétuer la domination bourgeoise et protéger les biens acquis, sous la menace sans cesse de ceux qu'ils ont expropriés arbitrairement. « Le droit du plus habile s'est substitué, dans la société civile, au droit du plus fort »[108]. Il est hors de doute qu' « un État politiquement justifiable et justifié par le succès peut être considéré comme juridiquement injuste : l'aspect juridique de l'existence humaine peut donc entrer en conflit avec son aspect politique »[109]. Ce qui pose la question de l'autonomie du droit et, par ricochet celui de l'individu dans la société civile. L'autonomie du droit dépend de l'autonomie de son principe, c'est-à-dire de l'idée de justice.

Or, le reproche de Marx au droit bourgeois réductible au phénomène économique, est qu'il est institué pour réguler les rapports de production qui jadis existaient. Mais aujourd'hui, ils se poursuivent dans un cadre organique sous-tendu par un prétendu droit à la liberté d'échange. « Le riche témoigne souvent réellement d'une droiture incorruptible, car il est de tout son cœur attaché à une règle, et qu'il maintient une maxime d'observance de laquelle reposent toutes ses possessions et fidèle au principe *suum cuique* [à chacun le sien] et ne s'en écarte pas »[110]. L'éthique juridique comme déconstruction de l'ordre juridique bourgeois est un dépassement des obstacles liés à une vraie émancipation de l'homme et, la réhabilitation de notre être comme porteur de droit. Ce dessein clair passe par « la résistance à la marchandisation capitaliste [qui] conduit peu à peu à la construction d'une nouvelle légitimité, fondée sur des valeurs d'égalité, de solidarité et de gratuité, qui remettent en cause le cœur de la logique capitaliste. Parce qu'il refuse de répondre positivement à des demandes élémentaires et revient sur des droits acquis, le radicalisme du capital engendre ainsi une nouvelle radicalité des projets de transformation sociale »[111]. L'attachement sacro-saint aux droits de l'homme repose sur le simple fait de la confiance et de la fidélité qui, structurent le commerce entre

---

[108] Idem, p.165.
[109] Alexandre KOJÈVE, Op.cit., p.189.
[110] Arthur SCHOPENHAUER, Op.cit., p.165.
[111] Michel HUSSON « Accumulation et crises » in *Les cahiers de critique communiste*, Paris, syllepse, 2004, p.49.

les hommes. Mais le pauvre, au contraire, lésé par sa condition sociale qui n'y trouve pas son compte et se voit condamné, ne peut croire en une quelconque égalité et justice. « En vertu de la distribution inégale des biens, au dépouillement et à un travail pénible, alors que sous ses yeux d'autres vivent dans le luxe et l'oisiveté, reconnaîtra difficilement que cette inégalité est fondée sur une inégalité correspondante dans les mérites et dans les acquisitions honnêtes »[112]. Il ne peut plus donc faire recours à un motif éthique qui l'inciterait à l'honnêteté et l'empêcher de commettre des actes répréhensibles. L'ordre établi par la loi certes l'en retient, mais quand l'occasion rare se présente de se mettre à l'abri des effets de la loi, il n'hésite pas à agir souvent même au prix de sa vie.

Conclusion

Le droit sans une éthique de la sociabilité est un non-sens. En effet, le versant éthique du droit ne doit pas être perçu comme une sorte d'antinomie qui compromet l'effectivité du droit. La spéculation métaphysique sur le droit reconnaît cette morale pragmatique qui constitue la substance de la loi comme le produit d'une bonne volonté et investi d'une valeur universelle. Ce n'est pas la conformité de la loi avec la nature rationnelle de l'homme qui nous fait juger de la bonté d'une loi morale, mais d'après sa conformité au bien-être de soi-même et de l'espèce humaine. C'est pourquoi, la vertu ne consiste que dans l'utilité générale de la société, car il ne peut y avoir de vertus véritables sans liberté.

La vraie légitimité du droit se trouvera dans la raison de plus en plus forgée à l'épreuve de la réalité, par la connaissance de ce qui est bien pour l'homme, guidée par la morale et la vertu, sans lesquelles les hommes ne peuvent être ni vraiment libres ni heureux. Si de même que « la félicité, la politique ne peut être parfaite, que les hommes ne se lassent pas de faire des efforts pour la rendre meilleure ; leur bien-être augmentera dans la même progression que leurs lumières, leur raison et leur liberté »[113]. Ce désir de perfectionnement est inscrit dans la nature humaine et, par ce fait, motive tous les actes qui déterminent son être et son devoir-être. Parler de la félicité renvoie à l'essence de l'être et de sa raison d'être comme existence concrète.

---

[112] Arthur SCHOPENHAUER, Op.cit., p.165-166.

[113] Paul-Henri Thiry D'HOLBACH, *Œuvres philosophiques*, *TOME III*, Paris, Éditions Alive, 2000, p.503.

Chapitre deuxième

La rationalité juridique et la responsabilité humaine

L'engagement de l'homme dans sa quête de liberté implique à la fois une volonté subjective et une volonté politique. Mais ces deux formes de volonté doivent s'inscrire dans une norme juridique qui structure la vie sociétale et le bien-être de tous. En effet, puisque « la moralité ne nous sert de loi qu'autant que nous sommes des êtres raisonnables [et rationnels], c'est pour tous les êtres raisonnables qu'elle doit également valoir ; et comme elle doit être dérivée uniquement comme propriété de la volonté de tous les êtres raisonnables […] ; il faut la démontrer comme appartenant en général à l'activité d'êtres raisonnables et doué de volonté »[114]. La référence à la volonté subjective et à la volonté générale, traduit la nécessité d'une rationalité juridique, c'est-à-dire cette capacité qu'a l'homme de rendre intelligible tout ce qui favorise la vie sociétale. Cette rationalité juridique détermine la nature universaliste de la loi qui devient un lieu commun, un espace expressif de la justice et, surtout un cadre organique du monde vécu.

Avec l'hypothèse de la liberté de la volonté nous voyons que l'origine de la constitution comme loi fondamentale, est avant tout l'instinct de vie présent en chaque homme et qui s'incarne dans tout système juridique en tant que force régulatrice des interactions humaines. C'est donc une question de responsabilité de l'homme envers lui-même mais aussi de l'homme envers l'humanité. De ce point de vue, le caractère du droit ou de la loi devrait dans sa valeur d'équité et d'égalité être « une tabula rasa, tel un intellect pour Locke, et ne devrait pas avoir d'inclination innée vers un côté ou vers un autre ; car cette inclination supprimerait alors le parfait équilibre présupposé par le *liberum arbitrium indifferentia* »[115]. En faisant de la raison objective la faculté ordonnatrice et constitutionnelle, l'homme réaffirme sa conviction, selon laquelle le droit doit policer et administrer l'État et le politique pour un accomplissement démocratique du projet de la révolution sociale. C'est donc dans ce monde objectif que la théorie matérialiste a voulu se positionner. « Elle sortait du subjectivisme implicite ou de l'objectivisme superficiel des philosophes dits bourgeois. Elle ne se donnait pas pour but une déduction voilée des catégories [droit, liberté et justice], en partant de ces mêmes catégories inconsciemment admises au sein d'une vaste tautologie. Elle acceptait la connaissance humaine telle qu'elle est, dans sa réalité historique »[116]. Ici, la responsabilité du philosophe est engagée, car il doit réconcilier le sujet et l'objet, l'être et le connaître et systématiser les représentations que les hommes se font de leur vie. Et c'est ce travail de construction et de déconstruction qui sous-tend l'idée de responsabilité

[114] Emmanuel KANT, Op.cit., p.181-182.
[115] Arthur SCHOPENHAUER, Op.cit., p. 45
[116] Henri LEFEBVRE, *Métaphilosophie*, Paris, Syllepse, 2000, p.182.

humaine et de rationalité juridique, comme deux schèmes constitutifs de l'idéal juridico-politique.

Dès lors, la communauté politique, devient le lieu du rapport positif entre les citoyens ou de la vie sociétale épanouie qui se manifeste dans la justice. La socialisation fonctionnelle est soumise à une exigence de rationalité, dans la mesure où son fonctionnement est assimilé aux lois de la nature objectivée, c'est-à-dire celle qui fait des interactions sociales et humaines, l'expression de l'agir libre. La raison assure ainsi la conservation de soi et permet de discerner une cohérence sociale susceptible d'être structurée par des normes et des lois. S'émanciper des contraintes imposées par une société bureaucratique, exige un engagement à pénétrer la société moderne dans laquelle l'orientation raisonnable du droit conforme à l'impératif social, transformera qualitativement la condition humaine. L'on voit qu'une justice sociale sans une responsabilité accrue du juge, du législateur et des justiciables, serait une justice sans équité, sans référence au droit véritable, donc une justice arbitraire et qui prive le justiciable et la société entière de la sécurité juridique. Le triomphe du droit dans les sociétés contemporaines ne peut s'opérer que dans le cadre des conditions communicationnelle et argumentative qui préexistent à toute délibération. L'action humaine dans le cas d'une reconnaissance universelle comme le veut Kant, implique une modalité à la fois subjective et éthique. Mais cette éthicité de l'action réside dans la reconnaissance de l'acte comme maxime universelle. Ce que Kant ne dit pas explicitement, est l'idée que pour ériger la maxime en loi universelle, il faudrait d'abord sa reconnaissance tacite.

Cette obligatoriété du droit ne découle plus de sa justice, mais tout au contraire, de son effectivité (pratique), à savoir de son effective capacité de s'imposer, de se faire obéir en tant que maxime universelle. L'agir humain est de facto coexistentiel. Dans cette perspective, la distinction entre la loi morale (législation interne) et la loi amorale (législation externe) perd sa capacité catégorisante. Entre interne et externe il n'y a pas opposition, c'est pourquoi, Kant tire de la subjectivité une loi externe (universelle) mais cohérence. On peut donc déduire que l'externe est la projection phénoménale de l'interne. D'ailleurs, la conscience est bien le lieu où est perçu ce devoir (moral) du respect de l'autre, qui accompagne l'activité relationnelle du sujet. C'est ce devoir qui fait de lui un être qui coexiste avec l'autre. C'est pourquoi, on ne peut occulter ces formes socialisantes de l'impératif catégorique dont l'essence est l'autonomie intrinsèque du sujet et de son alter-ego. Bref, elle correspond à la structure relationnelle et la finalité de l'action humaine. C'est pour parvenir à un ordre institutionnel stable que l'action humaine doit être anthropogène et remplir sa fonction de socialisation de l'homme.

I- Les figures socialisantes de l'impératif catégorique : anthropologie de la liberté

L'impératif catégorique est un acte conforme à la fois au droit et au devoir, déterminés par une morale agissante de la volonté. « Agis uniquement d'après la maxime qui fait que tu peux vouloir en même temps qu'elle devienne une loi universelle »[117]. L'objectivité de l'impératif demande la recherche de fins qui soient moins subjectives, c'est-à-dire des fins communes à l'humanité et non plus particulières à chaque sujet. Cette objectivité suprême réalise des fins qui ont une portée et une valeur universelles. Dans la sphère de « l'impératif catégorique, c'est-à-dire dans la sphère de la moralité, où sont prescrites uniquement des fins que seul un être libre peut choisir : fins de la raison qui ne sont plus communes à l'humanité en tant qu'espèce biologique, mais aussi en tant qu'elle constitue l'ensemble des êtres doués de liberté et de raison… »[118]. Cet impératif s'éclate en des figures socialisantes, c'est-à-dire il ordonne, objective, légifère et déconstruit le lieu politique afin de vulgariser sa légitimité.

La subjectivité transcendantale construit selon la liberté qui correspond à sa nature, l'ordre intellectuel qui lui permet d'intégrer et de réduire la disparité du réel. « [La subjectivité transcendantale], définit une méthode qui, la constituant, constitue la possibilité même qu'elle a de connaître et d'organiser ce qu'elle connaît en savoir systématique »[119]. Le point d'intersection entre Hegel et Kant est la méthodologie de la connaissance discursive. Le premier hisse haut le motif fondamental de la théorie platonicienne de la connaissance. Pour lui « connaître, c'est se souvenir ; concevoir, c'est reconstituer »[120]. La théorie de la réminiscence atteint son stade suprême en tant que parachèvement de la métaphysique que Hegel autonomise dans l'Universel ou l'Esprit qui est à la fois sujet et objet de l'histoire. Dans la raison législatrice de Kant, se trouve de façon latente une altérité, forme d'objectivisme de la volonté qui, laisse entrevoir cet élitisme de la pensée allemande. Cette pensée qui veut s'imposer à l'humanité comme paradigme universel sous forme d'une ontologie et d'une éthique du droit. Cependant, si chez Kant lui-même, « le droit en particulier, défini en pratique, c'est-à-dire a priori, semble ignorer tout conflit avec le fait, en théorie, il lui reste cependant toujours opposable. L'opposition se fait ici sous le rapport de ses fondements rationnels qui garantissent alors la nécessité extérieure que l'expérience ne saurait jamais fournir au fait purement factuel »[121]. Le système de la philosophie kantienne s'ouvre ainsi, d'un « côté, sur la science empirique, de l'autre, sur la pratique

[117] Emmanuel KANT, Op.cit., p.45.
[118] Alain RENAULT, *Kant aujourd'hui*, Paris, Flammarion, 1997, p.316.
[119] François CHÂTELET, Op.cit., p.100.
[120] Peter SLOTERDIJK, Op.cit., p. 87.
[121] Pierre NZINZI « l'état de paix : un mythe pratique ? » in *Revue africaine de politique internationale* numéro 27/28 Avril-Octobre 1997, p.5.

du sujet agissant, savoir la politique comme horizon de la doctrine du droit, l'éthique concrète comme horizon de la doctrine de la vertu »[122]. Il permet de déconstruire les schèmes de la métaphysique traditionnelle pour une réévaluation critique des catégories constitutives de la réalité historique qui ordonnent et font l'histoire. La raison, de façon pratique, joue parfaitement son rôle de principe d'anticipation de l'histoire et de constitution a priori de l'expérience historique. C'est dans ce sens que la raison exprime la condition fondamentale extérieure des États dans le but d'une paix cosmopolite.

La philosophie kantienne, dans sa méthode et dans son objet, est une philosophie du droit, de la liberté. Mais seulement cette liberté est avant tout immanence, c'est-à-dire une liberté qui part de notre intériorité comme le décrit si bien Platon en parlant de la justice comme harmonie de l'âme, avec soi-même et ne s'extériorise que par le biais d'une institution républicaine. Il s'agit donc « d'un genre de liberté par laquelle la raison atteint ses propres limites, celles fixées intérieurement par l'autocritique, par l'examen de ses propres conditions de possibilité. La raison libre est donc celle qui sort des voies de l'extravagance et de la divagation de la méthode dogmatique en usage en métaphysique »[123]. C'est une liberté qui s'appréhende au stade de l'autonomie majoritaire, c'est-à-dire celle qui, en analysant les limites de l'entendement, sait désormais ce qu'il faut connaître de façon légitime. Cette laïcisation d'une pensée théologique de la raison et de la liberté, est considérée chez Kant comme un processus de déconstruction de la loi, de l'Esprit du vivre-ensemble, car elle trouverait « sa fondation à un niveau méta-anthropologique, dans la mise en demeure de façonner moralement, c'est-à-dire rationnellement, des déterminations anthropologiques, dans l'effort à relever le défi que constitue le joug des penchants, des besoins et des intérêts purement sensibles, sans lequel du reste l'impératif catégorique n'aurait plus tout son sens… »[124]. Ce procédé métaphysique couve la cendre de l'humanité sceptique, une braise relevant du fondamentalisme de la raison et qui, du coup, ouvre la voie, chez Kant à une anthropologie pragmatique.

Cette vilité de Kant ne peut donc réduire la critique de la doctrine du sujet transcendantal à un solipsisme. En effet, c'est le libre choix « par le sujet moral de s'imposer ou non l'impératif catégorique qui fonde la conscience morale, laquelle devient la racine de toute conscience théorique aussi bien que pratique »[125]. Kant aurait en effet manqué « la dimension de l'intersubjectivité transcendantale »[126]. Mais il faut nuancer ce constat, car Apel qui entreprend une refondation de l'impératif catégorique sur les exigences de la communauté communicationnelle reconnaît que « Kant l'a fait

---

[122] Alain RENAULT, Op.cit., p.330.
[123] Pierre NZINZI, Art.cit., p.6.
[124] Ibidem.
[125] Alain RENAULT, Op.cit., p.117.
[126] Idem, p.116.

lui-même de facto dans l'idée de la société cosmopolitique »[127]. Ce cosmopolitisme qui hante l'esprit de Kant est de trouver la forme politique future de l'humanité qui serait inébranlable. Dans la réalisation de ce projet, on découvre à partir de l'impératif catégorique, que Kant exige de « tout individu rationnel, qu'il n'agisse pas seulement en membre utile de sa société nationale, mais qu'il fasse aussi et surtout ses preuves comme fonctionnaire de l'espèce douée de raison »[128]. La réalisation de ce royaume de la raison (la République), montre que la fondation de l'humanité juridique implique dans le cosmopolitisme de Kant, en regard de sa place dans le concert des États modernes, la contribution d'une intelligence politique à la constitution d'une démocratie radicale. Il faut y adjoindre l'extension de la catégorie de l'autoréflexion transcendantale qui fait appel à l'intersubjectivité transcendantale ; ce qui relativise la pensée solipsiste de Kant d'une autonomie absolue de la raison critique.

Il y a nécessairement une portée sociétale, car le projet de paix universelle engage la raison pratique juridique ou morale et s'interroge surtout sur l'essence de la liberté, c'est-à-dire la liberté du sujet par rapport aux choses et la liberté du sujet par rapport à autrui. Ce qui corrobore l'idée que la doctrine de Kant précède l'éthique. La raison pratique permet ainsi de connaître le fondement institutionnel, économique et social de la vie communautaire. Cette aspiration à l'universel est le point focal de la philosophie politique de Kant. « La *pax kantiana* agrège en quelque sorte la société mondiale des rationnels comme dans une église minimaliste. Il s'agit de l'église des sujets majeurs qui présentent leurs théories critiques sous forme de professions de foi »[129]. Dans sa religion civile, il exige une transmutation des fonctions où les saints doivent devenir des juristes, des héros parlementaires. Ce qui laisse entrevoir une déconstruction de l'anthropologie de la théologie médiévale où il condamne le paternalisme tyrannique de Dieu. Cette légitimation de la raison critique s'articule autour du culte de l'universel par des choix translucides valorisants.

II- Le choix translucide de l'acte dans l'éthique de l'universel

Dans l'impératif catégorique, « le devoir est la nécessité d'accomplir une action uniquement par respect pour la loi morale »[130]. Ici, Kant s'efforce d'établir une distinction radicale entre le respect comme sentiment que l'on pourrait confondre avec celui de l'inclination. Seul le travail activement mené pour s'émanciper et se libérer à la fois de la domination théologique et de notre nature pulsionnelle, place l'homme dans la sphère civile considérée comme le lieu de la liberté. Le sujet, ici, doit s'adonner à sa vocation d'autoformation

---

[127] Appel in Alain RENAULT, Op.cit., p.119.
[128] Peter SLOTERDIJK, Op.cit., p. 74.
[129] Ibidem.
[130] Emmanuel KANT, Op.cit., p.40.

spontanée. C'est pourquoi, le devoir *sollen* est un engagement, une mission à visée anthropologique comme l'expression de la civilité dans l'élaboration des fondements pré-et-extra-civils de l'être humain. L'homme en tant que sujet rationnel, doit s'occuper lui-même de son apprivoisement en évacuant de sa responsabilité morale et civile toute évocation ou appel à la providence. Il est donc condamné à l'auto-éducation s'il veut s'émanciper du joug du mal radical qui l'étreint. L'immanence de la cause et le but de l'action morale qu'il doit mener, se rapportent toujours à la dimension transcendantale de l'acte qui doit devenir une loi universelle.

Les temps hégéliens représentent l'automne et le soir. « Le pouvoir-être-maintenant est une fonction de l'être-au bout »[131]. La téléologie hégélienne est ce dépassement du provisoire pour parvenir au cœur intemporel du temps par un parachèvement de la Raison universelle. Il y a donc un rapport symétrique entre la pensée et l'acte. C'est dans ce sens que « Heinrich Heine décrit une figure camouflée qui suit le poète pas à pas [...] je suis l'acte qui accompagne tes pensées »[132]. Cela signifie que « l'histoire politique du monde est pour sa majeure partie arrivée à son terminus, par le biais de l'établissement de l'État de droit bourgeois postrévolutionnaire. À ce moment-là, l'acte achevé de l'élaboration de l'esprit devient liberté de tous ; la reconnaissance de tous serait formellement signée par l'entrée de tous dans le statut de la citoyenneté d'État »[133]. La réconciliation de l'homme avec lui-même et de l'homme avec ses semblables doit désormais se faire en acte, car trop de calamités et d'aliénation creusent leurs ravines dans le monde moderne et, du coup, révèle à l'humanité que l'universel poursuivi est l'essentiellement jamais achevé qu'il ne faudrait pas pour autant abandonner ou perdre de vue, si elle veut véritablement être libre.

Si les *Fondements de la métaphysique des mœurs* précèdent *Pour la paix perpétuelle*, certainement le premier serait la phase propédeutique qui annonce l'élaboration du projet de « paix perpétuelle ». Du coup, on ne peut occulter les germes d'un projet politique universel que Kant va élaborer dans le second. D'ailleurs, l'un des modes de représentation de l'avenir du monde, « le premier, véritable terrorisme moral, affirme que l'humanité suit un processus de dégradation constante. Cette représentation de l'histoire génère les fantasmes catastrophiques de fin du monde et fait dire que le jugement dernier est proche »[134]. Ce qui veut dire que la vraie politique doit s'enraciner selon lui dans une morale pratique, car elle résout les difficultés que la politique ne peut résoudre.

---

131 Peter SLOTERDIJK, Op.cit., p. 89.

132 Idem, p. 91.

133 Ibidem.

134 Emmanuel KANT, *Pour une paix perpétuelle*, traduit de l'allemand par Joël LEFEBVRE, Paris, Presses universitaires de Lyon, 1985, p.18.

La politique en tant que art, doit se faire en se conformant à cette exigence d'universalité posée non seulement comme une finalité métaphysique mais surtout sociétale réalisable. En ce moment, la politique et la morale ne doivent pas être considérées dans un rapport antinomique mais plutôt dans un rapport d'inclusion. L'impératif catégorique établit un ordre politico-moral indéniable. Dans cette action, « le respect est précisément le seul mobile qui ici convienne ; il est en effet un sentiment, mais un sentiment original ; s'il a quelque analogie avec l'inclination et avec la crainte, il s'en distingue toutefois spécifiquement comme de tous les autres sentiments par ceci, qu'il est produit en nous par une idée pure, l'idée de la loi ; son caractère constitutif est d'avoir la loi pour cause et la loi pour objet »[135]. La raison, faculté de l'agir moral se fonde sur la représentation des lois reconnues pratiquement nécessaires. Autrement dit, aucune crainte, ni intérêt ni même une quelconque inclination ne peut et ne doit faire une inclusion dans le devoir. C'est ce qui doit être en politique. La question qui doit interpeler tout politique est, « que dois-je faire ? »[136] pour le bien-être de l'humanité en ma personne et en la personne de l'autre. Cette préoccupation toujours vivante montre que la politique résulte de l'agrégation des multiples lois morales des citoyens d'un État. Ici, « la loi apparaît davantage comme l'inviolable et indépendante condition sous laquelle peut être envisagée la réalisation du souverain bien »[137]. La moralité d'une loi est de permettre à la conscience commune un bonheur vrai, car dans leurs consciences, les citoyens doivent parvenir à discerner une loi morale unique et applicable à tous.

Cette morale doit coïncider avec les objectifs assignés à l'organisation collective. C'est donc une morale structurale, car elle comporte le secret engagement de se délecter de toute idée formelle d'un devenir pour être une morale collective transcendante, l'objet d'une volonté actuelle du corps social. L'ordre social et politique doit se bâtir sur le principe de la non-contradiction. Il consiste à affirmer « ne te contredis pas toi-même sinon tu ne peux penser »[138]. L'homme doit rester fidèle à la lettre et à l'esprit du droit qui témoigne de sa constance et de son respect. Le respect de soi-même détermine le respect du devoir et du droit. Chez Kant, la maxime de tout acte qui doit s'inscrire dans la perspective de l'universel, obéit au processus de constitution de la communauté cosmopolite citoyenne.

---

[135] Emmanuel KANT, Op.cit., p.42.

[136] Cette question est posée dans la perspective d'envisager la réalisation du souverain bien. Ce qui conduit Kant à affirmer des propositions théoriques dont l'une (le parfait accord de la volonté et de la loi morale), mais qui, par leur nature, sont indémontrables et qui ne sont pour nous des vérités qu'en raison de leur liaison nécessaire avec la loi pratique inconditionnée. *Fondements de la métaphysique des mœurs* (1971), p.59.

[137] Emmanuel KANT, Op.cit., p.59.

[138] Nicolas TENZER, Op.cit., p.14.

On ne peut « sans contradiction, émettre une règle générale qui conduise à se faire mal à soi-même [et aux autres] »[139]. Il s'agit d'un principe politique dans lequel l'universalité exige d'abord le caractère public de la loi. Or, « seules les maximes non contradictoires peuvent être publiques (...). La politique ne consiste pas en un simple élargissement d'une règle individuelle mais entraîne un changement de nature de la règle »[140]. Le principe de la non-contradiction traduit le réalisme politique. Il montre que la théorie ne peut être légitime et utile qu'en s'investissant empiriquement dans la politique. Il permet alors de « débusquer dans l'ordre du raisonnement les incohérences qui conduisent notamment à ne pas tenir compte du caractère public de l'existence humaine qui constitue le présupposé à partir duquel seulement (...) une politique est possible »[141]. Cette règle permet d'évaluer les actions politiques dans l'expérience vécue, car c'est de la confrontation avec la réalité sociétale que le droit démontre son efficacité. À cet effet, « toute tentative qui ne s'appuie pas sur une expérience éprouvée est vouée à l'échec ; et l'expérience montre que les hommes vont toujours vers le bas, qu'il faut des [principes] solides pour les tenir, sinon c'est l'anarchie »[142]. La bonne action est empiriquement prouvée et moralement jugée. Cette action doit être créatrice de valeurs pacificatrices et être elle-même une valeur référentielle universelle.

Dans la pratique, l'inaccessibilité de l'intériorité de la conscience se dévoile et permet de voir la bonne foi ou la mauvaise foi de l'individu. Or, être de mauvaise foi, c'est être en contradiction avec soi-même, car « elle dissimule la totale liberté de l'engagement (...) il y a aussi mauvaise foi si je choisis de déclarer que certaines valeurs existent avant moi ; je suis en contradiction avec moi-même si, à la fois, je les veux et déclare qu'elles s'imposent à moi ».[143] La constance et la cohérence dans l'action politique fait souvent défaut, car la sphère démagogique de la politique fait qu'elle reste de façon permanente en contradiction avec elle-même. Le « dire » ne se conforme pas souvent au « faire » et crée une disharmonie sociale et une instabilité du pacte social. Par la lucidité de l'acte posé, surtout qu'aucun acte n'est par essence isolé, la puissance morale des pratiques sociales enrichit l'humanité qui se dédouble comme le *demos* souverain et aussi détenteur légitime du pouvoir politique. « Le politique doit être aussi entendu comme ontologique en raison du fait que toutes les déterminations transcendantales de valeurs et de mesure utilisées pour ordonner les déploiements de pouvoir, c'est-à-dire déterminer leur prix, leurs subdivisions et leurs hiérarchies ont

---

[139]Ibidem.

[140] Emmanuel KANT, Op.cit., p.14-15.

[141]Nicolas TENZER, Op.cit., p.15.

[142]J.-P. SARTRE, Op.cit., p.14.

[143]Idem, p.81.

perdu leur cohérence »[144]. La politique doit rechercher des valeurs, c'est-à-dire tout ce qui mérite d'être pensé, vécu et accompli moralement.

Cette démarche suppose un dépassement du provisoire, des inclinations, des intérêts partisans et des illusions pour atteindre une démocratie plus réelle, plus stable et qui n'est perceptible et vécue qu'en regard de l'intelligence politique. Cette approche exige l'exactitude de ce que l'on choisit de faire et la rigueur du raisonnement qui permet une législation orientée vers le bien du *dêmos*. « La *polis* mondiale kantienne n'est toutefois pas, contrairement à celle de l'antiquité, le résultat d'un transfert des conceptions citadines de l'ordre en direction du cosmos ; elle découle plutôt de l'application de l'idée de liberté et d'affirmation de soi sur la globalité des créatures douées de raison, c'est-à-dire sur le genre humain dans cette acception universelle ou globale que les européens ont été obligés de former après l'ère des découvertes et des colonisations »[145]. Dans cette communauté mondiale, le cosmopolitisme réitère l'idée que tout être rationnel dans son agir quotidien, ne se considère plus comme appartenant à sa société nationale, mais qu'il doit contribuer à la réalisation de la future forme politique universelle qu'on pourrait aujourd'hui appeler le gouvernement mondial. Dans ce contexte, l'agir constructif implique une discipline intellectuelle, une sorte de problématique du vivre-ensemble qui interroge et remet en question le droit et la citoyenneté mondiale.

Il se dégage donc de tout acte ordonnateur quel qu'il soit, un pragmatisme fécond, car la loi qui émane de lui trouve sa pertinence et sa vérité dans ses applications pratiques et ses prévisions exactes et, non celle qui serait la copie d'une réalité inconnaissable comme le disent Dewey et William James. L'immanence de la valeur morale de l'acte que Kant réduit au devoir, s'évalue en termes d'universalité mais aussi politiquement en termes de volonté générale. Or, l'essence de la loi est d'être consensuelle, c'est-à-dire une hypernorme et le criterium de sa légitimité. Mais elle « peut être reconduite à l'encontre du processus législatif qui, faute d'une légitimation discursive forte des lois, semble passer à côté (…) de l'intérêt »[146]. La raison-législatrice doit être l'ossature du droit puisqu'elle participe de l'intercompréhension à partir de laquelle, s'élabore tout vrai consensus entre les sujets rationnels. La volonté générale active ne « se satisfait pas non plus de structures sociales marquées par une pratique appauvrissante de la morale universaliste »[147]. En outre, elle doit être une sorte d'osmose entre la réalité humaine et les intentions universalisantes de la morale. La volonté-législatrice ne trouve son universalité que si elle harmonise les rapports intersubjectifs et garantit ce qui

---

[144] Antonio NEGRI et Michael HARDT, *Empire*, traduit de l'américain par Denis-Armand Canal, Paris, Exils, 2000, p.428.
[145] Peter SLOTERDIJK, Op.cit., p. 73-74.
[146] Yao-Edmond KOUASSI, *Habermas et la solidarité en Afrique*, Paris, L'Harmattan, 2010, p.35.
[147] Idem, p.56.

devrait être son but ultime, la liberté du citoyen mondial. Agir moralement, suppose la liberté au sens stricte comme propriété de notre volonté.

Cette remarquable disposition naturelle en chaque homme d'agir doit être le lieu de l'implémentation d'une vision universaliste. Ce qui fait qu'il y a dans l'acte, une humanité qui se déploie non pas comme une autosatisfaction que le sujet en tire, mais plutôt un acte qui puisse satisfaire aux besoins de l'humanité. C'est là que l'universel prend tout son sens chez Kant et que l'acte « peut faire naître l'espérance d'une vie future [...] en opposition à toutes les exigences de nos penchants, nous donne seule la conscience de notre liberté »[148]. Cette autonomie de la volonté soumise à ses propres lois morales est mise au service de l'humanité. Ce qui permet de surmonter l'idée de tout subjectivisme absolu qu'on pourrait reprocher à Kant. La visée éthique universelle ici, allie la relativisation du pouvoir de l'action à une inébranlable persévérance dans l'action qui humanise et rend libre. « L'affirmation de ma propre liberté n'existe que conjointe à la reconnaissance de la liberté de l'autre. Ma volonté de m'arracher au cours des choses et ma volonté de rompre les liens qui entravent la liberté de l'autre n'existent pas l'un sans l'autre. La liberté de l'autre, au même titre que la mienne, se pose, croit en elle-même et s'atteste dans l'action »[149]. En choisissant de poser tel acte et non tel autre, l'action éthique est celle qui s'apparente à un discernement de ce qui consolide l'intersubjectivité comme le vivre-ensemble ; la norme sociale de notre intégration au monde, dans l'évènement de la rencontre comme donnée de l'expérience vécue. Ce qui veut dire que le sujet s'objective adroitement en faisant de la maxime qui sous-tend son acte une valeur universelle et universalisable. Dans ce cas on peut parler d'une dissolution de la subjectivité dans l'universel comme le lieu propre de l'action. Il y a nécessairement une interaction positive entre éthique, action et volonté libre. Par la reconnaissance de l'universalité de l'action, on entend le respect de l'homme non seulement de son inaliénable dignité contenue dans l'humanité, mais aussi dans celle des autres.

> L'expérience éthique la plus ordinaire atteste que la mécompréhension, le soupçon, l'intérêt, la manipulation, l'exploitation, la domination, la contrainte morale ne sont pas le premier et le dernier mot des rapports humains. Elle atteste plutôt que la reconnaissance [de l'humanité] dans sa liberté n'est jamais acquise, n'est jamais déjà donnée, sinon sous des traits toujours plus ou moins défigurés. Elle n'accède à elle-même que par le travail de la réconciliation, comme la liberté du sujet n'accède à lui-même que par le détour de l'action[150].

---

[148] Emmanuel KANT, *Préface à la deuxième édition de la critique de la raison pure*, présentation et commentaires, Jacques Deschamps, Paris, Nathan, 1981,p.62.
[149] Paul LADRIÈRE et Claude GRUSON, Op.cit., p.25.
[150] Idem, p.27.

L'action éthique dans ce qu'elle a de plus fondamental ne se limite pas dans les seules relations à soi et au monde comme universalité. Elle est aussi la règle de médiation entre les libertés. De sorte qu'elle parvienne toujours dans les relations collectives à instituer la sociabilité et l'histoire dont elle est porteuse. « La rencontre des libertés se fait par référence commune à des abstractions telles que la justice, l'égalité, la fraternité, etc. »[151]. Ces valeurs à promouvoir pour rendre l'insociable sociabilité possible, remplissent dans les interactions humaines la fonction de règle d'action. L'institution d'une loi universelle d'action, fait que l'individu devient citoyen. En ce moment, « l'attestation de la liberté dans l'action, loin d'être reléguée dans les marges, trouve au contraire là le territoire de son plein déploiement »[152]. Ce cadre normatif dans lequel se régule ainsi nos actes, acquière une dimension universelle et digne de foi, car les normes morales que requiert l'agir humain ne doivent être justifiées qu'en ayant recours à des procédés et des principes universels. Alors une éthique de l'universel est celle qui, dès lors que nous y conformons notre comportement, nous aide à bien vivre. La vraie question qui préside à l'éthique de l'universel est de savoir ce qu'est le monde et que dois-je faire pour y vivre ? Dans cette existence, la liberté est une réalité ontologique et politique qui fait la perfectibilité de l'être et traduit sa capacité à vivre-ensemble. La volonté libre est donc une théorie cosmologique et ontologique générale de la sociabilité innée qui, a une valeur pragmatique dans un monde manifestement évolutif. En scrutant de près cette sociabilité, on s'aperçoit que la partie substantielle qui lui donne sens et finalité, est la liberté civile sans laquelle l'idée de la citoyenne mondiale n'est pas envisageable et serait un mirage.

III- La liberté civile et la citoyenneté mondiale

Dans la conception de l'histoire du monde, code civil et philosophie du droit riment l'une avec l'autre et, permettent une interprétation de la notion de la liberté longtemps escamotée par les théoriciens du droit positif. « Hegel et Napoléon dans le finale du récit ambitieux de la bonne fin de l'histoire, font clairement apparaître la manière dont l'individu, dans la logique de Hegel, se réconcilie avec le général [l'universel] »[153]. La marche irréversible vers le parachèvement de l'histoire ou de l'Idée s'incarne dans les actions humaines transfigurée par la Raison. Si les individus représentent les cristaux de l'absolu, c'est parce que ceux-ci « dans la mission qui leur est apparemment spécifique, [...] jouent leur rôle dans l'épopée héroïque de l'action universelle de la liberté et de la vérité ; dans la mesure où ils tendent leurs forces jusqu'à

[151] Idem, p.28.
[152] Idem, p.29.
[153] Peter SLOTERDIJK, Op.cit., p.92.

l'extrême dans l'arène de l'action et de la pensée contemporaine »[154]. Cette idéalisation de la liberté de Hegel fait de l'homme, un personnage fatidique tenant sa place dans les fins de parties de la métaphysique qui, atteindrait son parachèvement dans l'idéalisme allemand. La liberté est une valeur cardinale et sociétale indéniable. On appréhende « l'objet de Marx dans la critique de Hegel : penser l'essence du politique et cette précision est capitale au regard du sujet réel qu'est le *dêmos*, et non plus, comme le fait Hegel, au regard du déploiement de l'Idée comme sujet. Loin donc de céder à une quelconque *technè* sociologique, Marx est porté par la volonté de rompre avec le logicisme hégélien doublée de la volonté concomitante de dévoiler la spécificité du politique en fonction de l'activité d'un sujet politique »[155]. Cette approche controversée du politique entre Hegel et Marx, réside dans le fait qu'une fois l'idée est faite sujet, les différents pouvoirs sont seulement saisis comme son résultat. Tandis que pour Marx, la présupposition et le sujet sont les différences réelles ou les aspects divers de la constitution politique. La vie sociale doit affirmer sa suprématie universelle comme un monde inclusif et d'intégration citoyenne.

Cette régénération du politique « de nature à effacer matérialité, passivité, dépendance en faisant subir aux éléments de l'État une course ascendante qui les emporte dans une sphère où, tournant désormais autour du soleil de la liberté et de la justice, ils connaîtront une irrésistible métamorphose »[156]. La politique doit être essentiellement liberté pour le monde. C'est donc cette révolution de la politique qui favorise une vie nouvelle pour les citoyens du monde dont l'intérêt croît pour la question publique de la liberté. « C'est au nom de cette vie nouvelle qu'il [Ruge] critique les philosophes allemands, en l'occurrence, Kant et Hegel, et leur tendance au compromis diplomatique »[157]. Par la rupture avec la représentation théologique qu'ils faisaient de la politique, Ruge va s'employer à l'instar de Marx, à travailler à la réalisation de la raison dans l'existence, en abandonnant la vision théorique et spéculative pour s'orienter désormais vers la volonté des citoyens.

La liberté ne pourra s'éclore que par la substitution d'une philosophie de la volonté et de la pensée à une philosophie de l'esprit. Pour Ruge, « leurs systèmes [Kant et Hegel] sont des systèmes de la raison et de la liberté au milieu de la déraison et du manque de liberté »[158]. La liberté elle-même devient utopique, car Hegel aveugle de la relation de la théorie à l'existence ne conçoit la réconciliation que dans la sphère spirituelle sous forme d'une médiation spéculative. L'émergence d'une conception rationaliste et universaliste, n'est possible que par un changement radical des catégories qui

---

154 Ibidem.

155 Miguel ABENSOUR, *La démocratie contre l'État, suivi de Marx et le moment machiavélien*, Paris, Félin, 2004, p.84-85.

156 Idem, p.60.

157 Idem, p.46.

158 Ibidem.

déterminent le réel. La démarche typiquement dialectique sera appliquée par Marx à Hegel puisque la négation de l'idéalisme allemande est posée comme condition de la réappropriation du politique qui réalise donc la philosophie et, la négation subséquente de la religion. Ce qui montre l'hostilité ambiante qui existe entre le christianisme et le nouveau besoin fondamental de liberté politique qui anime les hommes.

Aujourd'hui, cette liberté politique corrompue par le capital financier oscille entre retour aux valeurs fondamentales et l'homme sans humanité. « Lorsque les fonctions normatives de l'État sont paralysées et que s'affirme le capital financier, la société elle-même se défait, la jungle menace »[159]. L'anarchie persiste dans le système démocratique car elle n'a pas trouvé les ressources fiables pour résister à l'autorité de l'argent. La démocratie radicale défendue par Habermas, la vraie démocratie défendue par Marx, l'État rationnel de Hegel, la société politique et la société civile sont tous pétrifiés par la force du capital. Néanmoins, il est difficile de penser ou de définir le particulier sans l'universel, l'artificiel sans le naturel. La compatibilité théorique du droit naturel et du droit positif exige, d'un point de vue strictement logique, qu'il soit possible de réfléchir sur eux comme espèce du même genre, c'est-à-dire du droit . Les juspositivistes affirment précisément que le genre « droit » n'inclut pas le droit naturel mais coïncide entièrement avec le droit positif. L'universalisation de l'échange marchand et la liquidation des cultures autochtones endogènes, contredisent radicalement toutes les valeurs héritées du siècle des lumières dont le point de mire est le droit de l'homme. L'élaboration de ce cadre normatif universel susceptible d'égaliser et de protéger les rapports intersubjectifs et les plus faibles économiquement et physiquement, devient le défi majeur de l'humanité en proie à un impérialisme économique. Le futur demeure incertain pour les jeunes générations actuelles. Le droit devient une œuvre, la figure extériorisée de l'humanité conceptualisée, pur croisement du désir de vivre et de l'égalité-différentielle intelligiblement assumés.

La justice entre les entités politiques a été ajournée jusqu'ici et la réconciliation telle que l'entend Hegel, Kant et Marx n'a pas encore eu lieu ; qu'il s'agisse de l'Idée, de la volonté ou du prolétariat. Tous ces concepts sont soumis au jeu de la négation, du parachèvement et du report de la réconciliation au nom, pas seulement d'un groupe, mais de la majeure partie de l'humanité n'ayant pas encore connu la rédemption. Ce qui fait du droit et de la liberté un jeu de combat pour les revendications futures. En scrutant l'essence de la liberté comme mode d'être et de vie, on s'aperçoit que le projet de socialisation qui lui est consubstantiel est non seulement condamné, mais son effectuation demeure problématique. Le droit fait désormais l'objet de critique en tant qu'évaluation normative du fondement sociétal. Le droit civil

---

159 Jean ZIEGLER, *Les nouveaux maîtres du monde et ceux qui leur résistent*, Paris, Fayard, 2002, p. 351-352.

renvoie à une homogénéisation des rapports interhumains, d'une transparence à soi de la société mais aussi des individus qui constituent le corps social. En prenant en compte la socialisation cosmopolite de la société mondiale, la liberté recherchée n'est rien d'autre qu'une socialisation authentique qui renvoie dos à dos l'illusion d'un accomplissement du social sous la forme de l'indivision, le travestissement de la socialisation, en tant que parodie du communisme et le culte d'un rationalisme devenu dogmatique.

La critique du droit s'énonce désormais du point de vue de l'effectuation de la vraie démocratie, une sorte de révolution de l'espace politisé qui se donne pour tâche, de dénoncer et de dévoiler dans les méandres de la démocratie moderne, même dans ses subtilités, cette forme juridique de domination bourgeoise où le *dêmos* et le *cratos* sont plus que jamais séparés. « L'État démocratique n'est pas patriarcal, il ne repose pas sur une confiance non formée encore, mais il lui faut des lois, ainsi que la conscience du fondement juridique et moral et, que ces lois soient connues comme positives »[160]. Ce que recherche tout citoyen, c'est la liberté civile comme ancrage politique lui permettant de se reconnaître comme être social. L'essence est donc la liberté substantielle que procure le droit. Or dans la politique l'intérêt personnel surplombe l'intérêt général et la volonté objective. Cette volonté générale, Kant l'exprime dans l'impératif catégorique sous la forme de subjectivité universalisable et Marx la traduit par la force légitime du prolétariat qui porte en lui la souffrance universelle. Chez Hegel, elle se dévoile dans la Raison universel comme parachèvement de l'histoire. Pour lui, « la loi est présente, loi de liberté et rationnelle suivant son contenu et elle vaut, parce que c'est la loi, en vertu de son immédiateté »[161]. La loi essentiellement est, ici, un moyen de normalisation de la vie communautaire à partir de laquelle, la légalité devrait trouver son expression sociale et juridique la plus réelle. Le devenir de l'humanité rime avec une application effective des droits et le contraire plongerait cette humanité dans une impasse. « Hegel soutient que dans une philosophie du droit, la connaissance et la science doivent être examinées dans la relation et la position qui sont les leurs au sein de l'État »[162]. Hegel prône un principe moderne de la subjectivité en faisant de l'homme la personne du prince, l'État subjectivé. Il est question pour Marx, qu'à l'inverse, de montrer que dans la démocratie l'homme en tant que être générique, est la réalité du peuple, le *dêmos*, parvient dans et par l'État à l'objectivation.

Si dans l'universalité de la liberté, la démocratie représente la sphère politique où s'objectivent les figures de l'existence sociale de l'homme, c'est

---

[160] G.W.F. HEGEL, *Leçons sur la philosophie de l'histoire*, traduit de l'allemand par J. Gibelin, Paris, Vrin, 1998, p.193.

[161] Idem, p.194.

[162] Emmanuel Renault « Connaître le présent. Trois approches d'un thème » in Jean-François KERVÉGAN et Gilles MARMASSE (dir), Op.cit., p.24.

parce que chez Marx, la loi fondamentale (la constitution) se manifeste à la fois comme principe révélateur et purificateur du monde vécu. Dès lors, « ce n'est pas parce que l'homme est un animal *sociatis* qu'il se donne une constitution, mais c'est bien plutôt parce qu'il se donne une constitution, parce qu'il est *zôon politikon* qu'il se révèle être effectivement l'homme socialisé »[163]. C'est sous le signe de la discontinuité que Marx pense les rapports de la sphère politique à ce qui se donne pour le social. Pour lui, « la constitution, l'État politique ne vient pas couronner, achever une sociabilité imparfaite qui serait en gestation dans la famille et dans la société civile, mais elle se situe en position de rupture avec une sociabilité inessentielle »[164]. Le lieu politique où la démocratie est à la fois le moment de la conscience de soi et de la connaissance de soi propre à un subjectivisme, lui permet d'éviter que l'objectivation constitutionnelle ne dégénère en aliénation politique. « La démocratie est l'énigme résolue de toutes les constitutions. Ici, ce n'est pas seulement en soi, selon l'essence, mais selon l'existence, la réalité, que la constitution est continûment reconduite dans son fondement réel, l'homme réel, le peuple réel et qu'elle est posée comme son œuvre propre »[165]. Dans la démocratie, l'identité du principe formel et du principe matériel est la manifestation plausible de la réconciliation de l'universel et du particulier. Cette vraie unité ontologique montre que le genre se rapporte à son espèce pour faire de l'existence politique de l'homme, le lieu où doit régner le droit pour l'équilibre du corps social.

Le discours juridique s'inscrit toujours dans une logique de droit de l'homme qui se déploie dans les droits élémentaires du citoyen qu'à travers la liberté d'expression, de pensée, etc., et qui impliquent l'idée d'une gouvernance démocratique pour le bien-être de la communauté politique. Le peuple présente cette particularité d'être un sujet qui est à lui-même sa propre fin. « Cette auto-constitution du peuple qui ne se fige dans aucun pacte, qui ne doit se figer dans aucun contrat, se déploie-t-elle dans un élément d'idéalité »[166]. Le peuple se tient dans son vouloir-être politique qui ne correspond à aucune réalité sociologique et n'a rien de social. Rousseau, dans son projet d'élaboration du contrat social, donnait ainsi le vrai nom de la liberté à la loi qu'il a tenté d'incarner dans la volonté générale. À ce sujet, la morale qu'il préconise « est surtout une morale d'abstention qui maintienne chacun dans les cadres à lui tracés par la nature. Elle invite essentiellement à éviter les pièges de la souffrance qu'entraîne après lui tout espoir démenti par l'expérience. Elle est à tendance purement individualiste comme est nécessairement une morale dont le critère fondamental est le bonheur »[167]. Cet

---

[163] Miguel ABENSOUR, Op.cit., p.98-99.
[164] Idem, p.100.
[165] Karl MARX, *Critique du droit politique hégélien*, traduit de l'allemand par Albert Baraquin, Paris, Éditions sociales, 1975, p.68.
[166] Miguel ABENSOUR, Op.cit., p.103.
[167]J-J ROUSSEAU, *Émile ou de l'Éducation*, Paris, Éditions sociales, 1978, p.54.

individualisme qui s'est systématiquement forgé dans le libéralisme économique, serait incompatible à la fonction de bien-être que la démocratie voudrait garantir. Mais la tension entre démocratie et libéralisme, est la raison fondamentale qui rend problématique toute idée de bonheur dans l'État capitaliste et la société bureaucratisée.

La constitution de la vraie démocratie, sa justification et sa nécessité absolue, reposent sur sa capacité normative et éthique de la vie sociétale. Le droit positif ne l'est que si dans la démocratie moderne, « les intérêts de la communauté, les affaires publiques doivent être discutées et décidées par le peuple ; les individus doivent opiner, exposer leurs avis, donner leur voix, parce que dit-on, l'intérêt de l'État et les affaires publiques sont les leurs »[168]. La vie politique dans le sens moderne exige une politique participative accrue du peuple comme système d'intégration et de développement durable, susceptible de relever les défis du millénaire. Cette socialisation du citoyen dans un vrai système démocratique, fait de lui une réalité politique progressive. Vivre-ensemble dans nos particularités, exige la bonne volonté reposant sur la moralité des individus, sur leur conviction et leur bonne intention. La critique faite à l'éthique politique est ce déni de reconnaissance de certaines catégories sociales très souvent marginalisées et considérées comme des individus fragiles. La normalisation de la vie publique si elle n'inclut pas le civisme et le respect de la différence de l'autre dans le sens de corriger les inégalités, est vouée à l'échec. L'enjeu de la philosophie du droit est de reconsidérer cette dimension éthique allouée à la liberté individuelle dans un monde transformé en village planétaire et, où les particularités identitaires tendent à s'effriter au détriment d'une citoyenneté mondiale encore virtuelle.

Le constat de l'éclipse de la liberté conduit à l'analyse de la constitution de l'ordre en cours de formation (gouvernement mondial) et les mutations profondes inhérentes. Nous voyons que ces transformations viennent de l'épicentre américano-occidental à partir duquel tout se décide pour le reste de l'humanité. Aujourd'hui, « l'idée que l'ordre présent naît en quelque façon spontanément de l'interaction de forces mondiales radicalement hétérogènes, comme si cet ordre était un harmonieux concert orchestré en cachette par la main naturelle et neutre du marché mondial : et (...) l'idée que l'ordre est dicté par une puissance unique et un seul centre de rationalité transcendante aux forces mondiales, guidant les différentes phases de l'évolution historique selon un plan volontaire et omniscient, quelque chose comme une théorie de conspiration de la mondialisation »,[169] est envisageable. L'on ne peut prétendre encore parler de la liberté civile qui semble se dissoudre dans la mondialisation. C'est un système policé et dominant doublé d'une rationalité structurant subtilement le monde. Le capitalisme étend à partir de son foyer

[168] G.W.F HEGEL, Op.cit., p.194.

[169]Antonio NEGRI et Michael HARDT, Op.cit., p. 25-26.

de diffusion évoqué ci-dessus, sa puissance supranationale à laquelle nul n'échappe. L'essor du système communicationnel et médiatique, influence considérablement la perception, la conscience et le comportement des peuples. Le concept de révolution violente et de dépérissement de l'État, méritent d'être réexaminé, actualisé dans le monde libéré de l'argent. La toute-puissante du sujet historique et le motif crypto-théologique de la reconquête de la plénitude originelle de soi, représentent les figures fondamentales de la fiction philosophique marxienne qui voudrait opposer à la raison d'État, la raison prolétarienne. Cette option conceptuelle qui caractérise la pensée de Marx, montre que la violence est devenue étatique, l'esprit est devenu technique et l'argent a mis tout en réseau. Les concepts de souveraineté, de liberté et de droit se cristallisent autour de l'économie qui les influence et bouleverse les vraies valeurs sociétales, c'est-à-dire les constituants d'une vie bienheureuse.

L'histoire du monde, dans la perspective de la métaphysique, montre que l'Être veut être compris comme Temps. Le besoin de liberté ne peut plus se satisfaire de visions globales et vespérales de ce qui jusque-là a été socialement établi. Le contexte actuel des droits de l'homme et de l'autonomisation des peuples, traduit la liaison de portée historique qu'il y a entre la révolution française et la philosophie allemande. « Les processus constitutionnels qui sont parvenus à définir les catégories juridiques centrales, et en particulier accorder une attention particulière au processus de longue transition pour passer du droit souverain des États-nations (et du droit international qui en est découlé) aux figures mondiales postmodernes du droit »,[170] n'ont pas encore institué une politique sociale satisfaisante pour les peuples. Ceux-ci ne nous permettent plus de parler d'objectivité du droit des peuples et des hommes à disposer d'eux-mêmes, car c'est plutôt l'économie mondiale qui semble disposer des peuples. Ce qui veut dire que tout se fait monde, se métamorphose en un droit de libre échange, droit privé au détriment du droit à la vie. La réalisation du droit dans le contexte de la mondialisation devient une utopie systémique et politique. La liberté des États-nations est sacrifiée dans une organisation transnationale appelée communauté internationale ou gouvernement mondial. Cette communauté prétend que « les États particuliers puissent être regardés juridiquement comme des entités de rang égal »[171]. Cette appréciation de l'égalité est formelle sinon l'inégalité de fait existe et, on ne saurait l'occulter, ne serait-ce qu'en voyant tous les aspects qui fondent l'existence juridique, politique et économique d'un État. L'incohérence à la fois juridique et sociale de l'ordre mondial actuel qui, veut faire de l'homme « un être unidimensionnel », selon l'expression d'Herbert Marcuse, s'accentue davantage. Le développement des États fragiles et des peuples vulnérables aussi bien d'Afrique que de l'Europe pose la

[170] Ibidem.
[171] Idem, p. 28.

problématique de l'interaction entre éthique, droit et économie. L'incrimination des immigrés et la montée du nationalisme politique, est un réveil des vieux démons idéologiques qui mettent à mal le projet d'un monde d'intégration multiculturel et multipolaire marqué par une communauté politique fraternelle.

La citoyenneté mondiale que génère la mondialisation produit des complexes globaux surréalistes. Or, le propre d'un complexe, c'est l'hétérogénéité inextricable des affects qu'il est difficile de résoudre intelligiblement. Le citoyen du monde se trouve dans un univers nouveau où s'exprime l'accumulation du capital. Il est embarqué inexorablement dans une idéologie économico-centrique, traduisant la volonté de puissance des États-Unis aidés par les pays satellites. On assiste à un « hiatus entre l'idée formelle qui fonde la validité du processus juridique dans une source supranationale et la réalisation matérielle de cette idée »[172]. L'évidence de cet interstice est présente dans l'antagonisme presqu'insoluble entre l'intentionnalité du processus et sa vérité pratique.

Ce projet de constitution d'un ordre mondial nouveau entraîne une érosion des valeurs séculaires spécifiques et distinctives des peuples. Cela « a conduit à certaines des conséquences pratiques et théoriques les plus perverses. Et malgré tout, tout cela n'a pas suffi pour bloquer la constitutionnalisation d'un pouvoir supranational »[173]. Les crises récurrentes, le terrorisme et la dégradation morale de l'humanité sont, entre autres, les formes perverses d'un système qui monétarise l'existant. La liberté réside dans le vécu et s'amplifie au fur et à mesure que s'affirme l'intelligence humaine. Or, dans la « communauté universelle supérieure aux États particuliers et qui les englobent tous en elle »[174], la souveraineté nationale subit un ordonnancement international qui donne aux peuples et aux gouvernants le sentiment d'une forme de spoliation de leur liberté. Même le schéma transcendantal de la validité du droit supérieur à l'État-nation, entraîne un conflit permanent entre le droit international et le droit constitutionnel des États souverains.

Mais lorsqu'on scrute le droit, on s'aperçoit que « chaque système juridique est, d'une certaine façon, la cristallisation d'un ensemble spécifique de valeurs, l'éthique faisant partie intégrante de toute fondation juridique »[175]. À partir de ce moment, comment établir une figure juridico-politique universalisante et consensuelle à équidistances avec les intérêts partisans et, capable de garantir la stabilité des gouvernements nationaux avant d'atteindre celui de gouvernement mondial ? C'est une préoccupation fondamentale qui met en relief la survie du capitalisme mondial. La citoyenneté mondiale doit être le nouveau statut de l'homme de la postmodernité appréhendé dans le

---

172 Idem, p. 29.
173 Ibidem.
174 Idem, p. 28.
175 Idem, p. 33.

cadre législatif du biopouvoir. Celui-ci « se réfère ainsi à une situation dans laquelle ce qui est directement en jeu dans le pouvoir est la production et la reproduction de la vie elle-même »[176]. Cette métamorphose du pouvoir donne lieu à une substitution des objets-réponses aux besoins biologiques à l'essence générique et à la liberté de l'homme. La liberté devient une valeur purement économique. Cette organisation cosmopolite est une antinomie de la liberté individuelle, une sorte de conspiration politique de l'homme contre l'homme. Ce qu'on constate est que « celui qui se montre puissant dans son œuvre et dans son geste qu'importe celui-là les traités ! [...] [Son] œuvre consiste à créer instinctivement des formes, à frapper des empreintes »[177]. Autrement dit, aucun droit ne résiste à la puissance érosive de la mondialisation si ce n'est que dans le sens de la consolider. En effet, les pourfendeurs de ce système agissent dans le sens d'imposer une pensée économique universelle.

> [Il] règne en eux cet effrayant égoïsme de l'artiste au regard d'airain, et qui se sait justifier d'avance dans son œuvre, en toute éternité, [...] chez eux [...] a germé la mauvaise conscience [...]. Cette plante horrible [...] sous le choc de leurs coups de marteau, de leur tyrannie d'artistes, une prodigieuse quantité de liberté n'avait disparu du monde, ou du moins a disparu à tous les yeux, contrainte de passer à l'état latent. Cet instinct de liberté rendu latent par la force, resserré, refoulé, rentré à l'intérieur ne trouvant plus dès lors qu'à s'exercer et à s'épancher en lui-même, [...] fut la mauvaise conscience[178].

Cette mauvaise conscience incompatible à la liberté ne peut se mettre sur les voies sécurisées de la raison régulatrice et communicative. Elle ne perçoit pas les vibrations pacifistes de la société humaine, car aveuglée par le capital dont le culte de l'individualisme est formalisé dans le droit de propriété privée. Le paradoxe d'un monde capitaliste qui se veut solidaire en s'uniformisant avec la mondialisation, priorise l'économie par rapport au social ou si l'on veut n'en fait pas assez. Ce qui justifie le fait qu'à l'intérieur de ce système, l'indifférence à l'égard des plus démunis et la prolétarisation s'accélèrent et traduit une certaine forme d'amoralisme de la bureaucratie moderne. La socialisation de l'homme doit intégrer l'aspect éthique, culturel, économique et politique de l'humanité. Cette nouvelle forme de domination de l'homme est « caractérisée par une intensification et une généralisation des appareils normalisants de la disciplinarité qui animent de l'intérieur nos pratiques communes et quotidiennes ; mais [...] ce contrôle s'étend au-delà des sites structurés des institutions sociales, par le biais de réseaux souples, modulables et fluctuants »[179]. Elle structure l'espace social en modelant les pensées et les

---

[176] Idem, p. 49.
[177] Friedrich NIETZSCHE, *Généalogie de la morale*, traduit de l'allemand par Henri Albert, Paris, Gallimard, 1964, p.123.
[178] Idem, p.124.
[179] Antonio NEGRI et Michael HARDT, Op.cit., p. 49.

pratiques humaines par la prescription des paradigmes culturels, comportementaux et économiques communs.

La liberté contrôlée est un paradoxe politique qui s'inscrit dans les mécanismes de maîtrise de ce nouvel ordre mondial. Ces « mécanismes de maîtrise se font toujours plus démocratiques, toujours plus immanents au champ social, diffusés dans le cerveau et le corps des citoyens »[180]. Cette formation du citoyen nouveau adapté au contexte de la mondialisation, est désormais le citoyen arrimé à l'universel et qui doit agir par rapport à cette nouvelle donne. Dans cet espace juridique très étendu, l'éclipse de la liberté met en relief la désinstitutionalisation de l'homme en le réintroduisant dans un cadre macro-économique qui lui est étranger et étrange. Dans ce cas, on assiste à une autre forme d'aliénation de la vie qui serait une crise humanitaire. « Face aux constitutions rationnelles de l'État, la législation propre à une société civile fonctionnellement stabilisée ; au contraire, les impératifs du système coïncident fondamentalement avec les normes de base d'une communauté garantissant la liberté et la justice [...] les lois de la production capitaliste de la marchandise ont pour fonction latente de maintenir une structure de classe qui voue au mépris les idéaux de la citoyenneté »[181]. Ces superstructures politiques en tant qu'organismes régulateurs de la vie sociétale, ne trouvent leur légitimité que dans l'accumulation du capital. Ce faisant, Elles dérogent à leur fonction de démocratisation de l'espace public et, donne l'illusion d'une liberté civique soumise aux revendications permanentes.

La problématique de la liberté dans le capitalisme mondial, montre que le concept de citoyenneté mondial transcende à la fois l'individu et la société et, devient pour cela une chose pratiquement incontrôlable et immaîtrisable. Il semble contre-productif d'une liberté qui se veut plus présente et factuelle. Mais cette question ne peut s'épuiser et nous interpelle aussi sur la nature humaine qui, peut-être serait la catégorie où se dévoilerait l'obstacle fondamental à l'expression du droit. La courbure humaine dont Kant avait montrée l'incompatibilité ontologique et sociétale au droit, relance l'épineuse question de la dimension anthropologique du droit.

IV- La dialectique de la nature humaine et du droit

Le platonisme considère que c'est en la loi et non en l'ordonnancement que réside l'essence du juridique. Il s'agit de la loi en tant que catégorie fondamentale du normatif. Qu'elle soit réductible à la nature humaine, ou à la raison, ou encore à la volonté droite, la loi n'a pas pour condition nécessaire de sa possibilité d'être pensée et de faire exister la communauté politique et son ordonnancement. « La nature intérieure éprouvée en tant qu'ensemble des

---

[180] Idem, p. 48.

[181] Yao Edmond KOUASSI, Op.cit., p.76.

conditions de possibilité de la liberté englobe non seulement les impulsions du corps que l'on a qui s'imposent à l'existence du corps que nous sommes, mais également les humeurs et les tensions, c'est-à-dire le matériau accessible de l'expérience de soi, qui peut seul permettre que se forge, dans la flamme des délibérations discursives, une volonté déterminée »[182]. L'idée sous-jacente à ce passage est de surmonter l'antinomie entre liberté et déterminisme. Cela exige de s'émanciper de ce qui est imposé avec la spontanéité de la nature. Car l'ensemble de ce qui est pensé et qui contribue à la formation de sa volonté, émane aussi de la nature intérieure du sujet. La phénoménologie de la liberté conditionnée par la nature interdit cependant l'accès au règne de l'intelligible. « Ce rejet du dualisme kantien qui distingue un règne de la liberté transcendantale et un règne de phénomènes réglés par les lois de la nature croise un vieux problème sous une nouvelle forme : comment, en effet, une liberté de la volonté attachée à la nature peut prendre place de manière intelligible dans un monde causalement clos »[183]. La résolution de cette préoccupation de l'interaction entre liberté et déterminisme amorcée par Adorno, renforce l'idée de l'aporie qui réside dans l'incompatibilité du concept de la volonté libre et du concept de causalité. Certes Adorno conserve cette intuition à laquelle Kant, avec son dualisme permet de résoudre par la raison discursive, mais la solution idéaliste étant lacunaire, « il faut se mettre en quête d'une solution matérialiste ; matérialiste dans le sens d'une recherche des causes provoquant les pathologies sociales dans lesquelles s'exprime une restriction structurelle de la liberté »[184]. Cette théorie matérialiste identifie l'histoire humaine à l'histoire naturelle. Le concept de nature intérieure ou subjective appréhendé dans la phénoménologie de la liberté conditionnée par la nature, est décisif dans l'ontologie du phénomène juridique. Il y a dans ce conditionnement de la liberté par le naturel, « l'impossibilité de disposer de la nature qui est nôtre et que nous éprouvons en vivant spontanément notre existence corporelle, et, de l'autre, la soumission de la nature extérieure objectivée ».[185] En regard de ces deux modes d'être de la nature, « inaccessiblement subjective et objectivée pour être accessible, se cache un reste de normativité subrepticement héritée du droit naturel »[186]. Dans cette perspective, le droit naturel se conçoit le mieux comme une création purement rationnelle, indépendante des contingences, d'ordre social ou politique. Il se fonde sur l'équité en tant que principe normatif coercitif du droit positif. En examinant le concept de loi, on s'aperçoit que « la signification *bedeutung* propre et originaire du mot se limite à la loi civile, une disposition humaine

---

[182] Jürgen HABERMAS, *Entre naturalisme et religion. Les défis de la démocratie*, traduit de l'allemand par Christian Bouchindhomme et Alexandre Dupeyrix, Paris, Gallimard, 2008, p.116.
[183] Idem, p.103.
[184] Idem, p.118.
[185] Idem, p.119.
[186] Ibidem.

reposant sur l'arbitre *willkür* humain »[187]. Ce qui veut dire qu'il existe une loi pour la volonté humaine, car l'homme est un être constitutif de la nature et par conséquent, il s'agit de la loi de motivation, qui ne peut se concevoir *ex nihilo*, une forme de la loi de causalité qui est forcément médiatisée par la connaissance. L'indépendance de la loi est donc problématique. La loi de motivation est l'unique loi démontrable qui s'applique éloquemment à la volonté humaine, à laquelle celle-ci est soumise. Cette loi dit que tout acte ne peut s'effectuer à l'instar de la loi de causalité en général. « Par contre on ne saurait admettre sans preuve l'existence de lois morales indépendantes de préceptes humains, d'institutions d'État ou de doctrines religieuses : Kant commet donc en vertu de ce présupposé une *petitio principii* [...] qu'une loi morale est censée s'accompagner d'une nécessité absolue»[188]. Dans le monde vécu, tout évènement obéit à la loi de la nécessité conformément à sa cause.

La définition de la nécessité est la suivante : « est nécessaire ce qui découle d'une raison suffisante donnée (...). Ce n'est que dans la mesure où nous pouvons comprendre une chose comme la conséquence d'une raison donnée que nous reconnaissons qu'elle est nécessaire, et inversement dès que nous reconnaissons qu'une chose est la conséquence d'une raison suffisante, nous admettons qu'elle est nécessaire : car toutes les raisons sont contraignantes »[189]. Or, chez Kant, « l'usage pratique de la raison, à l'égard de la liberté, conduit aussi à une absolue nécessité, mais qui est seulement la nécessité des lois des actions d'un être raisonnable »[190]. La recherche perpétuelle de l'inconditionnel dans l'agir rationnel, conduit nécessairement la raison à concevoir dans l'ordre théorique une cause suprême qui ne correspond pas à la réalité objective mais qui est transcendantale. Cet impératif découvre dans la loi morale une puissance de réalisation immanente. Pour pouvoir appliquer le concept de liberté ou *autos nomos* à la volonté, il a fallu le modifier en le rendant plus abstrait.

Pour comprendre la théorisation du droit dont l'effectivité demeure problématique, il convient, avant tout, de faire une analyse définitionnelle des deux concepts (nature et droit) pour ensuite établir le rapport dialectique qu'il y a entre eux. Diverses approches sémantiques sont faites par des penseurs sur la nature humaine. Mais nous nous contenterons de citer quelques-uns pour mettre en relief la complexité de l'homme. Cette nature polymorphe, socialement corrompue, violente, insociable, sociable, énigmatique, surhomme dont parlent respectivement, Rousseau, Hobbes, Freud, Kant, Heidegger et Nietzsche, présente dans sa complexité et dans sa contradiction, les germes qui compromettent a priori l'effectivité-réel du droit. « La réalité absolument parlant, à titre de présence du vouloir libre est le droit qu'il faut

---

187 Arthur SCHOPENHAUER, Arthur, Op.cit., p.102.
188 Idem, p.103.
189 Idem, p.6.
190 Emmanuel KANT, Op.cit., p. 208-209.

prendre non pas seulement comme le droit juridique, mais comme englobant la présence de toutes les déterminations de la liberté »[191]. À partir de ces deux aspects du droit à la fois comme vouloir libre et ensemble des déterminations de la liberté, le conflit entre le droit et la nature humaine semble être engagé sans qu'on ne sache comment il va prendre fin.

Ce qui fait donc la partie substantielle du droit, c'est la liberté dans sa plénitude. Et « sa situation propre, son point de départ sont la volonté qui est libre, si bien que la liberté constitue sa substance et sa détermination et que le système du droit est l'empire de la liberté réalisée »[192]. Cette conception ontologique du droit révèle l'inconditionnalité sous-jacente de la liberté et l'immanence de celle-ci, par le simple fait de la volonté. Hegel rejoint ici Kant sur l'universalité de l'acte volontaire qui s'autodétermine, et qui conserve dans l'agir son essence en restant ferme devant toute inclination et influence extérieure. C'est bien « l'idée de la volonté libre en soi et pour soi »[193]. Cette valeur intrinsèque de la volonté fait reposer le droit sur le terrain spirituel. Ce qui est libre demeure ce qui n'est nécessaire sous aucun rapport, c'est-à-dire ce qui ne dépend d'aucune raison. Une volonté libre serait donc celle qui ne serait pas déterminée par des raisons, c'est-à-dire par rien.

Les manifestations de nos volitions procéderaient absolument d'elles-mêmes de manière originaire sans pour autant être déterminées par des conditions antérieures ou extérieures, donc sans être déterminées par quoi que ce soit conformément à une règle. Si le droit confère à l'homme la liberté physique, intellectuelle et morale, il convient d'observer réellement la manifestation théorico-pratique de cette triade consubstantielle à la liberté. Dans ce sens, on pourrait dire que la liberté physique est l'absence de toutes formes d'obstacles matériels. Et « comme ces obstacles peuvent être d'espèces très diverses et que ce qu'ils entravent est toujours la volonté, on considérera plutôt le concept du point de vue positif, par souci de simplicité, et l'on entendra par là tout ce qui se meut ou agit uniquement par sa propre volonté. Cette inversion du concept ne change rien à son essence »[194]. De ce point de vue, les hommes sont dits libres lorsqu'aucun lien extérieur, physique ou matériel n'entrave l'agir et que leurs actes s'accomplissent conformément à leur volonté.

La liberté intellectuelle est quant à elle, le pouvoir qu'a l'intellect d'agir conformément à une conscience droite. « La volonté est au libre arbitre ce que l'intellect est à la raison discursive, et le libre arbitre n'est autre chose que le pouvoir électif de la volonté en sa relative dépendance de la connaissance »[195]. Il y a une complicité parfaite entre la raison et la volonté, car l'homme maîtrise ses volitions grâce à cette collaboration. C'est pourquoi,

---

[191] HEGEL, Op.cit., p.28.
[192] Ibidem.
[193] Idem, p.29.
[194] Arthur SCHOPENHAUER, Op.cit., p.3.
[195] Idem, p.25.

l'intellect est le guide par excellence de la volonté par son jugement, entraînant du coup une suprématie de l'intellect sur la volonté. La critique généalogique de la morale qui sous-tend le droit et la loi comme fondement de la liberté humaine, permet à Schopenhauer de débusquer l'origine théologique qui structure le discours éthique de la loi chez Kant. L'attention de Schopenhauer se concentre particulièrement sur la notion de devoir, liée à la notion d'impératif catégorique et de loi morale que nous considérons comme l'essentiel dans la manifestation ontologico-légale du droit. Le droit règle notre agir quotidien rappelant constamment à l'homme qu'il a évidemment des devoirs. Kant reconnaît que la courbure de l'homme est incompatible avec le droit. Peut-être n'est-ce pas pour cela qu'il préfère contourner cette difficulté biologique en surestimant la raison fondée sur une morale qu'il voudrait irréprochable à tout point de vue. Or, le champ conceptuel de la loi morale (devoir, obligation, impératif), selon Schopenhauer, dérive d'une théologie cachée et subit son influence plus ou moins oblique. Le sous-bassement de la loi morale est l'obscur moteur que Schopenhauer appelle l'égoïsme. L'expression sera reprise par Marx qui voyait dans le droit bourgeois, l'idée de la propriété privée, mais surtout l'érection d'une superstructure juridique pour protéger les intérêts des plus puissants économiquement au détriment des plus faibles, c'est-à-dire le prolétariat.

Sur *la question juive*, la critique de la politique trouve sa forme la plus développée sous la forme d'une critique des droits de l'homme et du citoyen. « Art 2 : ces droits, etc. (les droits naturels et imprescriptibles) sont : l'égalité, la liberté, la sureté, la propriété [...] »[196]. Ainsi « aucun de ces soi-disant droits de l'homme ne dépasse l'homme égoïste, l'homme tel qu'il est membre de la société civile, à savoir l'homme replié sur son intérêt privé et son libre arbitre privé, et l'individu séparé de l'être communautaire »[197]. C'est surtout la peur de l'autre et l'insécurité de soi-même guidée par l'instinct de vie qui anime chaque être, que la nécessité d'agir conformément à la loi ou au droit pourrait se traduire en termes d'impératif catégorique. Le seul lien qui fait l'unité est la nécessité naturelle, le besoin et surtout le droit de propriété institué par la bureaucratie avec pour corollaire, l'individualisme. C'est pourquoi, la loi a nécessairement un rapport avec la morale et la liberté, car elle nous amène à répondre à l'interrogation de Kant « Que dois-je faire ? ».

La liberté morale est à proprement parler « le liberum arbitrium »[198], c'est-à-dire le libre arbitre. La logique du système juridique est l'unicité et son existence en tant que « réalité-effective et nécessité qu'en tant que volonté

[196] Emmanuel RENAULT « critique de la religion, de la politique et de la philosophie » in Gérard DUMENIL et *al,* Op.cit., p.115.
[197] Ibidem.
[198] Arthur SCHOPENHAUER, Op.cit., p.4.

subjective »[199]. Le droit émanant de la volonté subjective est la moralité, déterminée comme individualité subjective en face de l'universel. La nécessité du droit qui obéit à une finalité qui est la liberté, s'impose à notre société. Or « le principe moteur du concept, en tant qu'il produit les particularités de l'universel ne se contente pas de les analyser, je l'appelle la dialectique »[200]. C'est donc la marche par laquelle le concept s'auto-réalise dans l'histoire. « La dialectique supérieure du concept consiste à produire et à concevoir la détermination non pas simplement comme limite et contraire, mais comme ce qui, par elle, est déterminée comme contenu positif et résultat, ce par quoi seulement elle est développement et progression immanente »[201]. En parlant de la dialectique de la nature humaine et du droit, nous voulons effectivement saisir le développement et la progression des deux notions, non pas seulement de façon immanente, mais en les transposant dans une réalité sociale sans que cette incarnation (la matérialité de l'essence), n'altère leur essence et permet de les saisir à partir de là empiriquement. C'est donc une méthode transcendantale qui exige la synthèse du concept et de l'intuition selon l'expression de Kant. Connaître la nature humaine et le droit pour en saisir l'effectivité de sa réalisation, n'est pas « la simple signification d'une connaissance-de-soi d'après les aptitudes, le caractère, les inclinations et les faiblesses particulières de l'individu, mais il signifie la connaissance de ce qui est véritable dans l'homme et aussi bien de ce qui est véritable auprès de et pour soi (...) la connaissance des hommes, celle qui s'est efforcée également d'explorer les particularités, les passions, les faiblesses d'autres hommes, ce qu'on nomme les replis du cœur humain ; connaissance qui,(...) n'a de sens que si l'on présuppose la connaissance de l'universel »[202]. Cet universel est l'essence du droit, la liberté. Dans l'optique du positivisme juridique, les droits fondamentaux ne peuvent avoir d'autre fondement que la constitution ou une convention internationale. En d'autres termes, « la norme positive n'est pas en condition de rendre obligatoire pour le constituant ou la volonté des gouvernements l'intangibilité de ces droits »[203]. C'est dire que l'essence du droit se trouve dans sa nature intangible qui représente une sorte d'antinomie, car c'est à partir de cette même nature que l'opinion commune attribue ou réclame ces droits.

Cependant, l'apport de l'histoire permet de surmonter cette antinomie juridique, car « le juspotiviste fait souvent appel à l'histoire ; c'est le mouvement de l'histoire (de la culture) qui fait émerger les droits fondamentaux et en rend obligatoire l'intangibilité par le législateur »[204]. Mais il faut admettre que les normes qui durent ont une signification transhistorique,

---

[199] HEGEL, Op.cit., p.29.
[200] Idem, p.24.
[201] Ibidem.
[202] Idem, p.25.
[203] Sergio COTTA, *Ontologie du phénomène juridique*, Paris, Dalloz, 2015, p.113.
[204] Ibidem.

non contingente. Il serait naïf de croire que la force suffirait à justifier l'obligatoriété des normes positives. Ce que Weber appelle la violence légitime de l'État. La force produit une imposition ou une contrainte et non une obligation.

Or, la force n'est déterminable que dans le jeu changeant des contingences de la vie. Sur ce, rien ne pourrait être durablement garanti comme obligatoire. « Le problème majeur pour l'espèce humaine, celui que la nature contraint l'homme à résoudre, est l'établissement d'une société civile administrant le droit de façon universel »[205]. La difficulté de l'élaboration du cadre juridique et sociétal est consubstantielle à ce manque de coïncidence entre la nature humaine et les exigences de la société. « Le moyen dont se sert la Nature pour réaliser le développement de toutes ses dispositions est l'antagonisme de celles-ci dans la société, dans la mesure où cet antagonisme est finalement et malgré tout la cause d'une organisation de cette société conformément à des lois. J'entends ici par antagonisme l'insociable sociabilité des hommes, c'est-à-dire leur tendance à entrer en société, alliée à une répugnance générale à le faire, laquelle menace constamment la société de désintégration » [206]. Si Kant réconcilie dans une synthèse transcendantale, l'antinomie qui caractérise l'homme et la société et démontre son incompatibilité tacite avec le droit, cela veut dire que « la nature a donc utilisé l'incompatible entre les hommes, et même celle entre les grandes sociétés et les grands organismes politiques créés par l'espèce humaine, comme moyen pour dégager au sein même de leur antagonisme un état de tranquillité et de sécurité ».[207] C'est dire que la paix par le droit est à la fois possible et chimérique, car l'établissement d'une constitution civile parfaite est compromis par les tentatives imparfaites de la Nature. Dans les tumultes de la nature, l'homme a du mal à opérer ce passage de l'état de nature à l'état civil, car ce passage à l'instabilité du pacte social par la recherche de la tranquillité et de la sécurité ne s'est jusque-là pas encore opéré. On assiste à une pseudo-constitution juridique qui, *bonan malan* régule la vie communautaire. Elle peine à faire l'économie des tristes expériences que nous présentent les visages hideux de la guerre permanente des peuples contre les peuples et, que Hegel nomme la lutte des consciences. On peut donc considérer « l'histoire de l'espèce humaine comme accomplissement d'un plan caché de la Nature en vue de réaliser une constitution politique parfaite sur le plan intérieur et, dans ce but, également parfaite sur le plan extérieur, seul état dans lequel la Nature pourra développer complètement toutes les dispositions qu'elle a mises dans l'humanité »[208]. Régler l'homme sur le droit ou le droit sur l'homme, montre la difficile méthodologie à adopter susceptible

---

205 Emmanuel KANT, Op.cit., p.20.
206 Idem, p.121.
207 Idem, p.122.
208 Idem, p.123.

d'édifier un organisme politique à partir d'une solide disposition juridique ou arsenal juridique.

L'obstacle en l'homme lui-même demeure et semble insurmontable même si « l'intention suprême de la Nature (est) un état cosmopolite universel, matrice où se développeront toutes les dispositions initiales de l'espèce humaine »[209]. Si ce projet est noble, le paradoxe dans l'attitude de l'homme qui veut la paix et la guerre, entraîne une méfiance légitime en la théorie fondée sur le principe juridique édictant ce que doivent être les relations entre les hommes et les nations. « Procéder toujours, dans les conflits qui les opposent, de telle manière que les bases d'un tel État universel des peuples soient préparées, par conséquent, le supposer possible (in praxis) et admettre qu'il peut être ; mais en même temps (in subscidium), avoir aussi confiance en la nature des choses, qui force à aller où l'on n'a pas envie d'aller »[210], est une projet complexe dans sa réalisation. Cette nature conflictuelle de l'homme rendrait inéluctable la constitution d'un espace politique stable où l'homme se socialiserait en poliçant sa nature afin qu'elle s'intègre dans la dynamique d'une liberté institutionnalisée.

Les droits résultent d'une transcendance et se situe dans l'immanence, à savoir la volonté de bâtir une société où ils sont effectifs. Structurer politiquement et moralement la Nature et le Droit, serait pour l'humanité le défi à relever en vue de surmonter cette contradiction ambiante entre les deux concepts. Cette contradiction est, en outre, perçue dans l'esprit du droit positif qui souffre d'un dédoublement de la volonté comme en soi et pour soi.

Conclusion

La rationalité juridique évoquée par Kant dans l'agir de la raison législatrice, implique une responsabilité subjective et objective fondée sur une éthique de l'universelle. Ici, la responsabilité signifie connaissance à la fois du sujet et de l'objet dans une sorte de téléologie de l'acte accompli. L'imposition à soi-même de normes morales et androcentristes en regard desquelles, on doit traiter l'humanité toujours comme une fin et jamais comme moyen, résume les figures socialisantes de l'impératif catégorique.

Sous cette morale, agir veut dire participer à l'harmonie et au règne de la liberté non seulement du point de vue ontologique, métaphysique mais aussi dans le sens de la liberté civile. L'engagement de la bonne volonté dans l'espace politique requiert l'abandon de l'universalisme abstrait des Lumières et de l'idée d'une nature humaine sans distinction. La liberté devient donc le critère de la citoyenneté moderne où le citoyen est l'être dont la socialisation est d'essence capacitaire. Le statut de citoyen est protecteur, car la liberté désormais est inscrite dans l'ontologie politique de la citoyenneté. Cette

[209] Idem, p.125.
[210] Idem, p.129.

citoyenneté mondiale dans son extension, est consubstantielle aux droits de l'homme et entérine un statut anthropologique égalitaire. Elle suppose de ce fait, un cadre juridique et politique organisé dont les contours restent cependant ambigus.

Chapitre troisième

Les conditionnalités juridiques et le pragmatisme procédural de la loi

Le normativisme postule que « tout ordre repose sur une norme »[211]. Tandis que le décisionnisme soutient que « tout ordre repose sur une décision »[212]. Quant à la formule de l'institutionnalisme, la pensée « se déploie dans les institutions et des structures supra-personnelles »[213]. Ce qui veut dire que le droit exige des conditions minimales qui assurent son effectivité. Il se compose 1- de norme en tant que prescription, ordre ou commandement. C'est donc une proposition normative ou un impératif qui conditionne notre action, c'est-à-dire acte de volonté qu'il soit particulier ou général. 2-Il implique une décision objective et rationnelle, c'est-à-dire un engagement et une responsabilité dont le fondement est rationnel, intelligible. 3-l'institution comme cadre organisationnel et structurel qui représente l'espace public ou l'espace politique où s'intègre le citoyen dans l'accomplissement de son universalité. En somme, le pragmatisme juridique est à la fois dépendant et coextensif de ces trois conditionnalités précitées par lesquelles, l'effectuation du processus juridique et d'intégration institutionnelle est rendue possible.

Tout système juridique réaliste implique une articulation et une interaction intelligentes sur le plan éthique et politique, des choix et de l'agir des hommes. Ici, la scission du monde et du sujet est surmontée par ce que Marx nomme la praxis désaliénante. Elle combat l'idéalisme classique, puisqu'elle doit se faire à travers l'expérience, mais sa fonction est de dévoiler et d'agir sur ce qui est déjà donné dans l'objectivité institutionnelle et juridique des rapports sociaux. Marx s'engage dans une philosophie de l'histoire au lieu de s'en tenir à une utopie rationnelle. Il tente de concilier l'intelligence politique et la réalité pour rendre possible son projet de déconstruction des cadres normatifs et juridiques d'enfermement de l'homme et particulièrement des prolétaires. Cela montre que le droit s'évalue à la lumière de l'empirie et de la raison qui sont les catégories d'évaluation de sa réalité ontologique et sociétale. C'est à partir de là qu'on peut parler de légitimité du droit, car il prend sa source dans les représentations que la communauté politique se fait du monde vécu, en se référant toujours à ce qui consolide le pacte sociétal. Mais surtout elle traduit son souci d'une citoyenneté active qui rime avec la justice et la légalité sans lesquelles aucune société n'est possible. Les conditionnalités du droit sont l'expression d'une justice dont la procédure s'inscrit dans une normativité consensuelle qui ne souffre d'aucune suspicion et d'aucune velléité

---

[211] Jean-François KERVÉGAN « Le droit du monde. Sujets, normes et institutions » in Jean-François KERVÉGAN et Gilles MARMASSE (dir), Op.cit., p.32.

[212] Ibidem.

[213] Ibidem.

d'instrumentalisation. Et c'est ce qu'on peut appeler de façon simpliste l'autonomie du droit.

I- La question de l'autonomie du droit et du « tiers »

En admettant « l'unité foncière de l'existence humaine, il y a […] lieu de distinguer en elle des aspects typiques et permanents qu'on puisse décrire isolément »[214]. Il faut dans la phénoménologie de l'existence tout comme celle du droit, rechercher une description complète de tous ses aspects vraiment autonomes. Si nous disons que le droit est autonome par rapport à l'État, cela voudrait dire qu'il y a une négation mutuelle. Pour résoudre le problème de l'autonomie du droit, « il faudrait disposer de la liste complète des phénomènes autonomes et démontrer que le phénomène Droit ne se réduit à aucun d'eux »[215]. Néanmoins l'autonomie du Droit dépend de son principe qui est la recherche de la justice. Or, lorsqu'on parle « du droit ou de son autonomie, on a tendance à s'attacher trop exclusivement aux justiciables, pour ainsi dire. On cherche les motifs de ceux qui subissent passivement le Droit. On se demande pour quels motifs un homme agit à l'encontre de cette règle. Et on constate que ces motifs peuvent être divers : on fait valoir des raisons d'ordre biologique (chez le criminel notamment), ou l'intérêt économique ou social par exemple, ou la morale, etc. Bref, on risque de ne trouver aucun motif spécifiquement juridique »[216]. L'existence du Droit présuppose qu'il y ait un tiers « impartial et désintéressé »[217], c'est-à-dire un législateur juridique en tant que juge fait appliquer la contrainte judiciaire, la police. Si toute action présuppose un but, un intérêt, on pourrait dire que celui du juge idéal est l' « intérêt juridique déterminé par l'idée de justice ».[218] Il ne doit pas se muer à la fois comme juge et arbitre, c'est-à-dire rester impartial. Pour comprendre le phénomène juridique, il importe de saisir le droit comme :

> Un phénomène autonome ou non, il faut se demander tout d'abord pourquoi, pour quels motifs, l'homme devient Juge ou Arbitre. On verra alors tout d'abord qu'on peut faire fonction de Juge même s'il n' y a pas de Loi juridique, ou en tout cas de règle de droit prévoyant le cas juger. Et on peut être Juge même si l'on sait que le jugement ne sera pas nécessairement exécuté, c'est-à-dire sans avoir à sa disposition une force irrésistible. D'ailleurs on peut juger même là où on sait que le jugement n'aura aucune portée réelle et ne changera en rien la situation. Certes, dans ce cas il n'y aura pas de Droit, car on ne sera pas en présence de tous les éléments constitutifs de ce phénomène. Mais […] qu'un de ses éléments essentiels peut exister sans certains autres, à savoir sans

---

[214] Alexandre KOJÈVE, Op.cit., p.188-189
[215] Idem, p.189-190.
[216] Idem, p.191.
[217] Ibidem.
[218] Idem, p.192.

l'élément contrainte. Ensuite on verra que le jugement (même s'il est exécuté) ne peut avoir valeur juridique que si le juge a été impartial et désintéressé[219].

L'expérience de la vie révèle que l'homme joue ce rôle de Juge ou d'Arbitre quand il pense être en présence d'une quelconque injustice. L'ordre juridique ou moral au sein d'une communauté devient la norme qui rend tout comportement raisonnable ou non selon que l'individu s'y conforme ou non. Ce faisant, « il n'y a donc d'autonomie que dans la mesure où un sujet doit nécessairement reconnaître une norme, juridique ou morale, qui lui apparaît comme extérieur et qu'il n'a pas posé lui-même, afin que cette norme soit valide pour lui »[220]. L'autonomie du Droit relève ici d'un acte de volonté, c'est-à-dire du sujet qui conforme son comportement à la norme en vue d'être en adéquation avec celle-ci. La nuance c'est que le sujet ne se comporte pas en tant que norme, mais fait ce que la norme lui prescrit. Sa conscience agit dans ce cas précis comme une autorité morale. Cet acte de volonté qui reconnaît la norme déjà existante est une norme voulue et reconnue par le sujet qui se l'adresse.

La norme est extérieure au sujet et exige de celui-ci un comportement moral. « En reconnaissant la norme d'une morale comme hétéronome ou d'un droit hétéronome, le sujet pose une norme qui lui prescrit le même comportement que la norme reconnue. On est ici en présence de ce qu'on qualifie généralement d'auto-obligation »[221]. L'autorité morale de la conscience fonde le principe de l'autonomie du droit. L'ordre normatif hétéronome s'appuie sur la double exigence de l'autorité extérieure et la reconnaissance des adressataires de cette norme. « L'autonomie n'existe qu'en rapport avec l'édiction par les adressataires de la norme ; mais le fait de poser cette norme par l'autorité extérieure précède le fait de la poser par les adressataires de la norme. L'autonomie n'entre en ligne de compte que comme un élément secondaire, dans le cadre d'un ordre juridique ou moral hétéronome »[222]. Cette immanence du droit dans laquelle se déploie son autonomie est une idée fondatrice de l'éthique kantienne.

La volonté bonne en soi ou la raison législatrice renvoie au devoir à accomplir socialement et moralement. L'autonomie du droit implique la rationalité de la norme non seulement en elle-même mais surtout dans sa manière de se faire accepter par l'individu qui l'accomplit. Il va sans dire qu'il y a nécessairement un rapport du droit à la morale. Dans la mesure où à travers l'impératif catégorique de Kant, se traduit l'idée que le droit en tant que système de normes et le comportement juridique conforme aux normes doit ou peut correspondre aux exigences de la loi morale. Ce rapport s'explique

---

[219] Ibidem.

[220] Hans KELSEN, *Théorie générale des normes*, traduit de l'allemand par Olivier Beaud et Fabrice Malkani, Paris, PUF, 1996, p.105.

[221] Idem, p.106.

[222] Ibidem.

bien par l'efficacité de la loi morale. La morale était donc conçue comme le critère non seulement de la valeur axiologique des règles juridiques, mais, plus radicalement, comme le critère de la qualification juridique des commandements du pouvoir politique. Mais la reconnaissance et l'obéissance de la loi ou de la norme, présuppose une éducation citoyenne et morale en vue d'une justesse dans le comportement des individus. Autonomie et universalité sont des catégories ontologiques du droit positif, car elles sont nécessaires objectivement comme constitutives de la pureté et de la validité du droit positif. Dès lors, mal agir, c'est dans la perspective kantienne, vouloir agir en faveur de nos inclinations ou encore vouloir pour soi ce que l'on ne peut pas universellement. Il faut préserver l'autorité morale de toutes influences extérieures afin qu'elle conserve son principe d'autonomie qui la détermine. L'autonomie de la volonté est le vrai principe moral. L'admission de l'hétéronomie de la volonté a été l'origine de fallacieuses doctrines morales.

Les principes reconnus par ces doctrines sont, soit empiriques et constitués par l'idée de bonheur, soit rationnels et constitués par l'idée de perfection et de pureté. C'est bien cette dernière qui nous intéresse ici pour mieux appréhender la question de l'autonomie et du « tiers impartial et désintéressé »[223]. Chaque doctrine a son talon d'Achille que Kant prend ici soin d'exposer.

> Les principes empiriques ne peuvent expliquer l'absolu universalité et la nécessité inconditionnée de la loi ; surtout quand ils ne font appel qu'à la sensibilité physique et qu'ils agissent pour objet à la conduite le bonheur personnel, ils ne peuvent faire du bien qu'un calcul, et ils abolissent toute distinction spécifique entre les mobiles de la vertu et ceux du vice ; même quand ils invoquent un sens moral, s'ils font de la moralité une cause originale et immédiate de satisfaction, ils ne peuvent pourtant la rapporter à une mesure fixe et ne l'estiment en fin de compte que par l'agrément qu'elle procure. Quant aux principes rationnels qui développent le concept de perfection, ils sont indéterminés et arbitraires ; indéterminés, quand interprétant ce concept dans un sens ontologique, ils sont incapables de discerner dans la réalité ce qui est pratiquement le plus parfait sans faire intervenir, au moins tacitement , quelque autre règle d'appréciation morale ; arbitraire en outre, quand, interprétant dans un sens théologique, ils se réfèrent à la volonté de Dieu [...]. On peut dire [...] des morales de la perfection qu'elles ont sur les autres l'avantage de réclamer la raison comme juge du problème moral[224].

Kant suppose que la raison législatrice est vertueuse et que la moralité qui la caractérise ontologiquement ne souffre d'aucun doute. La raison implique nécessairement la justice comme vertu. Cette préférence-référentielle de la

[223] Alexandre KOJÈVE, Op.cit., p.193.
[224] Emmanuel KANT, Op.cit., p. 49.

raison permet de surmonter l'antagonisme entre le devoir-être et l'être. La caractérisation de la raison n'est rien d'autre que sa justice et son équité, c'est-à-dire une expression manifeste de l'idée d'autonomie.

En outre, la problématique du « tiers impartial et désintéressé » est une conditionnalité légitimant l'autonomie du droit. Ce « tiers » représente le juge quidoit donc être « désintéressé » au sens courant du terme. C'est pourquoi, « son jugement n'est plus une fonction de son intérêt économique, ce n'est plus en homo oeconomicus qu'il juge. [...] Il juge en homo juridicus [...]. Et nous appellerons le principe qui détermine son mode d'action idée de justice »[225]. La justice et le droit seraient donc des phénomènes autonomes qui devraient faire abstraction de l'économie. Ce qui veut dire que le législateur et le juge sont en principe désintéressés économiquement et savent discerner le juste et l'injuste. Car il ne servirait à rien de dire que l'homme juste, qu'on choisit pour Arbitre aux décisions duquel on se soumet volontairement, « est juste parce que conforme dans son comportement à une loi (juridique). Ce ne serait que déplacer le problème ou en changer simplement les termes. Car cette loi elle-même a une Autorité *sui generis*, la même que celle du juge. Et il arrive souvent qu'une loi a de l'Autorité uniquement parce qu'elle a été décrétée par un législateur qui bénéficie de l'Autorité du juge, étant considéré comme juste ou impartial désintéressé, tout au moins dans les cas visés par sa loi »[226]. Le phénomène juridique est essentiellement manifeste à travers la spécificité de l'intérêt : celui de la justice, en dehors de toutes autres formes d'intérêts. Ce qui corrobore l'idée de la relation intrinsèque entre le droit et la morale.

L'aspect rationnel du droit montre qu'elle est objectivement œuvre de la volonté considérée comme une sorte de détermination des actes individuels. Cette volonté lui permet de poser des actes indépendamment de toutes influences extérieures et d'affirmer, par-là, l'identité de la liberté et de la moralité. Les normes qui prescrivent « comment l'on doit se comporter ne peuvent être que la signification d'actes de volonté »[227]. Le « que dois-je faire ? »,[228] est une question à laquelle on attend une réponse d'ordre éthique. Le but de cette question exige une proposition vraie à celui à qui elle s'adresse et détermine son vouloir. La réponse à cette question est valide dans une éthique dont les propositions sont des énoncés sur des normes. Si « l'on admet que la morale a un caractère autonome au sens où les normes de la morale doivent nécessairement être posées par celui auquel elles prescrivent un comportement, alors on ne pourrait s'adresser vraiment qu'à soi-même la question : « que dois-je faire ? ». Alors, on pourrait y répondre une fois

---

225 Alexandre KOJÈVE, Op.cit., p.199.

226 Idem, p.195.

227 Hans KELSEN, Op.cit., p.107.

228 Question métaphysique et ontologique posée par Kant et qui, suppose dans le comportement de l'homme de se conformer à ce qui est moralement bien pour lui-même et pour ses semblables.

seulement qu'on a posé la norme entrant en considération pour certaines circonstances données, c'est-à-dire une fois seulement qu'on a pris la décision morale. On saurait alors, et on pourrait se dire, ce qu'on doit faire »[229]. La solution kantienne exige un impératif catégorique dont la substance est d'agir par pure nécessité morale et par souci d'universalité de l'acte. Autrement dit, on identifie la nécessité normative à la nécessité téléologique, c'est-à-dire avec la nécessité existant dans la relation entre fins et les moyens. « Que faut-il que je fasse afin de réaliser une certaine fin ? ».[230] Ici, l'action n'est pas spécifiée par sa relation à une fin. L'expression « afin de » est surtout relative à la validité d'une norme de même que chez Kant « de telle sorte que ». Mais on ne pourrait « répondre à cette question que si l'on a répondu à la condition préalable : Quelle norme dois-je poser ? »[231]. Selon Kant, c'est une norme universalisable, c'est-à-dire qui s'impose à soi-même et à tous. Et à cette question, qui porte sur un devoir-être, la réponse ne peut être qu'une proposition normative, un énoncé sur la validité d'une norme, car l'essentiel dans une norme est qu'elle statue sur un comportement comme obligatoire. La relation entre le moyen et la fin est une relation entre une cause et son effet, une relation causale. Le devoir-être est la norme, c'est-à-dire qu'il est la signification de l'acte posé. La raison pratique consubstantielle à l'idée de devoir, permet à cet effet, d'établir la corrélation et même en un sens, l'identité qu'il y a entre la loi morale et celui de la liberté.

La loi morale porteuse de la loi civique, a pour dénominateur commun la volonté. Le principe de l'autonomie morale présuppose que l'on peut répondre à cette question par réflexion, c'est-à-dire par introspection, dans sa raison, la raison pratique. Mais si cela était vrai alors, « la distinction entre la norme et l'énoncé sur la norme, entre l'acte de volonté (dont la norme est la signification) et l'acte de pensée (dont l'énoncé sur la norme est la signification) serait superflu. Car la raison pratique, qui pose la norme et la raison théorique, qui connaît la norme, ne feraient qu'une seule et même raison ; ou, comme dans l'éthique kantienne de la morale, la raison pratique serait à la fois connaissance et volonté posant des normes. Mais c'est impossible. Par l'introspection, c'est-à-dire par sa propre raison, on ne peut pas trouver de normes qui prescrivent ce que l'on doit faire »[232]. Cette critique à l'encontre de la morale kantienne montre bien qu'il faut éviter de confondre « l'énoncé sur la validité d'une norme prescrivant un certain comportement avec l'énoncé sur la relation qu'entretient un certain comportement effectif avec cette norme, c'est-à-dire l'énoncé constatant que ce comportement est conforme ou contraire à la norme et qui, dans ce sens, est bon ou mauvais »[233].

---

[229] Hans KELSEN, Op.cit., p.246.
[230] Idem, p.11.
[231] Idem, p.246.
[232] Idem, p.246-247.
[233] Idem, p.249.

Le jugement de valeur objectif constate simplement qu'un certain comportement est conforme à une norme morale ou norme juridique, sans qu'il ne soit lié nécessairement à d'autres formes d'évaluation.

Les normes de la morale tout comme les normes du droit expriment dans l'institution du contrat des obligations et des comportements juridiquement commandés par le principe de justice. On pourrait dans le cadre des droits civiques dire que « le droit est le résultat d'une volonté politique et débouche, par là, sur l'affirmation de principes constitutionnels d'origine conventionnelle d'où débouchent les lois et l'ensemble des textes juridiques ».[234] Ce modèle de légitimation légal-rationnel s'appuie sur le droit et sur les valeurs fondatrices du politique et du social, et « en premier lieu celles d'autonomie et de liberté qui sont les conditions préalables de la conception moderne du droit »[235]. La finalité ultime du droit est dans une communauté politique, le souverain bien. Elle est réalisable comme fin ultime morale par la volonté qu'elle soit politique ou subjective. Car sans aucune fin, il ne peut y avoir aucune volonté. Mais « toute fin n'est pas morale (par exemple celle du bonheur personnel ne l'est pas), mais celle qui l'est doit être désintéressée ; et le besoin d'une fin ultime assignée par la raison pure et comprenant l'ensemble de toutes les fins sous un principe (un monde comme bien suprême que notre collaboration même rend possible), est un besoin de volonté désintéressée s'étendant plus loin que l'observation des lois formelles jusqu'à la production d'un objet (le souverain bien) »[236]. Ce rapport de l'homme au monde se fait par le seul pouvoir de la raison se conformant aux fins morales suprêmes qui constituent la source pure du bonheur et la condition d'une législation universelle.

Ce processus d'autonomisation de l'homme se déploie dans l'ordre normatif comme un devoir-être, c'est-à-dire un droit de la liberté en soi et pour soi. Corrélativement, en instituant le contrat social, les théoriciens poursuivent les mêmes fins en substituant à la volonté morale subjective la volonté générale. Ce qui veut dire que les questions d'autonomie et de légalité de la loi doivent obéir à une exigence de rationalité même s'il y a une abstraction de la volonté générale qui, « oblige tout législateur à édicter ses lois comme pouvant avoir émané de la volonté collective de tout un peuple, et à considérer tout sujet, en tant qu'il veut être citoyen, comme s'il avait concouru à former par son suffrage une volonté de ce genre »[237]. La constitution rendue possible est avant tout une simple idée de la raison qui s'incarne dans la pratique de la politique comme gouvernance démocratique et sociale. L'affirmation du

---

[234] Nicolas TENZER, Op.cit., p.282.

[235] Sophia MAPA « Légitimité et légalité » in Séverine BELLINA, Hervé MARGO et Violaine de VILLEMEUR (dir), Op.cit., p.120.

[236] Emmanuel KANT, Op.cit., p.19.

[237] Idem, p.44.

pouvoir en tant qu'institution des hommes, émanant de leur décision et de leur action, fut une des sources de sa légitimité.

La valeur de la liberté s'est manifestée progressivement avec cet élan vers l'autonomie en se démarquant d'une interprétation théologique de celle-ci pour pénétrer de proche en proche les représentations et les pratiques des sociétés occidentales. Cette liberté se radicalise et se rationalise dans la modernité faisant du pouvoir politique et de l'individu, des entités sociales autonomes, des « constructions sociales qui ont affranchi l'Homme des liens traditionnels et ont institué la liberté dans les domaines politique, social, économique, religieux et familial. Le pouvoir politique, émancipé du pouvoir divin, affirme son autonomie vis-à-vis de Dieu. L'individu, différencié du groupe et de ses hiérarchies, affirme sa liberté de pensée, d'opinions, de sentiments et d'action »[238]. Cette valeur sociétale s'exprime au sein de l'État comme la synthèse de l'unité du vouloir général et du vouloir subjectif. Et l'une des figures emblématiques de la modernité, est cette quête de l'autonomie et de la liberté pour donner un sens au progrès et à la démocratie citoyenne. Hegel a montré qu'à partir de la liberté individuelle, la société est parvenue à se constituer comme différenciée et multiple, mais unifiée. Sous la forme de contrat, puisque celui-ci suppose la reconnaissance mutuelle des volontés. Par ailleurs le fondement éthique du droit prend ici un sens méta-juridique, car la conscience morale est une catégorie du « droit de la volonté subjective »[239] propre au point de vue moral, dont la première détermination est le droit du savoir, c'est-à-dire de la conscience claire des conséquences des actes que nous posons.

Il y a cette fonction de discernement du Bien qu'assure le droit de la volonté subjective et qui, permet à la subjectivité de se reconnaître dans ce Bien. Du point de vue politique, l'idée de contrat qui renvoie à une normativité juridique bienfaisante, permet d'affirmer le droit moderne du citoyen et représente la condition d'effectivité logique de ce que Hegel appelle l'État rationnel, là où le bonheur et l'épanouissement du citoyen sont rendus possibles. Mais la particularité du contrat social, est qu'il vise l'universel qui subsume toutes les volontés individuelles sous la constitution. « L'universel devient ainsi pour soi l'essence même de la volonté subjective, de sorte que le rapport du particulier à l'universel est intériorisé et devient pour soi le rapport de la volonté subjective comme subjective à elle-même comme volonté, où l'universel prend la forme du Bien »[240]. Pour soi, la volonté subjective n'est identique qu'en soi à l'universel, qui partage son abstraction. C'est pourquoi, il y a dans la pensée du droit hégélien, cette tendance innée à l'universalité.

---

238 Sophia MAPA « Légitimité et légalité » in Séverine BELLINA, Hervé MARGO et Violaine de VILLEMEUR (dir), Op.cit., p.121.

239 HEGEL, Op.cit., p.28.

240 Antoine GRANDJEAN « Hegel et l' « équivoque » de la conscience morale » in KERVÉGAN Jean-François et MARMASSE Gilles (dir), Op.cit., p.133.

L'auto-détermination de la volonté en-soi est appelée à s'ériger en une volonté comme pour-soi. Ce qui met en relief l'autonomie morale du droit, est que « la finité caractéristique du rapport implique sa modalité, comme devoir-être de l'identité de la volonté, et abstraction de ses termes, particularité immédiate et universalité comme négation immédiate de la particularité, ce qui caractérise selon Hegel le moment kantien de la moralité [et de la loi] »[241]. On voit ici que toute détermination est une particularisation dont l'universel abstrait est l'autre. L'identité entre le sujet agissant et l'universel institué s'exprime par une objectivation politique de celui-ci et aboutit à une éthicité sociétale caractérisée par l'idée de vie. C'est à partir de l'homme rationnel qu'il faut comprendre la source originelle du droit positif.

II- Le fondement du droit positif à partir d'une subjectivité-universelle : le moment kantien de la loi

Le dédoublement de la volonté à la fois comme en-soi et pour-soi, nous permet d'analyser la psychologie transcendantale du droit qui émane de cette volonté dont la forme accomplie, sa réalisation absolue, est l'universalité du droit. L'éthicité juridico-politique exige une volonté qui, en se concevant soi-même (singularité), est à la fois tout entier pour-soi et hors-de-soi-même (universel, général). Toute manifestation du sujet implique une opposition à lui-même ; ce n'est que dans une opposition à son contraire qu'un être peut se poser. La loi des contraires comporte donc deux moments : l'un négatif, d'opposition, l'autre positif, de conciliation, dont l'articulation donne la formule de la loi. C'est de cette dialectique que Hegel construit son système politique et juridique. On s'aperçoit que le savoir absolu, chez lui, par analogie, représente juridiquement l'esprit du droit, c'est-à-dire la liberté. Cette liberté est le moment où l'intérieur et l'extérieur, le pour-soi et l'en-soi deviennent des sphères identiques. C'est le lieu où l'indéfini potentiel de la conscience et de la finitude nécessaire du savoir, coïncident et où les contradictions s'abolissent. Ce moment est aussi celui de la vraie paix où s'éclore le consensus de la raison ; le seul capable de transcender de façon intelligible les divisions et les antagonismes parmi les consciences. Cet ordre de la conscience objective préfigure celui de l'ordre social, car il y a nécessairement une correspondance entre immanence, transcendance et praxis.

Dans le monde moderne, le système capitaliste institue en temps que l'aliénation générale de l'individu vis-à-vis de lui-même, l'universalité juridique et politique successivement sous le rapport de droit de l'homme et de démocratie. Ces deux fondements de la liberté peine cependant à réaliser l'être social de l'individu. L'État bureaucratique atrophie la politique en travestissant la socialisation du citoyen. Ce qui nécessite des luttes pour de

---

[241] Idem, p.135.

nouveaux droits mais surtout le remplacement de cet État par de nouvelles formes politiques démocratiques ajustées aux mouvements sociaux d'émancipation. Le réalisme politique ne peut donc s'accommoder avec « la réflexion de la volonté en soi hors de la chose c'est l'aliénation »[242]. C'est pourquoi, « le contrat provient du libre arbitre, la volonté identique qui parvient à l'être-là par le contrat n'est qu'une volonté posée par ces personnes, elle n'est donc qu'une volonté commune et non pas une volonté universelle en soi et pour soi, l'objet du contrat est une chose singulière extérieure, car seule une chose de cette sorte est soumise au simple vouloir arbitraire de l'aliéner »[243]. Autrement dit, la propriété trouve ici sa légitimité juridique, mais sa légalité en tant qu'une universalité instituée et voulue est biaisée par le fait que le droit de propriété serait considéré par les anarchistes comme un phénomène catégorialement amoral, ce qui ne signifie pas immoral en soi, l'immoralité n'appartenant éventuellement qu'à des déterminations juridiques particulières. D'ailleurs l'universel n'est que « simple communauté de volonté et simple produit du libre arbitre de ceux qui sont réunis dans un État »[244]. L'universel n'est qu'un particulier déguisé qui n'estompe pas la violence et l'instabilité du pacte social. C'est donc abusivement que le concept universel est utilisé comme une sorte de sublimation de l'égoïsme et de la propriété privée qui caractérisent l'État.

Cette marque du conflit des consciences explique bien que la volonté individuelle en tant que « particulière pour-soi et différente de la volonté générale, la volonté entre sur la scène de l'arbitraire et de la contingence de la conception et du vouloir, contre ce qui, en soi, est le droit : l'injustice »[245]. Ce basculement du droit dans l'injustice, est la preuve de la fébrilité du système juridique à maintenir sa fonction régulatrice de l'espace public et, révèle cette apparence de l'universel que le droit peine à consolider. Cette instabilité traduite par les glissements permanents du droit vers l'arbitraire pourraient mettre à nu une certaine forme de simulacre de consensus et non le produit d'une rationalité transcendantale assumée.

En regard du moment de cette conscience du droit, la volonté s'est subdivisée elle-même dialectiquement selon que le développement de l'institution judiciaire s'actualise en elle-même en soi et pour soi. « L'être pour soi est le rapport polémique et négatif avec la finitude de l'autre et, par la négation de celui-ci, l'être réfléchi-en-soi ; il est vrai qu'à côté de retour en soi de la conscience et de l'idéalité de l'objet, la réalité de l'objet est toujours maintenue, puisque la conscience lui reconnaît en même temps une présence extérieure »[246]. Cette certitude relève de l'unicité apparente qui caractérise le

---

242 HEGEL, Op.cit., p.46.
243 Idem, p.54.
244 Idem, p.55.
245 Idem, p.55-56.
246 François CHÂTELET, Op.cit., p.92.

droit portant le sceau de la volonté générale et de l'universalité. L'ontologie subjectiviste du droit se ramène à la seule volonté du sujet. À cet effet, une fin « loi universelle » est un effet voulu. Seul celui qui pose la norme « la maxime » dans un acte de volonté, mais non pas la norme « la maxime » elle-même, peut vouloir quelque chose ; la maxime en elle-même ne veut rien.

L'impératif kantien renvoie au principe d'universalisation, lié exclusivement au seul sujet qui est à la fois législateur et juge, contrairement à l'éthique de la discussion qui exige la participation de tous sur la validité d'une norme. Kant formule donc des commandements moraux non seulement sous la forme linguistique de l'impératif, mais particulièrement aussi sous la forme linguistique de propositions normatives. C'est pourquoi, l'on ne peut pas dire non plus que la fin justifie le moyen approprié si l'on s'accorde sur le fait que l'expression « justification » a une signification morale ou juridique. Mais cette obligation comme moyen en vue d'une fin est justement ce que rejette Kant. La nécessité pratique qui réside dans l'impératif hypothétique qui commande une certaine action ou abstention de même que l'impératif catégorique qui vise une fin, expriment tous deux un devoir-être. Et cette nécessité causale qui sous-tend les deux impératifs, traduit aussi « un falloir-être » qu'il faut prendre soin de distinguer du devoir-être. Par contre, Kant voit dans la règle de relation entre moyen et fin à la fois une nécessité causale et une nécessité normative. La formule si tu veux la paix, prépare la guerre, est la présentation raccourcie du syllogisme :

« 1/ Tu veux la paix ;

2/ La préparation de la guerre amène la paix ;

3/ Donc : tu dois préparer la guerre »[247]. Dans la logique, « le problème n'est pas celui de règles contingents, mais celui de règles nécessaires ; non pas comment nous devons penser. Nous ne voulons pas dans la logique savoir comment l'entendement est et pense, et comment il procède jusqu'à présent dans la pensée, mais au contraire comment il devrait procéder. Elle doit nous enseigner le bon usage de l'entendement, c'est-à-dire celui qui est en accord avec lui-même »[248]. On ne peut donc véritablement parler ici d'une logique spécifiquement juridique. Ilmar Tammelo écrit à ce sujet : « la logique juridique, telle que je l'entends, est une logique formelle utilisée dans le raisonnement juridique. Elle ne constitue pas une branche spéciale, mais une des applications spéciales de la logique formelle »[249]. C'est plutôt la logique générale qui est appliquée à la fois aux propositions descriptives de la science du droit et aux normes de droit prescriptives. Il faut toujours une éthique conventionnelle pour surmonter les difficultés liées à l'effectivité des concepts puisqu'ils n'acquièrent leur validité et légitimités que dans la pratique. Ce pragmatisme inscrit dans « la raison pratique » chez Kant, est synonyme d'une

---

247 Hans KELSEN, Op.cit., p.20.

248 Ibidem.

249 Idem, p.362.

incursion de la pensée dans la réalité à modeler, à renouveler pour lui donner une image sociable et humaniste. Dans ce contexte, le droit positif ne peut s'autodéterminer qu'en référence à un ordre politique et social consensuel, c'est-à-dire non pas imposé mais voulu et source de liberté et de justice. C'est pourquoi, l'on cherche dans la théorie du droit, à prouver que le pouvoir discrétionnaire du juge a des limites si l'on part du fait que le juge devrait nécessairement s'il croit que le fait qui a généré une situation donnée présent devant lui, ressemble au fait générateur que détermine la norme juridique à appliquer ou essentiellement qui concorde, se référer à l'esprit de la loi. « L'esprit de la loi est au fond une fiction qui sert à maintenir l'apparence que le juge n'applique le droit positif, même dans les cas de prétendues décisions prise par analogie, tandis qu'en vérité, il crée un droit nouveau pour ce cas concret »[250]. Dans l'ordre juridique moderne, il est interdit au juge de prendre une décision par analogie dans certains cas, c'est-à-dire dans les cas de juridictions pénales.

En effet, l'édiction d'une norme individuelle par l'organe d'application du droit n'a pas lieu par la voie d'un processus logique de pensée. L'esprit du droit dans sa prétention à l'universel, est confronté à sa propre antinomie qu'il doit dialectiquement supprimer. Conformément à cet esprit, l'objectivité du droit n'est pas assurée, car le raisonnement par analogie qui est le moyen décisionnel du juge, est un raisonnement de probabilité, c'est-à-dire que la proposition qu'on émet comme étant la conclusion ne peut prétendre à la stricte vérité. Mais seulement à un degré de probabilité plus ou moins grand. Les normes sont la signification d'actes de volonté dirigés vers le comportement d'autrui. Elles comportent donc une valeur éthique indéniable. Si la volonté est implicitement morale, le monde éthique dans lequel se meut le droit, devrait être un monde vivant où se manifeste l'esprit de sa vérité. « Le monde éthique, le monde déchiré dans l'en-deçà et dans l'au-delà »[251], est la vision morale, c'est-à-dire les trois moments dialectiques qui correspondent à l'immédiateté, à la scission et à la reconquête réflexive, sont livrés à la contingence. Cette trilogie qui caractérise la vérité du droit ; résultat de la volonté en soi et de la volonté pour soi, montre que l'universalité du droit est une catégorie insoluble. En effet, son but, la liberté contraste d'avec son effectivité-réelle. Et c'est en considérant son éthicité que le droit devient un savoir trompeur marqué par le principe de correspondance entre le dire et le faire. En étant en contradiction avec lui-même, il se délégitime et se discrédite pratiquement. Il y a donc la dégénérescence morale synonyme aussi d'une dégénérescence institutionnelle. Tout porte à croire qu'il y a toujours un rapport conflictuel entre le légitime et le légal.

---

[250] Idem, p.358.

[251] Friedrich HEGEL, *Phénoménologie de l'esprit tome II*, traduit de l'allemand par Jean Hyppolite, Paris, 1941, p.13.

III- Le rapport conflictuel entre légitimité et légalité : la dégénérescence institutionnelle

Quel choix faut-il opérer entre la légitimité et la légalité ? Est-il toujours aisé de concilier les deux normes juridiques ? Le juridisme moderne peine à résoudre ce conflit en opérant des choix opportunistes selon la situation et en ouvrant parfois la voie à la jurisprudence et à un imbroglio juridico-politique déconcertant. Dans la sphère de la légitimité politique, devrait s'équilibrer mutuellement le droit et la morale. On verrait alors « apparaître une constitution conforme au droit et à la raison »[252]. Si la constitution représente le fondement juridique de la société alors « l'idée de légitimité exprime le soubassement de toute société politique ».[253] Mais au-delà des représentations légitimantes que se fait une société pour pérenniser sa survie et son cadre juridique, il faut pour conforter l'État rationnel, un système de normes intelligibles et rationnelles. C'est dire que « la légitimité n'est pas un concept a priori valide en politique. Il ne peut se ramener à l'idée d'autorité fondatrice qui exprime la légalité du pouvoir et la licité de ses interventions »[254]. L'acception du pouvoir est de l'ordre du fait et les justifications a posteriori que nous pouvons faire, légitiment une réalité qui, ne peut recevoir aucune justification absolue. Si « ce qui est fondé en droit, en raison ou en valeur est légitime »[255], pour Max Weber, cette légitimité rationnelle fondée sur le droit, ne s'identifie pas à la légalité. En effet, « la légalité est seulement la forme que revêt la légitimité. Nos sociétés seraient légales seulement parce que le pouvoir ne résulte pas d'une autorité personnelle mais est conféré par la loi »[256]. Cette autorité légale permet de rationaliser la légitimité en rendant son contenu normatif et sa forme cohérents, car la légitimité peut perdre son caractère de conception transcendante et garant de l'ordre politique, pour devenir fluctuant et variant au gré des inclinations.

Sur la question de la domination légale-rationnelle, il peut surgir « une divergence d'opinion entre les membres de la communauté, qu'on ne soit pas d'accord sur l'interprétation d'une règle de droit, sur l'application d'un procédé technique, sur le choix d'une ligne de conduite politique, la communauté tout entière a un intérêt vital à ce qu'on n'en vienne pas aux mains, mais qu'on s'entende, qu'on se limite à l'échange d'arguments »[257]. Il s'agit, ici, d'inscrire tout acte dans un cadre d'intercompréhension discursive où les sujets rationnels agissent dans un cadre institutionnel stable et intelligible. Ce qui régule et refoule tous les sentiments passionnels qui sont

[252] Emmanuel KANT, Op.cit., p.136.
[253] Nicolas TENZER, Op.cit., p159.
[254] Ibidem.
[255] Idem, p.161.
[256] Idem, p.167.
[257] Éric WEIL, *Logique de la philosophie*, Paris, Seuil, 1996, p.25.

une entorse à la raison et au bon sens, voire à la paix. Tout individu qui se sépare des hommes et se met en dehors de ce qui fait l'unité sociale et en dehors de la loi, a en fait cesser de raisonner pour redescendre dans l'hypothétique état de nature. La légitimité paraît certes par nature contestable tout comme les lois injustes, mais elle est obligée à son corps défendant, de s'accommoder à la légalité, car l'une ne peut être sans l'autre et vice-versa si nous voulons retrouver le droit dans son essence pure. Seul ce qui peut donner un sens à la dignité et à la communauté instituée, entre dans la logique de la démocratie radicale. Sur ce, le concept de la légitimité de l'autorité est souvent difficile à cerner surtout quand il s'analyse à partir des régimes politiques. Concernant la notion de dictature ; celle-ci est relative selon son champ d'expression. En effet, la dictature semble être constituée par deux idées fondamentales. D'abord, elle renvoie à celui d'un pouvoir fort. Dans ce cas, la dictature diminue ou supprime la zone de liberté laissée aux citoyens, tandis qu'elle accroît les prérogatives de l'État en concentrant l'autorité dans un seul organe gouvernemental. Ensuite, elle représente un pouvoir non légitime, ce qui veut dire que la dictature rompt avec la conception généralement admise concernant la structure et la dévolution de l'autorité gouvernementale. Enfin, on peut déduire que la dictature si légalement établie par la loi, peut être illégitime dans sa pratique.

Quant à la dictature du prolétariat, Marx trouve sa légitimité dans la stratégie de prise de pouvoir et dans sa capacité normative et normalisatrice de l'État social. L'incarnation de l'universalité de la souffrance humaine par le prolétariat surpasse tout constitutionnalisme juridique, car pour lui, la loi est celle qui s'impose par la praxis révolutionnaire. Cette praxis désaliénante est la force de la critique sociale et le compendium de l'injustice sociale et des contradictions successives de la bureaucratie.

Mais aujourd'hui, la transformation d'un pouvoir dictatorial en un pouvoir démocratique pose généralement la problématique du fondement de la légalité démocratique. Autrement dit, un pouvoir issu d'un coup de force, peut-il progressivement se légitimer en essayant de conformer ses actes aux normes démocratiques ? Répondre à cette préoccupation exige dans ce cas une réponse à la fois éthique et politique. Ces deux ordres ne sont pas toujours compatibles. La contradiction entre la légitimité et la légalité demeure la difficulté essentielle qui sous-tend l'espace politique et juridique de nos jours. Le principe de « celui qui a su mieux user du renard est arrivé à meilleure fin ».[258] Cette idée de la fin justifie les moyens , pose le problème de la nature du moyen même si la finalité demeure bonne. La légalité d'un acte ne correspond pas nécessairement à sa validité du point de moral. La finalité de l'acte ne peut être la mesure ou le déterminant exclusif d'un moyen, car elle renvoie dos à dos la loi et la morale. La disjonction de l'éthique politique et

[258] Nicolas MACHIAVEL, *Le prince*, traduit de l'italien par Yves lévy, Paris, Flammarion, 1992, p.142

du réalisme politique ne nous permet pas de bien résoudre cette équation de la démocratie dont les principes ne peuvent s'ajuster dans une logique et dans une cohérence irréprochable. Or, toute l'administration de la justice sociale est un va-et-vient constant, un compromis incessant entre la sécurité et l'équité, entre la lettre et l'esprit de la loi que l'on peut observer dans toute démocratie moderne. C'est dans cette perspective qu'il y a lieu de situer l'activité du politique ainsi que celui du régime politique dans l'instauration de la vraie démocratie. On y voit la fin des normes transcendantales régissant la société, « alors qu'il n'est plus de normes communes évidentes pouvant s'incarner dans un esprit des lois et des institutions »[259]. Ces normes éthico-sociales (la probité, l'intégrité) qui forgent la psychologie sociale de l'individu, font de lui un citoyen sociable. Le rapport de l'homme à la loi est un lien juridique constitutif de la démocratie moderne.

Dans les démocraties modernes, « la contradiction est dans les phénomènes, dans ce qui (réglemente) l'homme ».[260] Le mode de fonctionnement des régimes politiques peine à résoudre cette contradiction entre la légalité et la légitimité. D'ailleurs, Carl Schmitt, en montrant la contradiction radicale des deux concepts, pense que la légalité et la légitimité n'ont pas le même mode de fonctionnement. « La légalité a précisément le sens et la tâche de denier et de rendre superflue la légitimité (celle du monarque ou la volonté plébicitaire), ainsi que toute forme d'autorité supérieure (…). La légalité a justement une signification opposée à celle de la légitimité »[261]. La légalité dans la constitution politique du pouvoir, cristallise tous les actes autour de la loi comme norme référentielle exclusive. Son impartialité et son caractère impersonnel, font l'exercice actif des droits démocratiques. Alors que la légitimité ne coïncide pas avec la légalité, car nous partons de ce désenchantement politique qu' « on ne peut légitimer le fait que l'homme, par le truchement d'un pouvoir politique, exerce son pouvoir sur un autre homme, mais que c'est un fait social premier même si le pouvoir n'est pas toujours coercitif ni individualisé et inévitable dans toute société organisée »[262]. La légitimité est relative et souffre surtout d'une fragilité structurelle. Elle est confrontée à une évaluation normative avec la légalité à l'épreuve de la démocratie. La légalité se démarque dans sa signification de la légitimité, car la première suggère non seulement une source positive de production juridique efficace, mais aussi « un (…) centre de production normative capable de jouer un rôle juridique souverain »[263]. Ce système juridique est la source suprême de toute formation et constitution juridique nationale et supranationale. Tout système de lois ne peut s'incarner

[259] Nicolas TENZER, Op.cit., p165.
[260]Éric WEIL, Op.cit., p.31.
[261] Nicolas TENZER, Op.cit., p.168.
[262] Idem, p.162.
[263] Antonio NEGRI et Michael HARDT, Op.cit., p.27.

dans l'exercice d'un régime politique que si celui-ci se transforme en une légitimité sous la forme légale-rationnelle, c'est-à-dire s'il s'inscrit dans l'acte politique universalisant comme la réalisation de la raison absolue chez Hegel et la raison législatrice chez Kant. La dimension éthique et rationnelle constituent l'unité de la vertu juridique chez Kant ; ce qui justifie la démocratie radicale, seule gage d'une liberté et d'une paix sociales perpétuelles. « Les bonnes institutions sociales sont celles qui savent le mieux dénaturer l'homme, lui ôter son existence absolue pour lui donner une relative, et transporter le moi dans l'unité commune, en sorte que chaque particulier ne se croie plus un, mais partie de l'unité, et ne soit plus sensible que dans le tout »[264]. Cette unité du corps social est une vertu républicaine qui se consolide par la loi, émanation de la volonté générale et socle juridique du contrat social.

Nous voyons dans cette communauté légale instituée, la primauté accordée à la légalité constitutionnelle dans laquelle la fusion du particulier au tout (la communauté), fait de l'État de droit, l'expression privilégiée de la liberté et de l'organisation sociétale légitime. « Aucun pouvoir n'est a priori légitime ; il ne faut qu'exercer dans des formes légales (...). La vraie difficulté de la démocratie est l'explication de ce qui rend le pouvoir acceptable, et qui ne découle pas d'une confiance dans la manière dont le pouvoir est dévolu à ses détenteurs mais d'une reconnaissance dans les principes d'organisation de la société »[265]. C'est dire que la légitimité est un critère politique insuffisant en démocratie, car elle est remise en cause permanente par ceux qui considèrent le pouvoir politique comme tel. Le pouvoir politique fait l'objet d'une contestation permanente non dans son institution mais dans son action. Il doit donc faire du principe de la non-contradiction, la maxime de son action. La légalité est une forme qui caractérise toute forme d'État dont l'agir doit obéir au principe de souveraineté. L'homme libre est celui qui est conditionné par la loi qui structure et organise son champ d'action. Ce qui « est ainsi donné à la liberté est déterminé pour la liberté, mais la liberté n'est pas du domaine du déterminé, elle est déterminante »[266]. Dans ce contexte politique, la loi est un critère universel instituant le pouvoir politique conformément à un pacte social fondateur.

C'est le fait qui prime dans la légalité davantage que la valeur qu'exprime le concept de légitimité. Ce conflit entre la légalité et la légitimité, montre la difficulté qu'il y a à réduire le droit à une instance procédurale. C'est pourquoi, la normalité politique ne coïncide pas souvent avec la normalité rationnelle. La nécessité d'une fusion de la légitimité et de l'égalité comme deux catégories de la normalité sociale, obéit à une approche ontologique du phénomène politique. L'obligation morale et l'obligation politique doivent coïncider pour faire du sujet-juridique, un moi social. La continuité de

[264] Jean-Jacques ROUSSEAU, Op.cit., p.90.
[265] Nicolas TENZER, Op.cit., p.169.
[266] Éric WEIL, Op.cit., p.45.

l'existence se traduit par la vie unitaire où coexistent norme rationnelle et norme politique comme finalité de la vie morale. Ce qui n'est rien d'autre que la manifestation d'un au-delà de la politique.

IV - Fusion de la normalité rationnelle et de la normalité politique dans la constitution de la métapolitique

La communication des deux normes est indispensable à une métapolitique, c'est-à-dire une politique où la fusion vitale des normes supérieures, c'est-à-dire la raison discursive entre dans une sorte d'osmose avec la dimension universelle du citoyen. La métapolitique est une politique qualitative tournée vers une communauté de vie dont la valeur est intrinsèquement rationnelle. C'est donc une politique vertueuse porteuse d'une harmonie sociale radicale. Loin d'être incompatible, la morale, la raison et la politique retrouvent ici leur unité en vue de fonder une communauté universelle, car la vraie civilisation est la civilisation morale. La métapolitique doit évacuer « ruse et perfidie d'une politique craignant la lumière (de la raison) »[267]. La raison rend translucide les actes du politique, pour en faire des actions créatrices de valeurs universalisantes et bienfaisantes. Elle substitue, en outre, à la démagogie, la vérité.

La politique sous cette forme a pour contenu substantiel la vie éthique. Dans ce sens, pour « Habermas (...) la vie éthique concrète (...) se réalise (...) sous l'égide de l'État rationnel en soi et pour soi ».[268] Cet État fondé sur la base de l'intercompréhension exige la discussion comme mode opératoire des agents moraux pour l'établissement des normes de vie consensuelles. Ce qui veut dire que la raison est à la fois discursive et rend intelligible tout processus de démocratisation. Elle est nécessaire pour « la formalité d'une unité de mesure des lois (démocratiques), susceptibles d'atteindre l'idéal d'une inclusion aussi large que possible de tous les sociétaires de l'État de droit démocratique ».[269] Ce faisant, les lois ne sont plus l'émanation d'une volonté générale abstraite et d'un hypothétique impératif catégorique, mais plutôt « une opération de de-transcendantalisation des catégories de la loi morale ».[270] Ce qui importe, ici, en politique, c'est la prise en compte du social qui conduit à un rapprochement du droit des citoyens à la vie et, de leur implication en tant qu'acteur de développement durable. C'est une responsabilité citoyenne que seuls les gouvernants ne peuvent assumer tant qu'ils n'auront pas une haute idée de l'État-nation. La norme instituant l'État rationnel s'établit ainsi sur la base de la personnalité libre, une auto-détermination qui transcende toute inclination. Dans la métapolitique,

---

[267]Emmanuel KANT, Op.cit., p.90.
[268] Yao-Edmond KOUASSI, Op.cit., p.55.
[269]Idem, p.93-94.
[270]Idem, p.54.

l'individualité du Tout (État rationnel) n'hypostasie pas pourtant la vie générique et le caractère déterminé d'un peuple. « On peut bien connaître aussi le système tout entier dans lequel la totalité absolue s'organise ; on peut connaître comment toutes les parties de la constitution et de la législation, toutes les déterminations des rapports éthiques sont déterminées absolument par le tout et forment un édifice dans lequel aucun assemblage et aucun ornement n'ont été présents pour eux-mêmes a priori, mais (dans lequel) chacun est devenu moyennant le tout et est assujetti à lui »[271]. Il y a ici une corrélation entre l'individu, le citoyen et l'État rationnel si bien qu'on ne peut les interpréter qu'en tenant compte de leur relation inclusive.

> Montesquieu a fondé son œuvre (…) sur l'intuition et l'individualité et du caractère des peuples et, (…) il n'a pas détruit les structures et les lois singulières de la soi-disant raison, et il ne les a pas abstraites de l'expérience, et ensuite, érigées en quelque chose d'universel mais, de même que les rapports plus élevés des parties relatives au droit politique, de même aussi les déterminations plus basses des rapports civils en descendant jusqu'aux testaments, lois matrimoniales, etc., il ne les a conçues absolument qu'à partir du caractère du tout et de son individualité, et par là (…) il a montré, d'une manière qui (…) est compréhensible, que la raison, et l'entendement, humain, et l'expérience, d'où proviennent les lois déterminées, ne sont aucune raison ni aucun entendement humain a priori, ni non plus aucune expérience a priori, ce qui serait une expérience absolument universelle, mais purement et simplement l'individualité dont les déterminités les plus hautes peuvent à leur tour, être conçues à partir d'une nécessité plus universelle[272].

Le droit positif implique une recherche et une compréhension purement socio-historique. Et c'est à partir de cette connaissance que l'on peut établir la cohérence entre l'État de droit et la raison-législatrice. C'est pourquoi, « le développement sur des bases historiques ne change pas lui-même en développement à partir du concept, et dans la mesure où l'explication et la justification historique ne vont pas jusqu'à la signification d'une justification volant en soi et pour soi »[273]. Cette transmutation impossible de l'analyse historique du droit positif en une explication conceptuelle, révèle que l'homme ne peut se comprend soi-même séparé de son histoire. En effet, l'entendement humain a tendance à ramener tout à l'examen de la raison comme seul esprit objectif des lois.

La normalité politique est diffuse dans le temps et dans l'espace, car elle obéit aux réalités historiques spécifiques et toujours mouvantes des peuples. Ce qui veut dire qu'aucun universalisme ne peut subsumer ce fait. « La raison n'est pas encore assez éclairée pour embrasser du regard la série des causes

[271]HEGEL, Op.cit., p.22.
[272]Ibidem.
[273]Idem, p.23.

prédéterminantes qui permettent d'annoncer par avance avec certitude, d'après le mécanisme de la Nature, l'issue heureuse ou malheureuse des actions humaines ».[274] La loi morale inhérente à la raison ne concerne que partiellement la vie concrète de l'individu, même si elle nous éclaire dans la voie du devoir. L'expérience historique de la politique montre que « celui qui détient le pouvoir ne se laisse plus dicter de lois par le peuple. Un État qui a obtenu les moyens de ne se soumettre à aucune loi extérieure ne voudra pas dépendre de la juridiction d'autres États quand il s'agira de la manière de défendre son droit contre ces autres États ; et même une partie du monde qui se sent supérieure à une autre, laquelle, du reste, ne lui fait en rien obstacle, ne manquera pas, pour accroître sa puissance, d'utiliser les moyens du pillage et même de la domination de cette autre partie »[275]. La fondation de normes irréalistes, instrumentalisables et vacillantes au gré des intérêts nationaux ou supranationaux prétendument universelles, devient pratiquement inconsistante lorsqu'il s'agit de la souveraineté populaire ou même du droit cosmopolite.

La fondation discursive de la loi n'exclut pas les principes empiriques de la vie sociétale. La société moderne perçoit difficilement le phénomène juridique comme une manifestation concrète de la liberté et une consécration de la démocratie citoyenne. L'écorce rationnelle à partir de laquelle le droit positif se constitue semble être extraite pour ne le recouvrir que de l'écorce politique ; ce qui biaise l'être véritable du droit. Néanmoins, cela ne veut pas dire que la formation de la normativité juridique se déconnecte de la société où elle puise son ancrage politique et son effectivité réelle. À ce sujet, la philosophie kantienne est civile, car elle réclame juridiquement l'émancipation de l'homme et de sa pensée à l'égard de la tutelle exercée par la théologie de la religion positive et révélée.

En détournant la loi des formes traditionnelles de la transcendance monacale et exaltée, Kant s'est efforcé de trouver une transcendance civile au droit où il crut en découvrir le foyer dans cette action libre et morale du sujet. Pour Kant, l'universalité de la raison légiférante se démontre par le fait qu'il n'est motivé ni par le succès ni par l'espoir, mais seulement par pur respect de la loi. Ce que Marx reproche à Kant et à Hegel, c'est que le premier fait de la liberté, l'action de la volonté bonne en elle-même en l'évaluant sur la base d'une autonomie absolue et immanente. Quant à Hegel, il conçoit la liberté de façon aussi immanente sur la base d'une nécessité intérieure, d'une dépendance intérieure à l'égard de l'État, tout en subsumant en même temps cette dépendance sous le rapport de la nécessité extérieure. Or, chez Marx, la liberté concrète consiste dans l'identité sur le mode du devoir-être qui est une identité antagoniste du système de l'intérêt particulier et du système de l'intérêt universel que représente l'État. Marx condamne les rapports

[274]Emmanuel KANT, Op.cit., p.90.
[275]Idem, p.75.

extérieurs de subordination et de dépendance, car ils contredisent l'autonomie individuelle.

Cette antinomie entre les deux sphères les lois et l'État, pose la problématique du rapport fusionnel et nécessaire entre le droit, le devoir et le devoir-être. Ce dernier apparaîtrait comme la fin dernière universelle de l'humanité. C'est dire que la normativité politique que réclame Marx pour une réelle libération de l'individu et de la société civile elle-même, doit se constituer à partir d'une autre réalité qui est non pas idéelle, mais plutôt empirique. Cette normativité se façonne dans l'empirie ordinaire. La déclaration universelle des droits de l'homme devient donc une arnaque politicienne, si la citoyenneté, l'être communautaire que l'on veut à tout prix promouvoir, n'est rien qu'un simple moyen de conservation de ces soi-disant droits de l'homme égoïste. Si Kant admet une dose morale pour éradiquer la corruption dont pourrait souffrir la volonté, par une identité ontologique des deux catégories (morale et volonté), c'est parce qu'il comprend la nécessité d'un fondement rationnel de la loi arrimée à une éthique universaliste.

Dans ce contexte conjoncturel de la liberté, l'émancipation politique a une promesse de liberté qui excède ses propres limitations, au-delà du cadre institutionnel ainsi qu'une démocratie radicale opposée aux prétentions de l'État à définir le cadre normatif et légitime de l'émancipation. L'habileté politique doit inclure cette dimension, car « un homme politique moral [est] un homme politique qui prend les principes de l'habileté politique de telle manière qu'ils puissent coexister avec la morale ; mais non pas un moraliste politique qui se fabrique une morale à la convenance des intérêts de l'homme d'État »[276]. Cette nuance sémantique traduit le réalisme d'une politique désintéressée dont la finalité est motivée par un État de droit et de paix. Dans ce cas, toute maxime doit provoquer le bien social. La moralité politique semble osciller entre deux catégories du devoir.

> L'amour du genre humain et le respect du droit (…). Mais le premier n'est que conditionnel, tandis que le second est un devoir inconditionnel, un commandement absolu, que celui qui veut se laisser aller au doux sentiment de la bienfaisance doit d'abord être absolument sûr de n'avoir pas violé. Avec la morale dans le premier sens (en tant qu'éthique), la politique est facilement en accord afin d'abandonner le droit des hommes à ceux qui les gouvernent. Quant à la morale dans le second sens (en tant que doctrine du droit), la politique, qui devrait fléchir le contrat avec elle, préférant lui contester toute réalité et interpréter tous les devoirs comme une affaire de simple bienveillance[277].

---

[276] Ibidem.
[277] Idem, p.89-90.

C'est de cette alchimie de ces deux catégories amour et respect, qu'une politique radicale humaniste et organisationnelle de la communauté, seront possibles. La synthèse intelligible de la morale, de la raison et de la politique devient dès lors, une nécessité non pas seulement éthique mais surtout vitale. Le sujet de l'activité politique ne peut être que le peuple, le *dêmos*. Il s'agit d'instituer la vraie démocratie, selon Marx, en supprimant l'État politique aliéné mais non l'activité politique comme être-ensemble dont l'objectif est la liberté. Habermas parlera lui plutôt de la démocratie radicale, dont le cadre normatif se conçoit à partir d'un espace politique fait de l'intercompréhension subjectif et médiatisé par la discussion. Ainsi de cet agir communicationnel se dégagerait tout consensus. La démarche Habermasienne est plutôt réformiste, car elle ne fait que déconstruire les bases de la légitimé et de la légalité institutionnelle sans toutefois vouloir abolir cette superstructure politique.

Certes, l'objectif d'une liberté citoyenne est le même, mais la démarche pour y parvenir diffère d'un théoricien à un autre (révolution radicale chez les uns et réforme chez les autres). Cet objectif est la résolution du conflit, de la tension permanente entre l'État et la vraie démocratie, entre l'État et la démocratie radicale en vue de laisser surgir la liberté citoyenne étouffé au sein de l'État politique. Dans la logique de la constitution de l'État rationnel, « apparaît le phénomène de transsubstantiation qui produit une véritable reconstitution étatique ou régénération politique, de nature à effacer matérialité, passivité, dépendance en faisant subir aux éléments de l'État une course ascendante qui les emporte dans une sphère où, tournant désormais autour du soleil de la liberté et de la justice, ils connaîtront une véritable métamorphose »[278]. Cette déconstruction rationnelle de l'État politique en État rationnel est une métamorphose irréaliste puisque le champ politique dans sa mutation, s'inscrit dans un progrès, un idéal de perfection des institutions nationales et transnationales. C'est une marche irréversible de la raison-législatrice qui transfigure tout sous la puissance de sa lumière sans nécessairement parvenir à une transparence de l'ordre politique, juridique et social.

Nul doute que « cette pensée du politique travaillé en permanence par les oppositions matière/ forme, nature/État, matériel/spirituel ne s'inscrive dans le droit fil de ce que R. Legros (...) désigne comme une pensée de la réconciliation, à savoir le projet d'un accomplissement terrestre de l'intelligible, de la forme, de l'universel, de l'infini »[279]. L'évolution de la politique vers son stade suprême serait donc le règne de la liberté et de la justice, car la société sera définitivement fondée sur des droits stables et inaltérables. C'est cet esprit du politique que Marx appelle « l'intelligence politique »[280]. En effet, « l'intelligence politique indique l'opération de

[278] Miguel ABENSOUR, Op.cit., p.60.
[279] Idem, p.64.
[280] Idem, p.57.

l'esprit par laquelle les faits de l'expérience sensible sont interprétés, réglés et organisés. Ou encore, un fait de l'expérience sensible ne peut acquérir un sens que dans et par l'opération de l'intelligence politique [...] le législateur, loin d'accueillir les faits dans leur immédiateté de façon empirique, doit les appréhender avec les lunettes de l'État, leur donner sens en les transposant sur le terrain spirituel de l'État »[281]. Cette nouvelle faculté de la politique permet de rétablir l'ordre institutionnel de façon rationnelle et intelligible par un examen critique et une assimilation discursive des déterminations de l'État rationnel à l'État de droit.

L'intelligence politique veut porter chaque élément structurel de l'État à sa perfection en surmontant les contradictions permanentes entre la visée universelle, les exigences rationnelles et les présuppositions réelles de la politique et de l'État moderne. C'est pourquoi, dans ce contexte, « l'intelligence politique est principe, au double sens de commencement et de fondement ; elle est âme organisatrice. L'intelligence politique désigne la nouvelle faculté à laquelle correspond la révolution copernicienne en politique : elle définit le pôle autour duquel doivent tourner les objets que rencontre le législateur, l'horizon de sens à partir duquel il convient de les comprendre et de leur donner forme »[282]. De ce principe, l'on retient que l'État politique est réalisé de manière consciente sous les formes modernes des exigences de la raison. Cette nouvelle faculté va au-delà des limites de l'État et de ses implications éthico-sociales. Elle permet de pallier les carences et les insuffisances institutionnelles de l'homme. Ici, la raison-législatrice s'identifie à la liberté. Cette norme rationnelle montre que « l'homme choisit la possibilité de la cohérence »[283]. Autrement dit, son discours ne doit pas être contradictoire dans le sens où le dire et l'agir doivent coïncider. Et la vraie politique doit s'expier de toutes formes de corruptions et de démagogies pour revêtir la cohérence et les idées pratiques comme seules modalités opérationnelles de l'État de droit. L'homme universel est celui dont les actes contribuent à l'émergence d'une société mondiale juste.

Conclusion

L'institutionnalisation d'une vie sociétale est fondée sur des conditions d'élaboration de normes juridiques et de lois. Penser donc la justice sociale, exige de concevoir les interactions entre légitimité et légalité sans pour autant occulter les normes rationnelles et les normes politiques qui font de la loi, la manifestation de la liberté. Le paradigme du droit autocentré sur la normalité rationnelle, pose certes la question de l'autonomie du droit mais n'absorbe pas toute la question, car pour y parvenir, il faudrait disposer de la liste exhaustive

[281] Ibidem.

[282] Idem, p.57-58.

[283] Éric WEIL, Op.cit., p.51.

des phénomènes autonomes et démontrer que le phénomène droit ne se réduit à aucun d'eux.

Une telle entreprise serait une utopie réaliste. Ce qui nous amène à nous limiter à la question de l'autonomie du droit et du tiers, rapport qui nous permet de comprendre que l'attitude du tiers est toujours intéressé et non neutre en dépit de sa volonté à dire le droit. Dans ces conditions la crise de légitimité du droit conduit à une dégénérescence institutionnelle, car l'expression de la légalité s'oppose à la légitimité, c'est-à-dire la légalité a précisément pour sens et tâche de denier et de rendre superflue la légitimé politique. Ces apories du droit positif traduisent la difficulté d'une élaboration des conditionnalités juridiques objectives qui puissent être compatibles avec la raison sociale, c'est-à-dire ce qui détermine le bien-être du citoyen.

DEUXIÈME SECTION

DE LA COMPATIBILITÉ ONTOLOGIQUE ENTRE DROIT ET RAISON SOCIALE

« Le contenu, la diversité, la complexité du Droit réel d'une Société dépend donc d'une part du contenu et de la richesse des interactions sociales. Car toute interaction sociale (réelle ou possible) peut engendrer une règle de droit, et toute règle de droit correspond à une interaction sociale (réelle ou possible). Mais d'autre part le contenu du Droit dépend aussi de la volonté du législateur juridique »[284].

[284] Alexandre KOJÈVE, Op.cit., p.123.

Chapitre premier

L'histoire de l'ontologie du droit est une histoire de l'humanité

La vie de l'homme montre que la sociabilité bien qu'elle soit innée, s'est faite progressivement suivant le cours de l'histoire. C'est pour cela que cette vie est raisonnable et se déroule dans le monde moral et le monde politique. Ces deux sphères qui ne sont pas distincts de l'homme, se sont constituées autour de l'instinct de vie qui exigeait, chez lui, plus de sécurité, de protection, de considération, de liberté et de justice, etc. comme conditions optimales d'un bien-être. Dans cette marche progressive de l'humanité, le fondement ontologique du droit et de la politique reposait sur la morale. L'interaction entre les individus, le droit et l'État est porteuse de conflit, elle se mue en interaction permanente où se joue la survie du contrat social.

Cette violence dans l'histoire a démontré la nécessité d'une structure qui donnerait non seulement aux évènements cohésion et unité, mais aussi qui régulerait les rapports intersubjectifs. En effet, « les défenseurs théoriques de la violence prennent le parti de la morale dès qu'ils subissent la violence, et que ceux qui pratiquent la violence au premier échec en appellent au tribunal du *fatum* ou de la divinité, du sens de l'Histoire, des règles antérieures à toute norme positive et qu'ils sont les premiers à se plaindre si l'organisation, c'est-à-dire l'État, ne fonctionne plus à leur satisfaction »[285]. Les références ici à l'État, à la morale et à la violence, sont les catégories structurelles qui prédisposent à la formulation de lois et de normes sociétales. Ce qui veut dire que les hommes savent très bien ce qui importe dans leur vie, c'est-à-dire la liberté et la justice qui président tout progrès et consolident l'édification d'une humanité tournée vers l'universel. L'idée de faire le droit obéit à ce souci de créer des normes générales et abstraites capables de régler la conflictualité permanente qui règne entre les citoyens d'une part, et de rationaliser le commerce que les individus entretiennent entre eux. L'histoire de l'humanité est certes comme le dit Marx, l'histoire de la lutte des classes, mais la conséquence de cette lutte est l'établissement d'un cadre juridique et démocratique synonyme de plus de liberté.

Aujourd'hui, l'histoire de l'ontologie du droit ne peut se concevoir sous le rapport d'une déconnexion avec l'économie dont le cœur est l'échange. L'élément Échange du phénomène économique a un lien intrinsèque avec le phénomène juridique. Dans l'immense majorité des cas, les règles juridiques modernes ne sont en réalité que des mesures d'échanges économiques, et on peut dire que presque tout système juridique est « un Droit commercial, au sens large du terme. Le développement de la vie économique, et notamment du commerce, a toujours provoqué un épanouissement de la vie juridique, une extension du Droit et une intensification de la jurisprudence.

[285] Éric WEIL, Op.cit., p.31.

Enfin, l'idéologie du commerçant a toujours un caractère plus ou moins juridique : elle préconise le règne du droit sur terre, elle aspire à un Droit universellement valable et toujours respecté »[286]. Ces interactions commerciales qui ont jalonnées l'histoire de l'humanité sous des modes différents, font toujours appel à une législation juridique, c'est-à-dire à un « tiers impartial et désintéressé » qui n'est rien d'autre que le juge ou l'arbitre en vue de protéger les intérêts respectifs de chaque commerçant.

Cette juridicisation du commerce des hommes s'opère à travers des principes généraux d'organisation du pouvoir public sous un mode consensuel et implique une forme de légitimité politique et juridique. Elle vise à représenter le social non pas compris comme l'homme égoïste de la société civile, encore moins comme l'homme abstrait isolé dans la communauté politique, mais comme citoyen jouissant réellement de sa liberté dans une dynamique participative à la vie politique. C'est pourquoi, loin de supprimer le Droit, la suppression du conflit dans et par l'État rationnel, l'État universel ou même populaire, réalise au contraire le Droit dans sa plénitude.

I- Nécessité d'une réconciliation sociologique et ontologique du droit

Réconcilier l'esprit de la loi avec les faits de société redonne ainsi au droit tout son être qui, jusque-là, se perdait dans les méandres d'un juridisme constitutionnel et politique que nous avions l'habitude de considérer. Il convient de résoudre le hiatus entre forme et fond, entre l'esprit et la lettre, bref entre les faits et le principe qui règle les faits de sociétés. En effet, à partir des fondements économiques des droits de l'homme (1968), on observe que « dans sa déclaration à la cession du conseil économique et social de 1967, le secrétaire général de l'Organisation des Nations Unis a déclaré que la foi en la dignité humaine, et en l'égalité des droits entre hommes et femmes, est la raison essentielle qui conduit l'ONU à œuvrer pour le progrès social et l'augmentation générale du niveau de vie (A/6703, introduction »[287]. Mais ce qui retient notre attention et qui révèle un aspect ontologique, c'est le concept de la dignité humaine arrimée subtilement, ici, à l'économique et qui pourtant le transcende. Car l'essence de l'homme ne peut se situer ou s'évaluer relativement à l'avoir-être, mais plutôt à l'être de façon intrinsèque. Le droit a-t-il pris en compte cet aspect de la dignité humaine ou a-t-il régressé en privilégiant le droit de propriété subjectif comme la normativité institutionnelle universelle ?

Cette problématique nous engage à appréhender l'humanisme juridique qui sous-tend le fondement économique des droits de l'homme, en indiquant la nécessité de réconcilier la base sociologique et économique avec la base

---

[286] Alexandre KOJÈVE, Op.cit., p.197.

[287] LAQUEUR Walter et RUBIN Barry, *Anthologie des droits de l'homme*, traduit de l'américain par Thierry Piélat, Paris, 2002, p.406.

ontologique et métaphysique du droit afin de retrouver l'équilibre, et l'authenticité originaire du droit. Si le développement économique et social est la condition nécessaire au plein épanouissement de l'homme et de la jouissance de ses droits, cela voudrait dire, qu'en réalité, le droit a pour finalité le respect de la dignité comme point focal autour duquel se cristallisent toutes les autres conditionnalités à sa socialisation et à son intégration dans le monde moderne. Mais l'incompatibilité systémique du droit de propriété qui a en réalité générée tous les autres droits et l'éthique de la démocratie, fragilisent le droit lui-même comme norme référentielle constitutive. La foi en la réconciliation de la nature sociologico-économique du droit et sa nature ontologique, pourrait trahir la réaffirmation de la téléologie du droit positif, c'est-à-dire, faire de l'être, un bien-être. Sans minimiser les contestations récurrentes du droit positif qui au contraire, exige le respect des normes scientifiques conventionnelles et universelles, l'incohérence des actions intentionnelles du droit et l'ambiguïté des interprétations normatives des faits sociétaux, compromettent la confiance faite au droit. Réconcilier le droit avec lui-même, s'inscrit dans la théorie de l'équilibre général des normes du choix rationnel et de l'économie néoclassique. Ce qui permet la formation adéquate du cadre politique et institutionnel d'une part, d'autre part de théoriser la formation des préférences humaines et d'entrevoir les fondements d'une psychologie sociale du droit.

L'interaction entre sociologie et ontologie deviendrait possible pour un fonctionnement efficient du droit. Dans l'économie politique, les rapports et les forces de productions dont l'expression juridique est le droit de propriété subjectif, sont toujours, selon Marx dans une logique conflictuelle. Le véritable droit de l'homme doit se défaire de sa coque bourgeoise si elle veut revêtir la toge de l'universalité et de la socialisation de l'homme. Cette déconstruction du droit passe par une construction réflexive distanciée de l'égoïsme et du capital. Redonner au droit sa valeur anthropologique passe par un défi de socialisation radicale possible. Une socialisation efficace dans une économie de plus en plus mondialisée, varie en fonction des liens de dépendance et de solidarité au sein des rapports et des forces politiques et économiques internationales.

Mais la justice procédurale qui anime et organisme systémiquement aussi bien l'économie que la démocratie moderne, est elle-même tiraillée entre l'éthique et l'argent. Aussitôt que la raison historique se fut complice de la raison d'État, cette complicité initialement faite d'audace et d'insoumission devient apologétique. Cette conception de la puissance de l'histoire pourrait conduire non seulement à l'idolâtrie du droit positif mais surtout au monde vécu. L'histoire de l'humanité, « s'écrit dans la tension entre universalité abstraite [du droit] et l'unicité de l'évènement, sur le sable du possible où apparaissent des figures qui auraient pu ne pas être et qui sont promises à l'effacement. Ni la lutte ni l'Être n'existent dans le temps. Ils sont déterminés par ce qui tient au temps, par l'ensemble des propriétés temporelles de l'être comme des rapports sociaux »[288]. Ici la laïcisation de l'État est radicalisée en le rapportant au procès de production dans lequel surgissent les droits de l'homme. Elle sécularise et désontologise l'histoire qu'elle considère comme « une ontologie de l'être social ».[289] Dans la mise en question du droit, Hegel ontologise l'histoire en faisant de la Raison l'histoire et vice-versa. Ce qui fait du droit une manifestation de la Raison et l'une des modalités sous lesquelles on peut la saisir. La philosophie hégélienne du droit ne participe pas d' « un institutionnalisme fort [...] elle n'implique pas nécessairement une subordination unilatérale de la volonté subjective à une volonté objective déposée dans les institutions, bien qu'elle exclut, c'est vrai, une inversion de la propriété revenant dans une telle perspective aux institutions éthiques objectives »[290]. Dans l'institution de l'esprit objectif, qui renvoie à une éthicité comme substance de la normativité, Hegel distingue celle-ci (l'éthicité) de la moralité comme relation du sujet à des normes d'agir qu'il se prescrit de manière autonome et, du droit comme relation du sujet à l'objet médiatisé par des normes à d'autres sujets.

Le droit en s'enracinant dans une éthicité est idée de la liberté en tant que bien vivant. C'est pourquoi, « l'éthicité est le concept de la liberté devenu monde présent-là et nature de la conscience de soi »[291]. Cette subjectivité morale, qui prend tout le sens d'une autonomie de la volonté est présente aussi chez Kant, pour qui la raison législatrice à partir de laquelle la loi est exprimée, donne à la liberté une effectivité du bien incarné dans des pratiques et des représentations communautaires. Le droit du monde articulé autour d'une normativité institutionnelle, ne peut se comprendre que par rapport aux sujets empiriques. Hegel ne peut se référer sans nuance à un tel modèle puisqu'il interprète son temps comme l'époque d'une réconciliation du réel et du rationnel.

La rupture que l'on veut établir entre les deux catégories (éthicité et droit) est plutôt idéelle que réelle. « Le besoin de connaître la rationalité du droit est ce qui a conduit à la philosophie du droit »[292]. Cette philosophie se rapporte à une science du droit naturel, pose le droit absolu du sujet et la liberté de la propriété comme concept du droit autour duquel se cristallisent les droits de l'homme. Mais, c'est surtout dans la société civile postrévolutionnaire que ces droits prennent toute leur réalité. Si la fondation rationnelle de l'ordre juridico-politique fut un travail de déconstruction du droit naturel chez Hegel, c'est parce qu'il veut en produire une

---

[288] Daniel BENSAÏD, *Marx l'intempestif*, Paris, Fayard, 1995, p.102.

[289] Ibidem.

[290] Jean-François KERVÉGAN « Le « droit du monde ». Sujets, normes et institutions » in KERVÉGAN Jean-François et MARMASSE Gilles, Op.cit., p.34.

[291] Idem, p.35.

[292] Emmanuel Renault « Connaître le présent. Trois approches d'un thème » in KERVÉGAN Jean-François et MARMASSE Gilles, Op.cit., p.26.

conceptualisation adéquate. En effet, en faisant du droit et de la liberté des déterminations de la nature, les théoriciens du droit naturel ne peuvent réaliser le projet d'une fondation du droit rationnel. Chez Hegel, le droit est la manifestation de la liberté de façon objective. « Il est l'être-là de la volonté libre »[293]. Autrement dit, de la liberté de l'esprit. Il fonde ainsi spéculativement le droit en raison tout en transcendant les abstractions de l'entendement dans lesquelles il pourrait s'empêtrer. La représentation d'un droit naturel qui aurait son origine dans un état de nature comme le disent les philosophes du contrat, est inadéquate parce qu'elle conduit à opposer droit naturel et droit positif. Dès lors, la philosophie du droit de Hegel s'appréhende comme l'être-là lié à l'histoire et repose sur cette conviction que la liberté comme substance vitale du monde, est aujourd'hui le fondement de l'État moderne.

Le siècle des lumières, l'*Aufklärung* fait de l'homme universel un idéal et s'efforce de concilier, par l'idée de progrès, ce mélange de la nature finie et infinie qui constitue en réalité l'essence humaine. « La pensée, le concept du droit se fit d'un coup valoir et le vieil édifice d'iniquité ne put lui résister. Dans la pensée du droit, on construisit donc maintenant une constitution, tout devant désormais, reposer sur cette base… »[294]. Cette signification ontologique de la fin de l'histoire, se conçoit à partir de l'État mondial où la liberté consciente de soi, se réalise dans une action unissant tous ceux qui se réclament citoyens. La loi qui ordonne et rationalise la conduite humaine, définit désormais le lieu réfléchi au sein duquel chaque homme libre trouve la légitimation et le contrôle de sa conduite.

> L'État, l'universel, organisé selon les normes de la réflexion, de l'entendement et capable de justifier, dans leur moindre détail, le sens et la validité de ses lois ; de l'autre, l'individu, le particulier, éduqué par cette réflexion et qui, du coup, va au-delà et met en question, au nom de la réflexion, cette universalité particulière que sont, immanquablement, le droit positif et son application[295].

La vie en société qui fonde l'unité substantielle des hommes n'est plus la simple manifestation de la nature sociale de l'homme comme le disait Aristote, mais déterminé par un contrat entre les individus qui se reconnaissent les uns les autres à partir de cet accord consensuel qui institue un ordre politique où se manifeste la liberté de tous. « […] Tous les individus sont réduits au niveaux de personnes privées, d'égaux pourvus de droits formels, droits qui ne sont maintenus que par un arbitraire abstrait poussé à la monstruosité »[296]. Cet État romain comme l'État moderne dont il tire sa

---

[293] Anne Eyssidieux-Vaissermann « La refondation du droit naturel moderne » in Jean-François KERVÉGAN et Gilles MARMASSE (dir), Op.cit., p.49.
[294] François CHÂTELET, Op.cit., p.159.
[295] Idem, p.156.
[296] Ibidem.

source, n'assure qu'une unité formelle marquée par un individualisme institué par le droit de propriété subjectif et, où les individus sont séparés les uns les autres à cause de leurs intérêts mesquins et égoïstes. C'est cet État moderne, dont la prétendue base serait le droit, que rejette Marx qui y voit une supercherie déconcertante de la bourgeoisie.

La réconciliation socio-historique et ontologique du droit positif, permet au droit de retrouver son essence d'unité et de liberté qu'elle a perdue. Ce qui permet de surmonter le déchirement infini de la séparation de la vie morale objective et politique par une catharsis de la personnalité libre sous sa forme démocratique. Ce que Hegel nomme le parachèvement de l'histoire est la fin idéalisée du devenir-être ou de l'universel concret dans lequel se dissipe l'hostilité des peuples entre eux. La vie de l'État doit désormais être organisée consciemment selon une normativité rationnelle. C'est pourquoi, Hegel déduit la nullité juridique de l'esclavage et l'affirmation du caractère imprescriptible des droits de la personne.

Rousseau pour cela posait la volonté libre comme norme du droit ou encore fondement solide du droit. « Tout contrat ou droit positif violant le droit fondamental de la personne est un déni absolu du droit [unrecht] »[297]. La liberté de la volonté est un fondement substantiel du droit. L'exigence « d'un droit rationnel dont l'effectuation est historique, si elle n'a rien d'un devoir-être abstrait, reprend néanmoins la visée normative du jusnaturalisme »[298]. Si chez Hegel il n'y a pas d'historicité du droit abstrait parce que les structures du droit en général sont universelles et intemporelles, Marx quant à lui, pense au contraire que le droit a surtout un sens historique, car c'est la révolution française malgré ses abstractions qui a été la source et l'évènement historique qui a donné naissance à l'affirmation des droits universels de l'homme et des peuples. Cette affirmation des droits est le lieu où se consume l'opposition entre subjectivité et objectivité, et devient par-là, l'extériorité d'un monde qui réalise les fins de l'humanité, c'est-à-dire la démocratie citoyenne.

II - La démocratie citoyenne, une législation juridique à la recherche du sens

Pour l'utilitarisme démocratique, l'utilité juridique et l'égalité du genre équivaut au plus grand bonheur du plus grand nombre. La réalité actuelle de la démocratie et donc de la justice présuppose l'existence d'un rapport transparent, d'égalité et d'équité entre gouvernants et gouvernés. On ne peut donc occulter cette affinité entre la vie juridique et la vie politique intérieure comme extérieure, nous voulons comprendre la phénoménologie du droit et

---

[297] Anne Eyssidieux-Vaissermann « La refondation du droit naturel moderne » in Jean-François KERVÉGAN et Gilles MARMASSE (dir), Op.cit., p.53.
[298] Idem, p.52.

ses implications politiques dans la vie de l'humanité. En dépassant sa manifestation comme phénomène, il convient aussi d'appréhender le droit dans sa dimension nouménale, non pas comme principe abstrait s'appliquant à des faits concrets (ce qui apparaît), mais dans ce qui fait son essence et sa substance inaliénable. C'est sur *la question juive* que la critique des droits de l'homme et du citoyen trouve toute sa pertinence.

Chez Marx, les droits dits de l'homme par opposition aux droits du citoyen ne sont rien d'autre que les droits du membre de la société civile, c'est-à-dire une sorte de légalisation de l'égoïsme, de l'homme séparé des autres et surtout de son être communautaire. Pour spécifier et expliquer ces droits, on pourrait dire qu' « on distingue les droits de l'homme et les droits du citoyen. Qui est cet homme distinct du citoyen ? Personne d'autre que le membre de la société civile. Pourquoi le membre de la société civile est-il nommé « homme », homme purement et simplement, et pourquoi ses droits sont-ils nommés droits de l'homme ? À partir de quoi expliquer un tel fait ? À partir du rapport de l'État politique à la société civile, à partir de l'essence de l'émancipation politique »[299]. En réalité le sens historique qui transparaît dans ce juridisme politique se retrouve dans la propriété privée qui motive et devient donc le centre d'intérêt des droits de l'homme. Cette articulation des droits de l'homme sur le droit privé subjectif qu'avait défendue les libéraux, n'était rien d'autre que l'expression de l'homme replié sur son avoir-être, sur son intérêt privé et sur son libre arbitre privé. Ainsi la constitution la plus radicale de 1793, stipule la que « déclaration des droits de l'homme et du citoyen. Art. 2 : Ces droits, etc. (les droits naturels et imprescriptibles) sont : l'égalité, la liberté, la sureté, la propriété [...] »[300]. Ce conservatisme de la propriété privée édulcoré par une prétendue émancipation de l'homme, pose la question de l'être communautaire, de la vie générique mutilée par la légitimité de l'homme égoïste.

Il y a donc une transmutation de l'être bourgeois en un être universel, remorquée ici par une légalisation cosmopolitique que l'on retrouve dans ce formalisme juridique que représentent les droits de l'homme. C'est pourquoi, l'impératif catégorique Kantien en tant qu'exigence docimologique qui, doit ériger toute action en loi universelle et la morale qui recommande de ne pas utiliser les autres comme moyen mais uniquement comme fin, contredisent l'intentionnalité des droits de l'homme. En effet, le concept de liberté est la clef de l'explication de l'autonomie de la volonté. Or, dans la volonté du bourgeois, « le droit de l'homme à la liberté n'est pas fondé sur le lien de l'homme avec les autres hommes, mais bien plutôt sur la séparation de l'homme avec l'homme. Il est le droit à cette séparation, le droit de l'individu limité, de l'individu se limitant soi-même. L'application pratique du droit de

[299] Emmanuel Renault, « De la critique de la politique à la critique des droits de l'homme » in Gérard DUMÉNIL et al, Op.cit., p.114-115.
[300] Ibidem.

l'homme à la liberté est le droit de l'homme à la propriété »[301]. L'identité du droit à la propriété dénote de l'ambiguïté du concept lui-même et de sa finalité. Or, la liberté est définie négativement comme le droit de faire tout ce qui ne nuit pas à autrui. L'humanisme bourgeois est ici contrecarré par une sorte d'anthropologie pessimiste où des hommes sont séparés les uns des autres, voire isolés les uns les autres avec pour seul interlocuteur l'intérêt exclusif.

La philosophie du droit de Hegel pose la question de la justification du capitalisme et de ces institutions fondatrices basées sur la propriété privée et le contrat. Il confère à l'institution politique de la propriété une prééminence, au point de dire que tous les droits sont réels, c'est-à-dire qu'ils se rapportent tous d'une manière ou d'une autre par leur nature à un droit de propriété. En outre il admet l'idée que le droit civil doit être considéré comme un système de la propriété. Mais il soulignait également la nécessaire distinction des sphères de l'État et de la société civile, la vie économique devant être organisée selon le principe de l'intérêt particulier tout en étant subordonnée, c'est-à-dire contrôlée et régulée par principe de la volonté générale s'incarnant dans l'État. On voit bien chez Hegel une dérivation du droit de la propriété privée.

> La propriété apparaît dès lors à la fois comme l'institution matricielle du droit privé [...] et comme une institution logiquement soumise à celle de la personne, ne trouvant sa signification spéculative ultime que dans le développement de cette dernière. [...] Hegel semble accréditer l'idée que la forme concrète, historiquement manifestée dans le droit civil, de la liberté individuelle est la propriété privée ; tandis qu'en soumettant l'institution de propriété à un principe de personnalité qui s'étend à la sphère de la vie éthique, il offrirait la possibilité non seulement de penser le conflit entre l'épanouissement réel de la liberté personnelle et le droit abstrait de propriété, mais encore que la résolution de ce conflit mène à la relativisation de ce dernier[302].

La scission de l'homme d'avec la société civile trouve toute sa justification dans le principe de la propriété privée. Il y a une relation intrinsèque entre la propriété privée et le droit naturel. En proposant contre l'absolutisme royal, une théorie du pouvoir limité du souverain, Locke marque ainsi l'avènement d'un nouveau régime politique et révolutionnaire. En substituant la société civile à l'état de nature, par la médiation du contrat, il démontre que les hommes par cet acte, créent le droit. Ce qui traduit l'idée que les hommes jouissent d'un certain nombre de droits, qui sont donc antérieurs à la société politique. « Le contrat social qui fonde la société politique ne peut avoir pour

---

[301] Idem, p.117.

[302] Xifaras, Mikhaïl, « l'individualisme possessif, spéculatif (et néanmoins romain) de Hegel. Quelques remarques sur la théorie hégélienne de la propriété » in Jean-François KERVÉGAN et Gilles MARMASSE, Op.cit., p.64.

effet d'abolir ces droits naturels, mais seulement de les codifier et de les faire respecter efficacement. Le souverain ne peut donc agir à sa guise, le droit positif qu'il élabore devant respecter le droit naturel, qui est imprescriptible »[303]. Dans cette perspective, le droit de propriété qui est un droit naturel, devient une arme contre l'absolutisme, car il ne peut être légitimement levé sans le consentement des représentants des contribuables. Mais par la justification de l'ordre existant, la doctrine de Locke contient aussi en germe les bases du libéralisme économique, car le fait de reconnaître le caractère naturel du droit de propriété implique la liberté des échanges. Ce droit naturel qui porte les scories de la production capitaliste est combattu par Marx qui y voit plutôt un prétexte de l'exploitation bourgeoise et l'élaboration d'un cadre normatif excluant toute possibilité de liberté pour les prolétaires. L'originalité théorique du propos de Marx rejoint l'originalité de sa position politique, car : « si les lois économiques du capitalisme n'ont rien de naturel, on peut concevoir le remplacement de celui-ci par un autre mode de production »[304]. Il y a donc une rupture épistémologique entre l'humanisme marxien et l'humanisme bourgeois sur ce qui est convenu d'appeler le socialisme.

Marx peut être considéré comme un philosophe humaniste, au sens où sa conception du monde repose sur une définition de la « nature de l'homme » en tant qu'être générique, social. Il change radicalement d'approche politique et philosophique du jeune Marx au Marx mature. Son analyse se fonde désormais sur la matrice du socialisme scientifique, et ne doit plus rien a priori a l'économie politique de ses prédécesseurs. Elle devient une réflexion ontologique, car elle ne peut se faire sans une conjonction de l'être-là et de l'être comme essence, liberté et bonheur. Tout comme Marx, Hegel est opposé aux tenants de la théorie du droit naturel. En comparant la réflexion hégélienne sur le droit et l'État avec la tradition du droit nature, le contraste est patent. Les théories classiques du droit naturel s'articulent autour de trois discours diversement combinés :

> 1 le droit naturel proprement dit : il existe en l'homme des droits et des obligations qui découlent de sa nature, indépendamment de son époque et de son pays ; 2 le contrat : la légitimité de l'État n'est donc fondée ni sur la nature des choses, ni sur Dieu, mais sur une institution humaine, un contrat ou pacte social par lequel les hommes passent de l'état de nature à l'état de société, et qui est donc l'acte juridique à l'origine de l'État ; 3 la souveraineté : un État n'est possible que s'il repose sur une autorité suprême qui lui donne son unité

[303] Jean BONCOEUR ET Hervé THOUÉMENT, *Histoire des idées économiques de Platon à Marx*, Paris, Nathan, 2000, p.51.
[304] Idem, p.164.

et sa cohérence. Pour Hobbes comme pour Rousseau, la souveraineté de l'État est absolue ou elle n'est pas[305].

La position de Hegel qui se veut une définition historico-métaphysique, voire ontologique du droit, renvoie dos à dos les deux conceptions précitées, car selon lui, le droit est consubstantiel à l'esprit d'un peuple et d'une époque. Bref il est le reflet de son histoire.

C'est pourquoi, il n'admet pas l'idée que le droit émane de la nature éternelle de l'homme. Dès lors, à l'instar de Marx, la coupure épistémologique entre droit naturel et droit positif est trop tranchée, et la rationalité du droit que défend aussi Kant doit être cherchée dans la réalité effective elle-même à laquelle elle est immanente. Dans cette nouvelle démarche et sur la réflexion du droit dans l'histoire, « la théorie du contrat social et son corollaire, l'hypothèse de l'état de nature, n'ont plus aucune place. Hegel reproche à la première de mélanger les domaines du droit public, transposant à tort les relations des individus entre eux à la relation des individus à l'État, ce qui engendre une représentation individualiste et atomistique de la communauté éthique. La fondation de l'État est, de plus, à la merci du libre arbitre contingent des individus, qui décident ou non de contracter. Quant à l'idée d'état de nature, elle a le défaut de faire de l'individu et de sa liberté dite illimitée une donnée naturelle, première, alors que celui-ci n'a de liberté véritable que dans l'État qu'il présuppose »[306]. Hegel développe une conception moderne du droit dénuée de toute idée de contrat social, en rupture à la fois avec les théories idéalistes du droit telles que conçues par Kant et Fichte et le droit naturel classique soutenu par Rousseau et Hobbes. Car « dans la tradition du droit naturel, le contrat social est précisément ce qui fonde la légitimité de l'État dont la souveraineté est absolue »[307]. Le contrat social quel qu'en soit la nature montre que le désir de droit est inscrit dans la nature humaine. C'est pourquoi, le débat autour de la légitimité ou non de l'État doit être perçu comme un enjeu vital sur la capacité qu'ont les individus à légiférer de façon intelligible et intelligente sur les normes qui devraient réguler leur monde vécu. Or, nous constatons que chez les auteurs comme Hobbes et Rousseau, la thèse d'une souveraineté absolue sans contradiction juridique possible est remise en cause par l'idée que ce pouvoir suprême est fondé idéalement sur un accord explicite de tous les individus concernés, d'où il tire sa légitimité. Hegel, par contre, pense que dans l'État moderne, les droits des individus sont respectés, car ils peuvent donner libre cours à leurs intérêts particuliers.

---

[305] Christophe Bouton « l'histoire du monde est le tribunal du monde » in Jean-François KERVÉGAN et Gilles MARMASSE (dir), Op.cit., p.264.

[306] Idem, p.264-265.

[307] Ibidem.

Mais dans ce rapport intersubjectif et de reconnaissance réciproque, c'est toujours l'État qui coordonne et rationalise la vie sociétale, car c'est à lui, que revient de façon légale et légitime, le droit suprême à l'encontre des citoyens. Cet optimisme en l'État de droit, n'est pas partagé par Marx qui, y voit un formalisme juridique de la société politique bourgeoise pour légitimer la gouvernance mondiale et la domination de la minorité sur la majorité. Les stratagèmes d'une société libre et de justice sont non seulement contrebalancés par le désir de contourner le droit qui anime les individus, mais aussi les dysfonctionnements de la société qui, du coup, jettent l'anathème sur la légitimité de l'État, sans toutefois mentionner toutes les critiques que la philosophie du droit de Marx fait de l'État. Au-delà de ses difficultés, la gouvernance étatique est plus complexe. Elle dépend en effet de l'éducation citoyenne reçue par rapport au droit, de la sensibilité qu'ils en ont acquise, et surtout du respect qu'ils en reçoivent. C'est d'ailleurs ce qui préoccupe Marx, quand il parle de l'éducation de la masse comme sous-bassement de toute action révolutionnaire, mais qui obéit à une méthodologie politique qui consiste à éclairer le sujet agissant sur les fins qu'il poursuit. L'éducation au civisme et au droit est l'*ethos* de la vraie démocratie que prône le marxisme.

Le marxisme prétend même qu'il est vraiment démocratique, les démocraties classiques étant considérées par lui comme apparentes, illusoires, « formelles ». Il y a donc, chez Marx, l'idée d'une dictature positive qu'il nomme « la dictature démocratique du prolétariat » qui se démarque de la forme négative de la dictature. Ici la méthode gouvernementale coïncide avec le but visé. Cela démontre bien que dans la philosophie politique de Marx ces deux notions (dictature et démocratie) ne sont pas antithétiques. Le premier terme définit l'ensemble des méthodes gouvernementales employées pour atteindre le second. Le second le désigne le but du premier. De la symbiose de ces deux concepts, sera possible l'établissement d'une « vraie » démocratie, d'une démocratie totale pour la construction d'une société nouvelle. Un État de droit, « est constitué en vue d'un certain bien (car c'est en vue de ce qui leur semble le bien que les hommes font ce qu'ils font), il est manifeste que toutes les communautés visent le bien suprême entre tous celle qui est suprême entre toutes, c'est-à-dire celle qui contient toutes les autres. C'est ce qu'on appelle la cité ou communauté politique »[308]. Cette communauté politique, dans sa forme classique a pour fondement le droit qui doit s'exercer selon les règles de la science qui fait que le gouvernant et le gouverné se conforment aux principes universellement admis. En effet, pour le droit positif « être capable de prévoir intellectuellement, c'est avoir par [essence] la capacité de [réguler] c'est-à-dire être maître par nature, mais être capable d'exécuter [juridiquement] ce qui est [re]commandé... »[309]. Or le droit ne se porte pas très bien cette question de commandent. Le mépris du

---

308 ARISTOTE, Op.cit., p.37.

309 Ibidem.

droit est trop souvent flagrant, non seulement chez les citoyens mais aussi chez les politiques. Le droit se trouve donc dans une zone tumultueuse que représente la communauté politique, car les ambiguïtés de l'exercice du pouvoir sont telles qu'il est difficile de lui faire confiance, malgré le désir qu'on en manifeste. C'est pourquoi, la société politique demeure encore une construction fragile.

Le droit positif n'est pas un axiome qui résout en profondeur la violence latente chez les acteurs sociaux, qui à tout moment, peut dégénérer soit en guérilla soit en guerre civile avec des conséquences imprévisibles. La recherche d'une rationalité juridique pour recentrer le débat sur l'objectivité du droit, conduit Kant à exposer de façon systématique et doctrinale en 1797 les *Premiers principes métaphysiques de la doctrine du droit*. L'enjeu est de rétablir rationnellement les rapports du droit et de la vertu afin d'en saisir une nette distinction entre sa forme intérieure et extérieure ou encore sa nature intrinsèque. Le droit positif, comme le soutenait Hans Kelsen, trouve son autonomie en elle-même et peut donc se régénérer par des dispositions endogènes qu'elle s'est prescrite. Mais ce solipsisme juridique ne peut prospérer longtemps, car en tant que principe, l'homme apprendre toujours de l'expérience renouvelée qui façonne son rapport à la théorie et s'identifie à elle.

En un mot ce qui est plausible en théorie peut ne pas l'être en pratique. Car si on a affaire au « canon de la raison (en matière pratique), où la valeur de la pratique repose entièrement sur sa conformité à la théorie qui lui sert de base, et tout est perdu si on transforme les conditions empiriques et, de ce fait, contingentes de l'accomplissement de la loi en condition de la loi elle-même et si par conséquent une pratique réglée sur un succès probable selon l'expérience acquise à ce jour est autorisée à régenter la théorie qui subsiste en elle-même »[310]. Il serait donc difficile de s'attendre à un certain effet de notre volonté qui ne serait même pas possible dans l'expérience. Il se peut que le concept de droit positif soit pensé comme l'a fait Hans Kelsen dans *Théorie pure du droit* de façon systémique et irréprochable par la seule logique juridique. L'extraire de ce contexte rend toute confrontation avec la réalité problématique, car la mise à l'épreuve du droit trahit souvent sa légalité substantielle. Le droit revêt une dimension morale et doit ontologiquement être synonyme de vertu. Dans la conception de la vie morale et surtout dans le rapport du droit à la morale en général, « Schiller reprend l'idée kantienne que la vertu est une obligation désintéressée, elle porte en elle une nécessité intérieure qui n'a besoin d'aucune compensation dans cette vie ou dans l'au-delà. La morale se fonde sur une gratuité absolue du Bien, [...] La seule récompense du vertueux est l'espoir de bonheur et de justice... »[311]. La

[310] Emmanuel KANT, *Op.cit.*, p.14.
[311] Christophe Bouton « l'histoire du monde est le tribunal du monde » in Jean-François KERVÉGAN et Gilles MARMASSE (dir), Op.cit., p.271.

résignation morale est une décision active de renoncement désintéressé ; ce qui peut se ramener au droit ou à la loi sous la dénomination de sa nature impersonnelle.

Le facteur capital de la démocratie et du droit est leur aspect moral. Pour le citoyen, l'essentiel est alors le substantiel du droit, la politique, et l'intérêt général qui doivent conditionner tous nos actes. C'est dans cette perspective que la loi est présente et manifeste comme loi de la liberté et de la volonté objective. Son contenu rationnel l'élève à une vérité supérieure qu'on appelle : la justice. Tout ce qui a valeur de constitution démocratique pour les individus, s'exprime dans une volonté objective. « Ils n'ont un droit absolu qu'en tant que leur volonté est encore la volonté objective [...]. Car la bonne volonté est une chose particulière, reposant sur la moralité des individus, sur leur conviction et leur intériorité »[312].Toute loi pratique et objective de la raison qui détermine la volonté est bonne en vertu de principes qui sont valables pour tout être raisonnable, c'est-à-dire universellement reconnus.

Prendre des résolutions par soi-même, exige une subjectivité affermie de la volonté que déterminent des motifs objectifs de bonheur, de liberté, de justice et de démocratie. « L'intérêt de la chose publique peut donc être laissé à la volonté et à la décision des citoyens, tel doit être le fondement de la constitution [...] »[313]. Le droit doit garantir en systématisant les contradictions sociétales et en corrigeant la séparation séculaire entre le subjectif et l'objectif afin de résoudre une fois pour toute cette dichotomie ontologique entre le privé et le public. C'est à partir de là que l'idée de la chose publique peut devenir une réalité qui préfigure à l'efficacité normative et juridique du droit positif. Sinon on retombe toujours dans la ruine du droit par une désorganisation et perpétuelle modification de la constitution. « C'est là la vraie condition de la constitution démocratique ; sa justification et sa nécessité absolue reposent sur cette moralité objective encore immanente »[314]. Or, c'est l'indignation face à cette conception de la démocratie et du droit, qui constituent la substance de la critique marxiste de la philosophie politique et surtout de la philosophie allemande du droit. L'immoralisme politique et économique que revêt l'*Aufklärung*, contraste d'avec les lumières de la raison qui dans leur prétention à rendre intelligible toute représentation et interprétation des choses et du monde, ont fini par éblouir le regard de l'humanité.

L'ambiguïté politique et constitutionnelle de l'Allemagne est une preuve éloquente de la crise d'un juridisme devenu dogmatique ou sclérosé dont il faut, aujourd'hui, réactiver les fondements qui sommeillent en lui et qui, pourtant, devraient constituer même sa vitalité. « L'étiage de la culture allemande, enfin un heureux instinct les poussent à combiner les défauts

---

312 Friedrich HEGEL, Op.cit., p. 194.
313 Ibidem.
314 Ibidem.

civilisés du monde politique moderne, [...] avec les défauts barbares de l'ancien régime »[315]. La déraison de la politique est consubstantielle à une mauvaise appropriation du droit. La liberté ne peut s'accommoder avec un amalgame de l'éthique du monde vécu, de l'intérêt d'une oligarchie toujours latente même dans les régimes dits démocratiques et d'une économie qui substitue l'objet au sujet. Cette grande séparation de l'homme d'avec son produit est le cloisonnement de la subsistance et de l'essence. Par conséquent, l'homme qui est aliéné, c'est-à-dire qui a perdu son humanité devient du coup, Chez Marx un pur sujet abstrait du droit et le sujet du droit abstrait. C'est pourquoi, le marxisme pense que la liberté se conquiert dans l'action révolutionnaire et non dans la docilité à la loi.

Le principe de tout ce qui est considéré comme positif métrite alors d'être détruit, rejoint celui défendu par Nietzsche dans ce qu'il appelle le renversement dialectique des valeurs. Cette méthode est la voie à la fois de la déconstruction des concepts de droit et de démocratie, mais la nécessité d'une relecture critique qui permet de surmonter l'anachronisme de notre présent politique. L'universalité du droit est dépourvue de contenu, tant que le sujet du droit ne peut réaliser son essence, celle d'un être libre et heureux. En regard de ce qui précède, la doctrine marxiste est à la fois « système de pensée et méthode de pensée, philosophie et logique en même temps que recettes d'actions pratiques »[316]. Le moyen que Marx propose pour le changement sociétal est la praxis révolutionnaire qui est la réalisation complète de la théorie et de la pratique comme deux modalités scientifiques opérationnelles de résolution de la pathologie sociale. La problématique centrale que pose Marx est la suivante : « [L'humanité peut-elle arriver à une pratique à la hauteur des principes, c'est-à-dire à une révolution qui l'élèvera, non seulement au niveau officiel des peuples modernes, mais à la hauteur humaine, qui sera le proche avenir de ces peuples ? »[317]. Cette question traduit le criticisme dans la pensée de Marx, car la critique se propose donc de faire échec au mauvais vouloir des gouvernants, et « d'accoucher la rationalité que le devenir contient. [...] Il suffit de mener la lutte contre les éléments irrationnels du monde, de les faire disparaître, pour amener un changement radical »[318]. Toute activité critique recherche l'être de la chose occultée ou oubliée, elle comprend la foi en la possibilité d'une conversion du mauvais vouloir en bon vouloir. Pour agir, l'être humain construit des formes ou crée des conditions normatives qui rationalisent son rapport avec ses semblables et avec la société. « Entre formes et contenus, la liberté cherche sa voie et ses

---

[315] Karl MARX, *Contribution à la critique de la philosophie du droit de Hegel*, traduit de l'allemand par Jules Molitor, Paris, Éditions Allia, 1998, p.29-30.
[316] Maurice DUVERGER, *Droit constitutionnel et institutions politiques*, Paris, PUF, 1958, p.333.
[317] Karl MARX, Op.cit., p.194.
[318] Karl MARX, *Différence de la philosophie de la nature chez Démocrite et Épicure*, traduit de l'allemand par Jacques PONNIER, Paris, Éditions Ducros, 1970, p.18.

moyens. Les formes à la fois la soutiennent et l'emprisonnent. Elles l'enferment dans son œuvre. Il y a donc décalage perpétuel et toujours renaissant entre la liberté et elle-même. D'où les malaises, les mécontentements, les malentendus, les désaccords, les désarrois, les ambiguïtés qui s'attachent à la liberté et à la décision qui tranche »[319]. Cette pensée dialectique des moments constitutifs de la liberté dont le plus fondamental est le droit, démontrent que l'idée de bonheur poursuivie par l'humanité, se dérode en réalité sous ses pas.

C'est dans un objectif pur de rationalisation, que la norme et les principes de bonne gouvernance doivent sortir enfin « des schémas obscurs, voire irrationnels que l'on accuse implicitement [le droit] d'avoir jusqu'alors occasionné… »[320]. Cette transparence des normes s'articule autour d'une penser de l'incohérence entre l'ordre mondial que nous voulons établir et le désordre que les moyens utilisés peuvent engendrer.

Le danger et l'arbitraire qui remettent sans cesse en cause la validité du droit, exigent une déconstruction du droit dans sa formulation bourgeoise moderne. Autrement dit, « les lois doivent être si claires que chacun, en les lisant, y voit non seulement la décision du cas qu'il cherche, mais qu'il la voit encore, s'il est possible d'une manière à n'avoir pas besoin d'interpréter ; aussi, un bon législateur doit viser à diminuer le besoin que l'on peut avoir de jurisconsultes »[321]. Cet aspect de la loi exprime un côté essentiel de la vie humaine, un moment sans lequel la compréhension intersubjective de la loi ferait voler en éclat la permanence de toute institution et démocratie. Toute la signification sociale et ontologique du droit se joue dans cette double impasse de laquelle il faut forcément sortir : « celle de perdre à la fois sa légitimité morale (capacité à produire un nouvel ordre social dans lequel chacun se retrouve) et sa légitimité pratique (celle de faire fonctionner l'organisation mieux que par le passé et, donc, de la conduire vers une plus grande augmentation de productivité »[322]. C'est pour cela que le contrat social doit être soutenu par le droit, les procédures et la morale, les valeurs en vue de garantir un minimum d'équité, de justice, de loyauté et d'honnêteté dans la conduite de la politique de la vie sociétale.

Le système de la liberté se construit à travers l'histoire et une métaphysique qu'on retrouve dans la *philosophie du droit* de Hegel. À partir de cette réalité du système hégélien, on peut y voir déjà l'esquisse d'une théorie de la praxis juridique qui prend en compte les composantes structurelles et fonctionnelles du droit. « Aucun aspect, aucun niveau n'est négligé : travail, organisation du travail, production au sens le plus large (objets et œuvres) , besoins individuels et sociaux, éducation, famille et familiarité, praxis étroite et praxis élargie,

[319] Henri LEFEBVRE, *Métaphilosophie*, Paris, Syllepse, 2000, p.292.
[320] Serge Alain GODONG, Op.cit., p.187.
[321] Idem, p.188.
[322] Idem, p.198.

politique et histoire »[323]. Le dépassement de ses sphères limitées s'accomplit dans l'État rationnel.

Mais ici, le sens historique du droit est consumé par le sens métaphysique, « l'État, réalité (actualité) de la liberté concrète, institue et consacre la libre reconnaissance des uns par les autres des besoins, dans les libres consciences, se déployant dans leurs activités, travaux et œuvres. La synthèse du réel et du rationnel, du subjectif et de l'objectif, s'y consomment. L'État, c'est donc l'inconditionné surgissant de la totalité des conditions. [...] L'État c'est l'insurmontable, l'incontournable. En un mot l'indépassable »[324]. La liberté trouve donc son sens absolu dans l'État rationnel. L'ontologie bureaucratique présente dans le système hégélien consacre la domination d'un élitisme constitué en système de savoir et en système de gestion. « Hegel, dans sa construction de l'État rationnel, a seulement porté à l'absolu les traits de l'État existant. En vérité, dans le temps historique, l'État change avec ses conditions, avec sa base pratique : la société civile. Il changera encore. Il pourra même disparaître »[325]. Cet absolutisme constitutionnel de l'État évite ainsi toute instabilité et changement violent. Hegel y voit une autonomie de la constitution qui se régénère elle-même en surmontant ses contradictions internes.

Or, la volonté d'un peuple surpasse la volonté d'un individu donc est au-dessus des lois de la raison. « La véritable démocratie, la démocratie accomplie, suppose la fin de l'État démocratique lui-même, en tant que pouvoir et contrainte »[326]. L'idéologie d'un paradigme institutionnel stable est renvoyé dos à dos par la rationalité de la socialisation qui voudrait que l'intelligence politique établisse la coïncidence entre l'émancipation de l'homme et la libre insertion de son être politique et, sa reconnaissance dans l'établissement du lien social. On peut donc dire que le droit recouvre un fondement idéologique et ontologique comme formes structurant la vie communautaire.

III - Les fondements idéologique et ontologique du droit

« Le Droit qui devient égalitaire diffère de celui qu'il a été dès le début [Droit aristocratique et Droit bourgeois] : il est un Droit du citoyen, où l'égalité fusionne avec l'équivalence dans l'équité »[327]. Toute la légitimé du droit s'évalue à partir de ces catégories d'équité et d'égalité qui sont immanentes.

---

323 Henri LEFEBVRE, Op.cit., p.48.
324 Idem, p.49.
325 Idem, p.51.
326 Ibidem.
327 Alexandre KOJÈVE, Op.cit., p.311.

On peut donc dire que dans le plan de l'existence actuelle, le Droit du citoyen remplace le Droit aristocratique. Mais le Droit du citoyen est une synthèse du Droit bourgeois et du Droit aristocratique. Celui-ci est donc aussi conservé (*aufgehohen*) en tant que Droit du citoyen. Ou bien encore on peut dire que le Droit du citoyen est une actualisation du Droit bourgeois, puisque celui-ci n'existe en acte qu'à l'intérieur de celui-là. Mais en réalité le Droit du citoyen n'est ni l'un ni l'autre. Et cette synthèse du Droit existe dès le début, car dès le début le Droit aristocratique en acte coexiste avec le Droit bourgeois en puissance. Dès l'origine le Droit est donc un Droit du citoyen, et son évolution n'est autre chose que l'actualisation progressive de son élément intégrant bourgeois, cette actualisation étant en même temps une fusion progressive avec l'élément aristocratique toujours actuel. En évoluant, le Droit du citoyen, c'est-à-dire le Droit en tant que tel, reste donc ce qu'il est : un Droit fondé sur la justice de l'équité, c'est-à-dire sur une synthèse (plus ou moins complète) du principe bourgeois de l'équivalence avec le principe aristocratique de l'égalité[328].

L'essence ou la nature du droit procède d'un dépassement de sa fonction institutionnelle pour se raffermir dans sa fonction d'hominisation. Le droit prend sa source nécessairement dans l'idéologie bourgeoise. Si l'idéologie se veut un système d'idées, de croyances et de doctrines propres à la société capitaliste, le droit dans ce cas représente un maillon essentiel de cette nébuleuse. On peut donc à partir de là, dire que les fondements idéologiques se scindent en deux catégories : la théologie et l'idéologie économique basée sur le mode de production capitaliste. Ce sont ces deux catégories fondamentales qui représentent les fondements du droit et, à partir desquels se déroule l'histoire de l'ontologie du droit. À ces deux modes de représentation vient se greffer la vertu ou encore l'éthique qui se veut une forme de régulation endogène de ces deux fondements précités. Un survol rapide de l'histoire de l'Antiquité est nécessaire pour appréhender les circonstances dans lesquelles il faut situer ces fondements pour saisir les différentes transformations au cours des siècles.

L'économie dans l'organisation traditionnelle de la cité, fonctionne de telle sorte que la production et la répartition sont organisées directement en quantités physiques (en nature). « La régulation de ce type de société, régie par la coutume ou l'autorité, repose largement sur la logique du *status* qui, hérité à la naissance, détermine la place de chaque individu dans la société et les droits et les devoirs de chacun. Cette procédure fonctionne d'autant plus facilement que les lois revêtent un caractère sacré »[329]. Cette sacralisation des lois rend inamovibles les fonctions occupées dans l'ordre sociétal et du coup, maintient le statut quo des classes inférieures. La monarchie qui assurait l'administration de la cité était un régime oligarchique où les représentants ne

[328] Idem, p.311-312.
[329] Jean BONCOEUR et Hervé THOUÉMENT, Op.cit., p.11.

pouvaient qu'être la classe noble. Les dysfonctionnements de ces deux systèmes économique et politique vont remettre en cause l'ordre moral en compromettant l'équilibre social. La crise morale qui va s'en suivre impacte négativement sur les lois aussi bien que sur la physionomie de la cité. Ce qui dénote d'un fondement idéologico-économique et religieux du droit. Dans la conception antique du droit qui se référait à l'ontologie réaliste objectiviste et aristotélicienne, le primat était accordé à l'objet qui s'imposait extérieurement à la conscience du sujet.

Désormais, le réel n'existe plus objectivement en soi. Il n'existe qu'à travers le prisme de la pensée et de la volonté du sujet. Seul à détenir le privilège de l'irréductible, celui-ci crée l'objet en s'en faisant une représentation, une idée. De ces deux approches du droit, la théologie judéo-chrétienne opère un renversement pour sortir la civilisation occidentale de la cosmologie païenne et gréco-romaine. La théologie est principalement responsable de l'orientation volontariste de la pensée juridique et de son entrée dans la modernité. La modernité juridique qui se nourrit de la sève du subjectivisme par le biais du nominalisme a des racines religieuses. L'avènement de l'universalisme est déterminant dans l'autonomie du sujet de sa capacité à créer le droit. Pour ce faire, l'attitude du catholicisme à l'égard de la vie économique est un détachement du matérialisme. « Le catholique [...] est plus paisible ; doté d'un instinct de profit moins affirmé, il préfère la sécurité d'une vie toute tracée, même si ses revenus sont moindres, aux dangers et aux émois d'une vie qui pourrait lui apporter honneurs et richesses »[330]. Cette indifférence au monde que prône la tradition judéo-chrétienne est pour Marx, « la renonciation de l'homme à lui-même »[331]. Désormais il doit s'affranchir de tout ce qui le lie à une terre ou à une communauté. Sa liberté suppose son déracinement, sa désintrication par rapport à ce qui le singularise et par conséquent rechercher son universalité. Mais la réalité pourrait contredire les catégories d' « indifférence au monde » du catholicisme et de l' « amour du monde » du protestantisme. Si l'on voulait malgré tout faire usage de telles catégories, « toutes sortes d'observations nous inciteraient, [...] à nous demander si l'idée d'une opposition entre l'indifférence au monde, l'ascèse et la piété religieuse d'un côté, la participation à la vie économique capitaliste de l'autre, ne doit pas faire place au constat inverse d'une affinité profonde entre ces divers éléments »[332]. Cette conjonction entre la foi et l'économie, la foi et le droit, corrobore l'idée que « les Espagnols savaient déjà que l' « hérésie » (le calvisme des pays-Bas) favorisait le commerce, et leurs vues étaient tout à fait proches de celles que

---

[330] Max WEBER, *L'éthique protestant et l'esprit du capitalisme*, traduit de l'allemand par Isabelle KLINOWSKI, Paris, Flammarion, 2009, p.28.

[331] Karl MARX, *L'opium du peuple, introduction de contribution à la critique de la philosophie du droit de Hegel*, traduit de l'allemand par Jules Molitor, Paris, Mille et une nuits, 2013, p.16.

[332] Max WEBER, Op.cit., p.29-30.

développa sir William Petty dans son étude sur les causes de l'essor capitaliste aux pays-Bas. Gothein désigne à juste titre la diaspora calviniste comme la pépinière de l'économie capitaliste »[333]. La pensée religieuse a évolué dans un contexte historique et économique dont elle porte encore les traits. L'organisation de l'Église catholique actuelle et de l'Église protestante pour ne citer que ces deux, s'est faite de façon séculaire.

L'analogie entre ces formes d'organisation de l'autorité spirituelle et le capitalisme, prouve qu'elle n'avait pas fondamentalement une relation antinomique. Concernant le protestantisme, « Montesquieu dit des Anglais [...] c'est le peuple du monde qui a le mieux su se prévaloir à la fois de ces trois grandes choses, la religion, le commerce et la liberté »[334]. La raison économique, la foi chrétienne et le droit, toute cette série de connexions possibles de ces catégories qui gouvernent et structurent la vie de l'humanité, trouvent leur sens véritable dans l'ordre des institutions politiques. Aujourd'hui, « la tradition libérale forte dans la culture anglo-saxon enracine les droits de l'homme en amont de l'ordre politique, en renvoyant à une nature humaine et /ou à une sociabilité déjà donnée par le fonctionnement naturel entendez le marché de la société civile qu'il s'agit simplement d'aider à se réguler »[335]. C'est pourquoi, Marx peut dire à cette époque que « la révolution débuta dans la tête d'un moine [Luther]... »[336]. Historiquement, dans la pensée chrétienne, il y a eu une avancée réelle dans la façon d'envisager le logos, c'est-à-dire la raison.

Il s'agit de diviniser la raison, mais la différence fondamentale entre la pensée gréco-romaine et judéo-chrétienne réside dans la localisation de cette entité suprasensible qui ordonnerait le monde et qui s'imposerait à l'humanité. Dans la tradition grecque le divin est enchâssé dans la nature ; ce que Spinoza appelle la « nature naturante ». Aussi transcendant soit-il par rapport à l'homme, il est immanent au *cosmos*. Ce qui veut dire qu'aucune trace d'universalisme ne peut alors y être décelée. Dans la tradition judéo-chrétienne par contre, le *logos*, au contraire est extérieur transcendant au monde et c'est dans l'esprit de cette émancipation que s'inscrit l'invention, la révélation du Dieu unique ce qui, par voie de conséquence, indique qu'il n'est plus le reflet de la diversité naturelle des choses auxquelles les Grecs ont voulu l'astreindre. Ainsi, au polythéisme des Grecs, se substitue alors un monothéisme qui préfigure l'universalisme auquel l'homme devra plus tard son détachement à la nature, donc une reconquête de sa liberté. Le christianisme, à partir de cette démarche de déconstruction politico-juridique, intègre les conditions de cet universalisme en plein essor. L'entreprise

---

333 Idem, p.31.

334 Idem, p.33.

335 Antoine ARTOUS « Démocratie et émancipation sociale » in *Les cahiers de critique communiste*, Paris, Syllepse, 2003, p.49.

336 Karl MARX, Op.cit., p.31.

expansionniste du christianisme libère à la fois l'homme du cosmos et de la cité. L'idée d'un peuple choisi par Dieu cède le pas à un discours universaliste. Désormais, le monothéisme en subsumant la pluralité divine sous une unicité spirituelle, est pour toute l'humanité le lieu de l'union ontologique de l'être spirituel d'avec sa matérialité. Le mythe de l'incarnation est la manifestation du logos incarné, c'est-à-dire le sujet qui s'universalise, une sorte de personnification de Dieu entendue comme une transcendance du panthéisme gréco-romain. Ce travail d'unification et d'uniformisation caractéristique de l'universel s'est fait par la substitution du monothéisme au polythéisme. C'est dire qu'au subjectivisme et à l'universalisme, s'ajoute le volontarisme. On voit que la Raison s'est radicalement désolidarisée de la nature des choses pour se loger universellement dans l'intimité du sujet. Opérant ainsi la réconciliation de la scission deux ordres antagoniques : l'humain et le spirituel. Par le mystère de l'incarnation, Dieu s'humanise et donc divinise l'homme. Cette union consacre désormais le règne de l'universalité englobant les particularités sans pour autant étouffer le désir de liberté des consciences.

La crise interne à la religion est venue du protestantisme. « Luther a, sans contredit, vaincu la servitude par dévotion, mais en lui substituant la servitude par conviction. Il a brisé la foi en l'autorité parce qu'il a restauré l'autorité de la foi. Il a transformé les prêtes en laïcs parce qu'il a métamorphosé les laïcs en prêtes. Il a libéré l'homme de la religiosité extérieure parce qu'il a fait de la religiosité l'essence même de l'homme »[337]. Il y a donc un déplacement et un transfert de pouvoir de l'autorité spirituelle à l'autorité civile, c'est-à-dire au prince-souverain.

Du point de vue de la normativité, la morale n'est plus le résultat de la connaissance de la nature mais le fruit de la volonté. Elle passe de donné de la nature à un postulat de l'esprit. Progressivement, « la doctrine des ''Deux Glaives'', selon laquelle le pouvoir spirituel est supérieur au pouvoir temporel, qui affirmait la compétence de l'Église dans les affaires séculières, cède le pas à celle des ''Deux Royaumes'' ou ''Deux Règnes'', le royaume du Ciel se distingue alors nettement du royaume terrestre, désormais de la compétence totale des Princes »[338]. L'ébauche de ce travail de sécularisation change l'orientation de la théologie et établit un nouveau rapport entre la foi, le droit et la politique. Dorénavant il reste à « l'Église [...] catholique, l'unique responsabilité des âmes des fidèles, qui relève du domaine de la Grâce et nul autre »[339]. La validité morale du droit n'est plus liée à son contenu intrinsèque mais, au terme d'une convention arrêtée, à la qualité ou à la compétence institutionnelle de la personne d'où émane la prescription morale. Par ce fait, la raison humaine fragilisée par une souillure innée, n'a plus

337 Ibidem.

338 Idem, p.7.

339 Ibidem.

l'aptitude de découvrir le vrai ni de discerner le juste de l'injuste. L'insoutenable légèreté de l'être qui ne peut avoir accès aux valeurs morales, verra par la suite la modernité qui surgit du travail d'un deuil ; celle de l'être substantiel qui ordonnait le cosmos grec et le monde chrétien. La nécessité d'un changement radical du statut de l'homme aliéné, montre que « tout comme l'émancipation ne s'arrêtera pas aux princes, la sécularisation des biens ne se bornera pas à la spoliation des églises qui fut pratiquée surtout par la Prusse hypocrite »[340]. Concevoir l'idée d'émancipation s'inscrit dans le projet de développement de la condition humaine, ainsi que le progrès de la théorie politique qui accorde le primat à la liberté. Tout le débat politique et économique entre les philosophes, sera focalisé sur la déconstruction des normes qui fondent la cité et l'éthique du monde vécu. Les deux préoccupations d'Aristote rejoignent à la fois celles de Platon et de Marx. « Aristote aussi à la politique et à l'économie. Son appréhension de l'univers est marquée par une préoccupation d'ordre scientifique ; recourant systématiquement à l'observation, il cherche à comprendre la nature et la société, à en démontrer les mécanismes. [...] Créer l'harmonie [justice] dans la cité, encourager le détachement vis-à-vis des richesses matérielles [désaliénation économique] sont là deux préoccupations qu'Aristote partage totalement avec Platon [et Marx] »[341]. Ce qui sépare Aristote des deux autres, c'est les moyens et leur justification pour atteindre ses fins.

Cette incursion dans l'Antiquité montre que la politique est tour à tour positive et normative. La normativité est en effet de règle dans tous les ouvrages politiques à cette époque. Le droit positif peut traduire en fin de compte le désir des hommes de « mettre la spéculation théorique au service de la pratique et donner des conseils ou des recettes pour parvenir à la meilleure société possible »[342]. On comprend, dès lors que le pur exercice de la pensée à partir duquel s'élabore le droit, n'est rien d'autre qu'une activité digne des hommes libres, c'est-à-dire une activité principalement politique. La prééminence est accordée au bonheur de la communauté politique. Contrairement à Hegel qui inscrit l'activité philosophique au début du crépuscule, Aristote opère un dépassement de cette thèse hégélienne, car « il voit dans la polis la forme d'avenir indépassable de l'association humaine, alors qu'elle disparaît sous ses yeux de la scène de l'histoire »[343]. L'enjeu de la communauté politique et de l'élaboration de son cadre normatif, est avant tout éthique et s'articule autour de l'attitude que le citoyen doit avoir dans la cité pour se sentir libre et heureux.

« Toute la spéculation philosophique et morale des Grecs tourne autour des notions de liberté et de libération. [...] La condition essentielle du bonheur

---

[340] Idem, p.32.
[341] Jean BONCOEUR ET Hervé THOUÉMENT, Op.cit., p.17-18.
[342] ARISTOTE, Op.cit., p.17.
[343] Idem, p.21.

c'est la non-dépendance, tant au niveau des individus que des communautés humaines »[344]. Ce passage met en évidence la relation Je-Tu pour une philosophie intersubjective que l'on retrouve chez Marx. « C'est dans la mesure où je suis un Tu pour autrui que j'existe véritablement, le Je de l'idéalisme souffrant d'une abstraction chronique »[345]. Pour l'individu l'indépendance par rapport à la communauté politique et la religion ne peut être qu'une utopie, tant au niveau de l'individu que de la communauté. « Le bonheur doit être atteint sur terre et non dans une vie ultérieure, et l'homme est capable de l'édifier sans l'aide du surnaturel, par la raison »[346]. Cette laïcisation du bonheur et par ricochet du champ politique est toute l'entreprise de la *Contribution à critique de la philosophie du droit de Hegel* (1998). « La critique de la religion désillusionne l'homme, pour qu'il pense, agisse, forme sa réalité comme un homme désillusionné, devenu raisonnable, pour qu'il se meuve autour de lui et par suite autour de son véritable soleil »[347]. La réappropriation de la liberté de l'homme passe par son activité pratique et la déréalisation de cette conscience erronée de ce monde. « La critique du ciel se transforme ainsi en critique de la terre, la critique de la religion en critique du droit, la critique de la théologie en critique de la politique »[348]. La réflexion critique amorcée par Marx, démystifie les catégories divinatoires de la vie politique en y extirpant les scories de la domination spirituelle de la conscience humaine.

C'est pourquoi, dans le fondement ontologique du droit, c'est-à-dire le droit comme vertu, « la primauté accordée aux activités de la pensée, à la pratique de la vertu dans l'échelle des valeurs, ne s'explique plus comme chez Platon par la recherche du salut de l'âme, mais par la volonté d'améliorer la vie sociale »[349]. Il faut donc pour assurer l'harmonie sociale, faire respecter la justice. Le droit positif dans la perspective aristotélicienne permet de parvenir à deux formes de justice. « La justice distributive concerne la répartition des richesses et des revenus dans la cité, et consiste à attribuer à chacun selon ses mérites. La justice commutative est, quant à elle, relative aux échanges et aux contrats entre individus. Partant de l'idée que dans l'échange il y a réciprocité, et que donc chacun doit recevoir autant qu'il donne »[350]. La justice sociale passe donc par la reconnaissance de la citoyenneté de l'autre. Le droit positif dans sa manifestation empirique, invite chacun et tous les membres à se considérer comme citoyens formant ensemble une société civile tolérante, une société de citoyens soucieux de négocier entre eux sur la base

---

[344] Idem, p.22.
[345] Jad HATEM, Op.cit., p. 21.
[346] Jean BONCOEUR et Hervé THOUÉMENT, Op.cit., p.18.
[347] Karl MARX, Op.cit., p.9.
[348] Idem, p.10.
[349] Jean BONCOEUR et Hervé THOUÉMENT, Op.cit., p.18.
[350] Idem, p.20.

de l'équité, au moyen de compromis librement consentis, le règlement de leurs différends légitimes.

Le droit positif « les admet tous, universellement, en son sein, les pressant de se reconnaître réciproquement, sans aucune discrimination fondamentale, et de participer ainsi aux échanges, aux débats et au dialogue, conjurant les risques de fracture sociale. [Le droit] leur propose de se déterminer les uns et les autres en fonction d'un bien commun, d'un intérêt général à vivre ensemble malgré tout, préférable à l'intérêt particulier que chacun croirait avoir à vivre séparément »[351]. Un intérêt collectif ne deviendra un intérêt général que si tous les citoyens estiment que donner satisfaction aux intérêts collectifs de certains groupes, sur la base de quelque principe de réciprocité, procurera à ceux qui n'en font pas partie un avantage plus important que la charge qu'ils auront à porter. C'est dire qu'au centre de la société civile, l'exercice du droit n'est pas dépourvu d'ambiguïtés. « Le désir d'un certain bien collectif soit commun à tous ceux qui en profiteront, il l'est rarement à l'ensemble de la société qui définit la loi ; et il ne devient intérêt général que dans la mesure où les avantages s'équilibrent. Mais dès que le gouvernement est considéré comme tenu de satisfaire de tels intérêts collectifs spéciaux, qui ne sont pas vraiment des intérêts généraux, le danger surgit de voir cette méthode utilisée au service d'intérêts particuliers »[352]. Le principe même de régulation demeure problématique. Étant donné que certaines lois ont prévalu parce que la communauté politique qui les a adoptées a été plus efficace, il n'est pas nécessaire que quelqu'un jamais ait su pourquoi cette communauté prospérait, et pourquoi en conséquence ses lois ont été généralement adoptées. Il importe donc à cet effet, de bien découvrir quelle fonction telle loi remplit dans un certain système de règles, et de juger dans quelle mesure elle a bien rempli cette fonction ; après quoi elle peut être améliorée.

Cette méthode tient compte de l'arrière-plan du système juridique dans son évolution jusqu'à nos jours. Et ce, à partir des fondements économiques et ontologiques qui le caractérisent en vue de mieux appréhender l'efficacité du droit positif. « La philosophie appartient à une sphère supérieure de la réalisation de la liberté, elle a elle-même le droit d'adopter un point de vue critique sur les institutions et les dispositions d'esprit politiques, de même que sur les dispositions d'esprit religieux qui peuvent soit conforter soit fragiliser les États existants »[353]. À cet effet, la philosophie kantienne a réussi dans l'ontologie du droit, à faire de la volonté le principe de la liberté et de l'autonomie. Il est vrai que par la suite Hegel reprochera à Rousseau d'avoir transformé l'État en contrat, et de ne réduire sa réflexion qu'à la volonté

[351] Denis MAUGENEST, Op.cit., p.76.
[352] Friedrich HAYEK, *Droit, législation et liberté, TII, le mirage de la justice sociale*, paris, PUF, 1982, p.7.
[353] Emmanuel Renault « Connaître le présent. Trois approches d'un thème » in Jean-François KERVÉGAN et Gilles MARMASSE (dir), Op.cit., p.24.

individuelle en sous-estimant l'autre côté de la volonté, l'objectivité raisonnable. Il fait la remarque à Kant que le point de vue de sa morale abstraite ne mène qu'à une simple rhétorique dont l'objet est le devoir pour l'amour du devoir.

Par conséquent, aucune ontologie concrète n'est possible. Il n'en reste pas moins que « la conscience morale exprime le bien-fondé absolu de la conscience-de-soi subjective, à savoir le droit de connaître en soi et par soi ce que sont le juste et le devoir et de ne rien reconnaître que ce qu'elle connaît ainsi comme le Bien, ce qu'elle exprime à la fois par la prétention que ce qu'elle sait et veut ainsi, est juste et bien en vérité »[354]. Cette puissance législatrice de la raison montre que la morale concrète est la réalisation de la liberté. Et que le droit comme norme réalisée tient compte « de la vie morale historique, la coutume, ce *totum* de règles, de valeurs, d'attitudes, de réactions typiques qui forment ce qui pour nous porte les noms de tradition et de civilisation »[355]. L'ordre social légitime tout système juridique et vice versa. Le système juridique moderne ne peut donc jamais être réduit à une construction intentionnelle axée sur des objectifs connus, mais il doit rester pour nous le système des valeurs dont la société moderne a hérité et qui représente sa boussole.

L'objectif fondamental du droit positif qui s'incruste dans le Bien commun pour promouvoir le bonheur individuel et collectif se manifeste à travers les règles de conduite individuelle. Il consiste en cela que nous avons déjà reconnu comme « la raison d'être de ces règles du droit ; à savoir l'ordre abstrait de l'ensemble, ordre qui ne tend pas à des résultats pratiques connus, mais qui est conservé en tant que moyen facilitant la poursuite d'une grande diversité d'intentions individuelles »[356]. L'impossibilité de connaître tous les faits particuliers sur lesquels est fondé l'ordre global des activités dans une communauté politique, est l'une des étrangetés de l'histoire intellectuelle du droit, alors que c'est à partir d'elle que la signification des règles devient possible. La loi est un artifice pour parer à notre ignorance constitutive, car il n'y aurait pas besoin de lois si les hommes étaient omniscients et qu'ils seraient d'accord sur l'importance relative de tous les objectifs particuliers. L'instauration d'un ordre politique et institutionnel relance la problématique du pouvoir très souvent incompétent ou insuffisamment investi d'une légitimité politique et juridique, capables d'établir la confiance institutionnelle.

---

354 Éric WEIL, Op.cit., p.40-41.
355 Ibidem.
356 Friedrich HAYEK, Op.cit., p.65.

IV- Conditions de la légitimité politique et juridique du pouvoir

Le champ politique complexifié par les l'enchevêtrement du droit, du social et de l'éthique, échappe au réductionnisme démocratique et à toute élaboration d'un espace public stable, intelligible et porteur d'humanité au sens *stricto sensus*. Toutes les formes de légitimité du pouvoir se ramènent, en réalité à une condition sine qua non qui est la liberté comme essence humaine. L'homme est libre selon sa nature intrinsèque d'homme non parce ce qu'il s'identifierait en lui-même à un sujet de droit, mais plutôt parce qu'« il se donne par la possession une sphère extérieure à sa liberté et lui confère de ce fait un être-là »[357]. La reconnaissance de l'homme comme sujet foncièrement libre constitue, chez Hegel, le principe fondateur du droit. L'État est le but en soi qui permet la réalisation de cette liberté. La polémique politique est donc déterminée par deux conflits et par le refus des différentes positions qui s'y affrontent. Ruge inaugure sa critique de la philosophie du droit de Hegel par une déclaration sur le caractère de l'époque : « Notre temps est politique et notre politique se donne pour liberté de ce monde. Désormais il ne s'agit plus d'établir les fondations de l'État ecclésiastique mais celle de l'État séculier ; à chaque respiration que les hommes font l'intérêt croît pour la question publique de la liberté dans l'État »[358]. Ici la nouvelle critique amorcée par Ruge, se propose de substituer une philosophie de la volonté et de l'action à une philosophie de l'esprit telle que le concevait Hegel. Ainsi, l'élément politique est la manifestation d'une révolution spirituelle qui s'accomplit dans l'accès à une vie nouvelle.

C'est pourquoi, il s'insurge contre les contradictions de Hegel : « celui qui a su penser l'essence de l'État comme réalisation de l'idée éthique, qui favorable à la praxis politique fustigea les Allemands pour leurs néant politique, ne s'en est pas moins enfermé dans un point de vue unilatéralement théorique, aveugle à la relation de la théorie à l'existence et en ne concevant la réconciliation que dans le champ de l'esprit sous forme d'une médiation spéculative »[359]. Ce qui importe pour la modernité politique, c'est le dépassement de ces contradictions comme dépassement de cette abstraction de l'État rationnel. Marx écrit à ce propos : « le fond en est la réfutation de la monarchie constitutionnelle comme une chose bâtarde, contradictoire et qui se condamne elle-même. *Res publica* n'a pas d'équivalent en allemand »[360]. La contribution de Marx se manifeste à la fois par une volonté d'émanciper l'État de la religion par la création d'une communauté politique séculaire et une volonté de détruire les formes politiques de l'Ancien régime caractérisé par une hiérarchisation structurelle, et où règne les privilèges en vue d'y

[357] Jean-François KERVÉRGAN et Gilles MARMASSE, (dir), Op.cit., p.56.
[358] Miguel ABENSOUR, Op.cit., p.45.
[359] Idem, p.46.
[360] Idem, p.47.

substituer une république démocratique fondée sur l'égalité politique et sociale.

La bureaucratie est l'État capitaliste à côté de l'État social défendu par Marx et qui s'oppose à l'État spirituel hégélien. Hegel appelle le pouvoir gouvernemental l'aspect objectif de la souveraineté inhérente au monarque. « L'unique détermination philosophique donnée par Hegel pour le pouvoir gouvernemental est celle de la « subsomption » du singulier et du particulier sous l'universel, etc. »[361]. La transformation de l'intérêt privé en intérêt universel est une abstraction dans l'imaginaire politique de Hegel. L'identité de deux sphères inconciliables qui apparaissent comme une sorte de trahison de la conscience populaire, donne à la logique hégélienne un corps politique. « Il ne donne pas la logique du corps politique »[362]. L'émergence de ce nouveau courant critique contre cette spiritualisation de l'État, s'inscrit dans la polémique sur l'être même du social. Au-delà de l'opposition à l'État chrétien et aux formes politiques d'Ancien régime, il y a « un changement radical qui affecte non seulement la pensée politique mais les catégories qui commandent la détermination du réel »[363]. Établir la légitimité du pouvoir politique, revient à opérer une désintrication du politique et du théologique. Ce qui empêche l'inanité des liens interhumains qui fonde la praxis intersubjective du vivre-ensemble. La cause sociale profonde des excès constitue une violation des règles de la vie en société, l'exploitation des masses vouées au besoin, à la misère. C'est pourquoi, l' « égalité », c'est-à-dire la « démocratie pure », est un mensonge. La conception bureaucratique de l'État, est ici reprise par Hegel sous la forme de monarchie constitutionnelle.

> État et gouvernement sont toujours posés comme identiques d'un côté ; le peuple décomposé, en ces sphères particulières et les individus de l'autre côté. Entre les deux il y a les états comme organe médiatisant. Les états sont le médian où sens et conviction de l'État et du gouvernement sont censés se rencontrer et se réunir avec le sens et la conviction des cercles particuliers et des individus singuliers. L'identité de ces deux sens et convictions opposés, dans l'identité desquels à vrai dire l'État était censé résider, reçoit dans les états une figuration symbolique. La transaction entre État et société civile-bourgeoise apparaît sous les espèces d'une sphère particulière. Les états sont la synthèse entre État et société civile bourgeois[364].

Ici, l'intérêt particulier ne contredit pas l'État mais c'est plutôt la pensée universelle organique réelle de la masse qui, n'est pas la pensée de l'État organique, car celle-ci ne trouve pas en la société civile sa réalisation.

[361] Karl MARX, Op.cit., p.93.
[362] Ibidem.
[363] Miguel ABENSOUR, Op.cit., p.48.
[364] Karl MARX, Op.cit., p.118.

L'ambiguïté de l'État rationnel réside dans cet effort de Hegel de rationaliser le réel en établissant entre lui et la raison un rapport d'identité. Or étant donné que « la science présuppose l'unité de la forme et du contenu, la possibilité d'une connaissance rationnelle de la réalité suppose que cette dernière soit elle-même habitée par la rationalité, de sorte qu'au sein de l'argumentation méthodologique amplement développée interviennent constamment des énoncés ontologiques non développés »[365]. La philosophie de la nature de Hegel présente la nature comme un modèle de rationalité permettant de réfuter l'athéisme du monde éthique alors que cette même philosophie « nous apprend qu'elle est le lieu et de la contingence et de l'irrégularité indéterminable de sorte que le concept n'est donc en elle qu'un intérieur »[366]. Les contradictions dans lesquelles s'empêtre Hegel relèvent de l'impossible réconciliation avec l'effectivité qui appartient à l'ordre de la nécessité. L'idée n'est pas un idéal vide mais bien une tentative de retrouver l'histoire à partir du concept de droit, c'est dans ce sens qu'il est question de réconciliation.

Ce qui a changé avec l'émergence de l'époque moderne, ce n'est pas tant la fonction du politique, c'est plutôt les domaines en vue desquels la politique est apparue comme nécessaire. Pour les démocraties égalitaires du XIXe siècle, la participation de tous au gouvernement, quelle que soit la forme, est toujours le signe inconditionnel de la liberté du peuple. À partir de là, la liberté et la politique demeurent décidément séparées l'une de l'autre. Et le fait d'être libre au sens d'une activité positive se déployant librement, se trouve localisé dans un domaine où il est question de choses qui, compte tenu de leur nature, ne peuvent être communes à tous. Ces catégories sociales représentent le point d'achoppement d'une vraie démocratie, c'est-à-dire la vie et la propriété.

La société capitaliste, considérée dans ses conditions de développement les plus favorables, nous offre une démocratie plus ou moins complète en république démocratique. « La liberté du peuple consiste à détenir le gouvernement de ces lois grâce auxquelles sa vie et ses biens lui reviennent en propre, et non pas dans le fait de partager le gouvernement qui ne lui revient pas »[367]. L'époque moderne se focalise sur la nécessité de l'État dont la fonction qui lui était dévolue, consistait en une libération de l'individu en vue du développement des forces productives sociales, de la production commune de biens nécessaires au bien-être de l'homme. Mais la critique de l'État par le marxisme se situe sur cette finalité ontologique de la politique moderne qui en réalité exclut la majorité au profit d'une minorité régnante. « La liberté en société capitaliste, reste toujours à peu près ce qu'elle fut dans les républiques de la Grèce antique : une liberté pour les propriétaires d'esclaves. [...] Par

---

365 Emmanuel Renault « Connaître le présent. Trois approches d'un thème » in Jean-François KERVÉGAN et Gilles MARMASSE, Op.cit., p.20.

366 Ibidem.

367 Déclaration de Charles 1er avant sa décapitation in Hannah ARENDT, *Qu'est-ce que la politique ?*, traduit de l'allemand par Sylvie courtine-Denamy, Paris, Seuil, 1995, p.108.

suite de l'exploitation capitaliste, les esclaves salariés d'aujourd'hui demeurent si accablés par le besoin et la misère qu'ils se désintéressent dans le cours ordinaire, pacifique des évènements, la majorité de la population se trouve écartée de la vie politique et sociale »[368]. Le démocratisme de la société capitaliste n'est qu'une restriction, une démocratie étriquée, refoulant sournoisement les pauvres, hypocrite et mensongère. Ce qui a pour résultat d'être incompatible avec les prétendus droits de l'homme. Le pouvoir qui pose la loi est tout autant la dissolution posée de l'État politique.

Cette antinomie irrésolue de l'État politique consiste, chez Hegel, à saisir la contradiction du phénomène du pouvoir politique comme unité dans l'essence, dans l'Idée. Selon la critique de la philosophie politique, « Hegel n'a rien fait que de résoudre la constitution politique dans l'idée abstraite universelle d'organisme, mais selon le faux-semblant de son propre avis il a développé le déterminé à partir de l'Idée universelle »[369]. La transsubstantiation politique opérée par Hegel, consiste à transformer en un produit, un prédicat de l'Idée. Sa réalité abstraite ou substantialité ou encore l'État doit être considéré sous le schème de la réalité concrète, de la nécessité. Or, progresser avec l'homme concret, être générique et réel ne devient possible que lorsque l'homme est devenu le principe de la constitution. Mais la conception moderne de la politique, en vertu de laquelle l'État a une fonction de société ou est un mal nécessaire en vue de la liberté sociale, s'est établie sur le plan pratique et théorique en opposition à toutes les représentations inspirées par l'Antiquité, c'est-à-dire une souveraineté du peuple ou de la nation, qui se manifeste de plus en plus sous forme de révolutions modernes. Hegel a repris à la tradition du droit naturel l'idée de souveraineté absolue, sans tenir compte de ses catégories fondatrices, c'est-à-dire le droit naturel, le contrat, l'état de nature, ce qui crée un sentiment de vide du concept d'État rationnel.

La légitimité de l'État et de la souveraineté qui lui revient découle de l'idée de liberté. « Le droit est l'idée de liberté, c'est-à-dire la volonté libre existant objectivement dans les institutions positives et dans des lois qui lui confèrent possibilité et réalité »[370]. Mais cette dialectique de la volonté est purement logique, indépendante de la réalité historique. La logique hégélienne ne fournit qu'une justification théorique à l'instauration de l'État. La réalité empirique est aussi accueillie comme rationnelle. Le réel devient le phénomène mais l'Idée n'a d'autre contenu que ce phénomène.

> La liberté n'est ni illusion ni pouvoir réel [...] : elle est Raison, c'est-à-dire capacité indéfinie pour le sujet empirique, en énonçant son expérience, de la

---

[368] Lénine in Walter LAQUIER et Barry RUBIN, Op.cit., p.226.
[369] Karl MARX, Op.cit., p.46.
[370] Christophe Bouton « L'histoire du monde est un tribunal du monde » in Jean-François KERVÉGAN et Gilles MARMASSE, (dir), Op.cit., p.266.

connaître, de la situer à sa place, d'en définir la signification et, ainsi, de la mettre en relation d'intelligibilité avec d'autres significations. La liberté ne saurait être empirique, car l'empirique n'est jamais que le subjectif et le relatif, c'est-à-dire le contingent, ou, si l'on préfère, l'aveugle nécessité[371].

Ici, l'Être qui s'est intériorisé comme essence dans la liberté et qui s'est développé comme concept, se conçoit désormais comme vie, réalité, comme vérité de l'État.

L'abstraction réalisée de l'État se manifeste dans cette dualité de son être intérieur et extérieur. La subjectivité se mue en objectivité dans un rapport dialectique. L'antinomie irrésolue de Hegel montre d'un côté nécessité extérieure, d'un autre côté fin immanente. Dès lors, l'unité de la fin dernière universelle de l'État et de l'intérêt subjectif des citoyens, devraient se traduire par la coïncidence des devoirs et des droits envers l'État. Il est très différent de considérer la liberté ou la vie comme le bien suprême, comme la norme en fonction de laquelle toute action politique se juge et est jugée. De cette alliance entre État et liberté résulte une contradiction interne qui annule et détruit l'élément spécifiquement politique et ontologique qui est : le bonheur de l'humanité. Cette antinomie inhérente aussi bien à l'État qu'à la communauté politique dans son rapport au politique, est déterminante dans la constitution de l'espace public et du cosmopolitisme kantien. « J'entends ici par antagonisme l'insociable sociabilité des hommes, c'est-à-dire leur tendance à entrer en société, alliée à une répugnance générale à le faire, laquelle menace constamment la société de désintégration »[372]. Le réalisme politique doit se comprendre dans cette dynamique ontologique du mouvement de l'Être héraclitéen repris ici successivement par Kant sous la forme d'antagonisme naturel et, par la dialectique hégélienne et dans son acception matérialiste par le matérialisme dialectique de Marx.

Sans État juridique qui unit effectivement les hommes dans leurs différends et les différentes personnes physiques et morales, on ne peut parler de droit positif. Mais Marcuse Herz rejette la solution idéaliste du problème de la représentation de l'État et du politique. La difficulté qu'il y a à penser la passivité théorique et presque vide de contenu apparaît particulièrement redoutable. Si l'objet est ma représentation, la question surgit en effet de la possibilité même d'une quelconque vérité. Dans l'idéalisme hégélien le sujet est la nécessité dans l'idéalité. Ainsi la disposition d'esprit politique est la substance subjective de l'État, la constitution politique sa substance objective. Il ne s'agit que de découvrir pour les déterminations concrètes singulières les déterminations abstraites correspondantes. Il est évident que « pour parler d'une vérité ou d'une objectivité, il faut pouvoir postuler l'accord des différents sujets sur leurs représentations ; or, si c'est la représentation, donc

[371] François CHÂTELET, Op.cit., p.102.
[372] Emmanuel KANT, Op.cit., p. 121.

le sujet qui produit l'objet, pourquoi n'y aurait-il pas autant d'objets qu'il y a de sujets ? »[373]. Pour contourner cette difficulté de l'objectivité de la représentation, l'idéalisme a trouvé un subterfuge théologique en caricaturant l'Absolu et l'État souverain monarque bienfaisant sur le mode divin.

C'est pourquoi, « la solution idéaliste achoppe-t-elle gravement sur cela même dont elle était censée pouvoir s'acquitter le plus aisément, à savoir la fondation de l'objectivité »[374]. Dans le pouvoir politique hégélien, l'État n'est pas l'objectivation de la disposition d'esprit politique. L'abstraction que constitue la citoyenneté politique est le dominant. Dans la société organique, l'exigence essentielle veut que chaque besoin social, chaque loi soit mise au jour politiquement dans son sens social. L'idéal social en tant que « déterminé par le tout de l'État, prend dans l'État de l'abstraction politique le tour suivant : à cette exigence est donné un tour formel en opposition à une autre puissance (contenu) en dehors de son contenu réel »[375]. L'extériorité de l'État, la famille et la société civile représentent les conditions modernes d'une différenciation fonctionnelle du social et du politique, la condition d'effectivité de la subjectivité. Cette subjectivité politique générée par les institutions est substituée par l'État. L'esprit éthique permet de conforter les structures institutionnelles en actualisant les déterminations abstraites du droit et de la moralité. L'État a donc un devoir de vertu et de droit selon Kant. Car l'ethos politique intègre nécessairement un objet moral structurant. L'union de la politique et de la morale permet un ancrage démocratique de la société. Et surtout rend le droit des hommes plus plausible comme une normativité du monde vécu. Si l'État rationnel s'identifie à l'État de droit, c'est parce que la raison joue le rôle d'une opération intelligente et intelligible qui porte la marque d'un engagement politique. Et c'est dans cette perspective que Marx à travers le concept de praxis n'a rien à voir avec celui de Hegel. En effet, n'étant produit par rien, la praxis se produirait elle-même.

Or, chez Hegel, l'être est considéré comme production surdéterminé par le concept de la production comme objectivation de l'être. Elle est étrangère à l'idéalité de la détermination économique. Tandis que, chez Marx, l'existence de l'homme comme praxis, c'est la force de travail ou précisément la dynamique auto-productive du social. Dans ce cas, l'objectivation abstraite du droit dans l'organisation systémique du travail, ne saurait constituer un cadre propice à l'émancipation sociale. Cette mise en relation du travail, du droit et de l'État capitaliste a, chez Marx, une fonction politico-stratégique importante dans l'exploitation du temps de travail favorable à l'accumulation du capital et au mode de production. Le pouvoir d'État infrastructurel a créé un acteur social protégé et théorisé par le droit comme l'égal de tous ses autres concitoyens. C'est cette nébuleuse que représente le système juridique qu'on

---

373 Alain RENAULT, Op.cit., p.67.
374 Ibidem.
375 Karl MARX, Op.cit., p.184.

retrouve dans les termes de contrat de travail instituant le rapport force de production (les ouvriers) et le patronat que décrie Marx. La domination politique bourgeoise est la caractérisation de toute idéologie de domination. Dans ce cas, « il faut rompre avec l'intellectualisme de la tradition néokantienne et percevoir que les structures cognitives ne sont pas des formes de la conscience mais des dispositions du corps »[376]. Pour cela le marxisme ne peut comprendre « cette soumission doxique des dominés aux structures d'un ordre social dans leurs structures mentales »[377] car « il reste enfermé dans la tradition intellectualiste des philosophes de la conscience »[378]. Selon Bourdieu, ce monde social apparaît comme une œuvre produite par un travail séculaire de l'État sur les individus par « un bourrage de crâne »[379], et qui finissent par accepter un certain nombre de postulats et d'axiomes.

C'est ce travail de construction du social que poursuit le système juridique sous la formule des droits de l'homme. Contre cette mauvaise condition humaine, la philosophie politique de Marx demeure critique et s'est constituée comme un contrepoids, une dialectique de l'objectivation sociale et des pièges de la bureaucratie moderne. C'est dans ce sens qu'elle indique la stratégie, la connaissance requise et l'action à entreprendre pour que l'individu retrouve sa vraie liberté. Cette collaboration entre la théorie et la pratique est une praxis organisatrice du champ politique qui ne peut se réduire ni à l'empirisme ni au rationalisme. Le marxisme comporte une rationalité politique qui doit gouverner la violence révolutionnaire. Elle est la synthèse des deux sphères (connaissance et réalisme) qui confère à la politique une sagesse immanente. Il stipule que le vrai droit est celui de l'émancipation social de l'Homme sa capacité à s'autogérer. La légitimité de toute théorie doit donc résider dans sa force massificatrice.

> La valeur de la pratique [du droit] repose entièrement sur sa conformité à la théorie [du droit] qui lui sert de base ; et tout est perdu si on transforme les conditions empiriques et, de ce fait, contingentes de l'accomplissement de la loi en conditions de la loi elle-même et si par conséquent une pratique réglée sur un succès probable selon l'expérience acquise à ce jour est autorisée à régenter la théorie qui subsiste en elle-même[380].

La logique de la politique qui se fonde sur le droit devient une organisation rationnelle et consciente. À partir de là, les conditions de possibilité d'une objectivité du droit sont saisies sur ce mode opérationnel à l'intérieur du sujet législateur et hors de lui. Il y a donc cet « arrachement à l'individualité, ou

---

376 Antoine ARTOUS, Op.cit., p.375.

377 Ibidem.

378 Ibidem.

379 Ibidem.

380 Emmanuel KANT, Op.cit., p.14.

cette transcendance dans l'immanence, à la faveur de quoi certaines de mes représentations valent, non pas seulement pour moi, mais aussi, au moins en droit pour tous »[381]. Cette tendance à l'objectivité est ce qui légitime toute vraie politique et rend l'universalité de l'acte juridique non pas formelle mais pratique et concrète. Tout droit dépend des lois.

Mais une loi publique qui détermine pour tous les citoyens ce qui doit leur être juridiquement permis ou interdit n'est rien d'autre que l'acte d'un vouloir public, donc la source de tout droit qui traite les individus avec équité. Le peuple en tant que réalité concrète de la république est co-législateur par sa volonté instituante. « Aucune autre volonté que celle du peuple en son entier tous statuant sur tous et par conséquent chacun sur soi-même que nul ne peut faire tort. Mais si c'est un autre que soi, la simple volonté d'un individu différent ne peut à son égard rien décider qui puisse ne pas être injuste ; par suite sa loi exigerait encore une autre loi limitant sa législation, d'où il résulte qu'aucune volonté particulière ne peut légiférer pour la république »[382]. Le concept de volonté générale qui s'incarne dans la loi, innerve la société tout entière de sa sève spirituelle et, à chaque compartiment de la vie sociétale, la loi doit être manifeste et que ce qui doit dominer, ne doit ni être le fond ou la forme de la loi, mais l'homme libre. Toute la polémique entre les anarchistes et les philosophes du contrat, tourne autour des conditionnalités de légitimité de l'État, donc de la liberté civile.

C'est dans ce sens que le phénomène de la régénération politique est pensé par Marx comme une culmination de l'autonomie du concept d'État. Pour Marx, « le système de la liberté accède au statut d'un véritable cosmos politique. En un sens, le propre de la modernité est de faire, au niveau de la nature, à savoir le passage de la première perception sensible à la perception rationnelle de la vie organique de la nature. Une pensée adulte, entendons une pensée spéculative, parvient à distinguer au-delà de la diversité du chaos des intérêts, l'esprit d'une unité vivante ; elle parvient à comprendre le processus propre à l'État selon lequel le particulier tourne autour du général »[383]. Marx dit du concept d'État dans sa nature et dans son fonctionnement, d'être une sorte de totalité intégratrice. Il pose la structure intérieure de l'État, c'est-à-dire organisme public ou vie publique comme primordiale non pas au sens chronologique mais au sens de condition de possibilité relativement aux différences qui existent réellement en son sein. « La vie de l'État, vie spirituelle, consiste dans un processus complexe de différenciation-unification, le moment de la différentiation étant subordonné à l'unification, puisque la différence n'est admise à advenir différence de l'unité que pour concourir à l'unité de l'ensemble, pour faire l'objet d'une transformation telle qu'il en résulte une unification d'une qualité supérieure, à savoir

[381] Alain RENAULT, Op.cit., p.71.
[382] Emmanuel KANT, Op.cit., p.41.
[383] Miguel ABENSOUR, Op.cit., p.61.

spécifiquement politique »[384]. L'essence de l'État accède à l'universalité quand l'unité symptomatique de sa nature, présente une structure politique capable de régénérer les éléments constitutifs qu'elle englobe.

Cette unité sous la forme du contrat, explique le fondement originaire de l'État de droit et est sous-tendue par une égalité universelle des hommes. Conformément à ce principe, « tous ceux qui, comme sujets, font partie d'un peuple trouvent dans un état juridique en général (status juridicus), c'est-à-dire dans un état d'égalité d'action et de réaction un libre arbitre en limitant un autre, conformément à la loi universelle de liberté. Cet état s'appelle état civil »[385]. L'acte doit se conformer à la loi, veut dire que la finalité et le mobile qui déterminent l'acte sont les conditions du bonheur. Par conséquent, la loi est un principe avant tout moral.

La justice résume toute la moralité, parce que rien n'est plus utile à la société que le respect réciproque des droits et des personnes. C'est dire que l'État comme totalité organique est dans son acception historique l'association humaine qui est supérieure à l'individualisme anarchique. En outre la justice est un idéal infiniment souhaitable qu'il faut une règle fixe et universelle, une loi morale. C'est une nécessité ontologique qui exige que le droit s'identifie dans sa manifestation sociétale à une morale intégrale qui oriente les actes des individus vers le bien-être de tous. Le grief contre l'État, la démocratie et la liberté ; toutes ces notions de la modernité politique, vient du fait qu'ils n'arrivent pas à refléter le contenu substantiel de l'institution politique et de la condition humaine.

Conclusion

L'ontologie juridique est consubstantielle à la volonté de l'homme de parvenir à une société rationnellement organisée et structurée par des principes normatifs et juridiques. Ces principes sont susceptibles de stabiliser et de consolider le pacte sociétal. En parcourant le processus d'édification de l'État de droit, on s'aperçoit qu'en fait l'histoire de l'ontologie juridique coïncide avec l'histoire de l'humanité. Il ne s'agit pas de voir l'antériorité de l'une par rapport à l'autre, mais plutôt de découvrir que les catégories fonctionnelles de la démocratie se rapportent à une légitimité politique et juridique du pouvoir. C'est dire que les libertés civiles ne peuvent pas être imposées comme des contraintes externes au processus politique d'autodétermination des citoyens.

Le maillon juridique renvoie à une législation de la gouvernabilité dans laquelle se rencontrent et s'interpénètrent le droit positif et le droit social. À partir de là, parler de la démocratie citoyenne, c'est relever le fait que la liberté produite par l'exigence du droit est tributaire des conditions culturelles et historiques en vigueur dans la communauté politique. Il y a donc

[384] Idem, p.62.
[385] Emmanuel KANT, Op.cit., p.38.

nécessairement une interaction entre société civile et État, car la démocratie est la recherche permanente de dispositions institutionnelles assorties de justice sociale. On permettrait ainsi au droit de se conformer à l'idéal de bien-être des peuples. C'est donc une question normative et politique qui sous-tend l'histoire de l'humanité dans sa marche irréversible vers le progrès en tant que processus disciplinaire de l'homme et de sa socialisation. L'histoire de l'humanité est aussi l'histoire du droit qui doit tendre à ne plus être en contradiction avec le développement social, environnemental et culturel des peuples.

Chapitre deuxième
La déconstruction de la démocratie par la justice distributive

La déconstruction de la démocratie exige un intérêt cognitif de réforme du cadre institutionnel de la vie politique et de la vie économique des citoyens. L'importance de la contradiction irréductible entre l'État et la démocratie, que dénonce Abensour, se manifeste dans la déconstruction du champ politique, c'est-à-dire la coïncidence de l'émancipation politique et de l'émancipation sociale comme ceux césures où se déploie l'agir libre de toute emprise principielle ou référentielle. C'est le souci de l'objectivation constitutionnelle qui détermine la logique de la vraie démocratie, c'est-à-dire celle qui promeut l'équité, l'égalité et la justice non pas comprises dans leur restriction conceptuelle, mais dans leur manifestation concrète à travers les interactions entre les gouvernants et les gouvernés. Ainsi, ce processus de démocratisation du champ politique permet une institution normative fonctionnelle à la réalisation des droits fondamentaux des citoyens.

Il y a en amont une éducation citoyenne qui prédispose le peuple au paradigme d'une démocratie citoyenne qui ne détruit pas le pouvoir, mais conduit à une restructuration organique qui, progressivement, rend la domination du pouvoir étatique superflue. Bien sûr, elle serait contraire à la perspective d'une passion anarchique du marxisme, dont la finalité reste identique, c'est-à-dire plus de liberté, plus de justice, plus d'implication des jeunes et des femmes dans la gestion politique et sociale. Il faut donc faire le culte du mérite, de l'excellence au détriment de la complaisance et de la médiocrité.

C'est une démocratie qui s'affranchit des scories du système capitaliste en surmontant la tension productiviste entre le statut juridique de l'individu et le dynamisme de la citoyenneté. Ce que Marx appelle : la citoyenneté active. On retrouve l'idée d'une solidarité civique en rupture avec celle de l'homme égoïste de la société civile. Cette solidarité est surtout comprise comme un cosmopolitisme identifiable à l'universalité qu'ont toujours recherchée Hegel, Kant, Marx et Habermas et bien d'autres. Aujourd'hui, la démocratie bourgeoise se substitue à la vie du peuple et se présente comme forme organisatrice et totalisante. On pourrait dire que la déconstruction de la démocratie n'est rien d'autre que la démocratisation de la démocratie, car le conflit entre l'État et la démocratie n'est pas seulement le fait que « les grands s'emparent de l'État et que le peuple s'oppose aux grands, mais parce que l'État représente pour la démocratie un danger permanent de dégénérescence. [...] Il y a donc lutte réciproque entre les deux : si la vraie démocratie vise la disparition de l'État ou plutôt lutte contre l'État, inversement là où l'État croît, la démocratie dégénère jusqu'à friser le néant »[386]. Désormais, la vraie démocratie cède la place à une communauté politique rationalisée et

[386] Miguel ABENSOUR, Op.cit., p.150.

perfectionnée qui institue le social comme forme humanisée des interactions basées sur la liberté, celle qui n'est plus conçue contre le pouvoir, mais coexiste avec le pouvoir. La liberté devient le pouvoir d'agir de concert, dans une visée consensualiste qui présuppose la justice.

I - La justice transcendantale et le droit immanence

Dans l'Antiquité grecque où la notion de république tire toute sa racine avec Platon, la justice revêt toute sa dimension ontologique et son authenticité. C'est Platon qui nous ouvre le regard sur une justice transcendantale, qui est immanence pour ensuite se convertir en une justice sociale. La justice est une vertu, faisant du juste, ce qui est « comparable à l'homme instruit et sage, et l'injuste à l'ignorant et au méchant »[387]. Ici la justice, cette forme d'éducation à la citoyenneté, prédispose l'homme à agir selon une conscience droite. La dualité d'une justice introvertie et extravertie renvoie à cette extension, cette ouverture de la justice à la société dont les effets positivent la vie communautaire à partir d'une subjectivité qui se veut sociable. C'est pourquoi, chez Platon, il faut discipliner son être propre pour que le citoyen puisse l'extérioriser dans la société. La justice est à la fois connaissance-transformation de soi et de la société. Par contre, chez les hommes, l'injustice « [...] suscite entre eux discorde et sédition. Dans l'homme même, elle divise les parties de l'âme, les dresse les unes contre les autres, et rend ainsi impossible toute action féconde, qui exige leur collaboration »[388]. À l'opposé de la justice, la dysharmonie de l'âme est le mal le plus profond qu'on ne peut guérir, et qui exige que l'on soit vertueux pour éviter la corruption de l'âme. Il y a un impératif vital et sociétal qui nous oblige une fois la justice en nous instituée, de pouvoir l'extérioriser, la manifester pour se conserver et pour conserver notre communauté politique.

Le dédoublement de l'homme comme être spirituel et social est présent dans la conception de la justice platonicienne. La justice, ontologiquement relève dans la conception platonicienne, d'un dépassement dialectique, c'est-à-dire part de l'en soi et se muer en en soi-pour soi ou s'objectiver dans la société humaine. Le faisant, il est établi la correspondance entre notre moi sujet rationnel et notre être social, animal politique. Il y a une identité entre le bonheur de l'âme et celui de la société. « C'est donc grâce à cette [justice] que l'âme remplira avantageusement sa fonction, et par suite vivra bien et sera heureuse »[389]. À partir de là, la justice à l'origine est une éducation, une discipline de l'âme et du corps qui prend en compte des vertus cardinales de tempérance, d'équilibre et de souverain Bien. Et c'est sur ce point que Rawls

[387] PLATON, *La République*, traduit du grec par Robert Bacou, Paris, Flammarion, 1966, p.20.
[388] Ibidem.
[389] Ibidem.

rejoint Platon, puisque « la morale rawlsienne est avant tout une morale fondée sur les principes de la justice [...]. Pour lui, ce n'est pas ce qui est bien qui est juste, mais au contraire, c'est ce qui est juste qui est bien et devrait l'être en principe pour tous... »[390]. Mais le rapport entre le bien et la justice chez Rawls en accordant le primat à la justice, révèle une dimension métaphysique qu'on retrouve dans l'équilibre intérieur, harmonie de l'âme évoquée précédemment chez Platon. Au-delà de ces deux visions convergentes, du point de vue aussi bien pratique que métaphysique, Platon voit en la justice une vertu thérapeutique, une sorte de catharsis de l'âme qui, par analogie, est la santé du corps sociale.

La pathologie essentielle dont souffre nos nations modernes est bien l'injustice, la forme de corruption fondamentale qui génère toutes les autres formes de corruptions, voire de pathologies sociétales. « Or n'est-ce pas le cas de l'âme ? Son mal propre, l'injustice, la pervertit mais ne la tue point »[391]. L'injustice certes existe, mais elle peut se guérir par l'effort constant des hommes à rechercher la justice. Ce désir séculaire qui s'est traduit dans l'histoire de l'humanité fait que l'antidote contre la corruption sociétale est tout trouvé à partir de l'élaboration, au lendemain de la révolution française, de la proclamation solennelle de la charte des droits universels de l'homme de 1789 jusqu'en 1849 et qui, aujourd'hui, connaît une évolution considérable relativement au contexte politique actuel.

Mais si « les lois, qui ont été dictées par ces deux sentiments, ne sont que de simples conventions ayant pour but de remédier à un état de choses nuisible au plus grand nombre »[392], Platon nous prévient sur ce risque de confusion et d'assimilation de l'injustice à la justice. C'est pourquoi, il serait prétentieux de croire que le sage ne peut que faire preuve de justice. En effet, « dès qu'il a le pouvoir de mal faire sans crainte, le sage lui-même ne résiste pas à la tentation »[393]. Ainsi, la justice comme vertu, devient complexe dans sa nature et son expression.

> L'injuste, d'ailleurs, réalise le chef-d'œuvre de passer pour ce qu'il n'est point ; il peut ainsi jouir en toute sécurité des avantages de l'injustice, et bénéficier en outre des honneurs réservés à la justice. Ces honneurs, l'homme vraiment honnête ne les reçoit pas, car étant juste, il ne se donne pas la peine de le paraître. Considérons-le dans sa perfection même, et nous apercevons toute l'étendue de son malheur : seul, en but au dénigrement et à la haine, sans autre soutien que sa vertu, il avance dans la plus pénible des voies ; parce que réellement il est juste, on le traite en méchant accompli. Tandis que son contraire, l'injuste hypocrite, connaît toutes les félicités, lui subit les pires

[390] Jean-Baptiste SANOU « Rapport entre droit et morale dans les théories politiques de John Rawls et de Jürgen Harbermas » in *Cahier philosophique d'Afrique*, 2013, N° 0011, p. 194.
[391] PLATON, Op.cit., p.61.
[392] Idem, p.21.
[393] Ibidem.

ignominies, et, au terme de sa carrière, se voit condamner, comme criminel, à d'atroces supplices[394].

Pour éviter de confondre la justice et l'injustice que font aussi bien le législateur et le juge dans leurs fonctions respectives, Platon propose de « dépouiller la justice de tous ses avantages, l'examiner dans son essence, et montrer qu'elle est en elle-même le plus grand des biens, tandis que l'injustice est le plus grand des maux »[395]. Ce travail qui consiste en une approche ontologique de la justice rejoint celui de la métaphysique heideggérienne de « l'oubli de l'être »[396] ou l'oubli de l'essence du politique, en dénonçant un pouvoir politique corrompu méconnaissant la vraie justice, fondé sur de fausses abstractions, des dualismes trompeurs sans oublier une profonde méconnaissance de la nature de la justice et de la subjectivité. Ici, le philosophe devient, dans sa quête de l'essence de la justice, un expert dans la recherche de la paix de l'âme par extension, celle de la société.

L'éducation à la citoyenneté que véhicule aujourd'hui la modernité est pour le philosophe un type d'éducation ambitieuse qui « se propose de ne plus laisser la jeunesse urbaine grandir face au seul espalier des conventions, mais de la former selon des critères réfléchis et artificiels, des critères universels par leur forme. L'attelage formé par Socrate et Platon marque la percée de la nouvelle idée éducative [de la justice] »[397]. Cela exige un re-policement de l'être du citoyen afin de l'adapter aux mutations des réalités sociétales. En mettant l'accent sur l'éducation à la citoyenneté, la philosophie antique s'inscrit dans la logique de la modernité démocratique, car l'exigence d'une jeunesse bien formée, représente la dynamique sociale et institutionnelle enracinée dans l'éthique du développement humain.

L'idée du citoyen est adossée à un réalisme politique où son efficace dépend non plus seulement de la force des lois, mais du corps social qui milite pour un État démocratique, juste et prospère. Une humanité visionnaire et magnanime ayant pour dessein un développement global et intégré de l'Homme. Dans ce sens, on assiste à une refonte globale de l'homme dans cette idée platonicienne de la justice et la condition sine qua non de sa réalisation. « *Paideria*, ou l'éducation comme formation de l'homme pour un grand monde […], n'est pas seulement un terme fondamental de la pratique antique de la philosophie, mais désigne aussi le programme de la philosophie

---

394 Idem, p.22.

395 Idem, p.22-23.

396 Ce constat de Heidegger invite à l'élaboration de la question directrice de la métaphysique en question fondamentale de la philosophie. La réflexion sur l'être au sens de l'être-vrai dans l'horizon de l'être comme présence constance, ne peut satisfaire l'intelligence humaine qui ne se contente que d'une phénoménologie interprétative de l'étant. Cf Peter SLOTERDIJK, *Tempéraments philosophiques, De Platon à Foucault*, p.13 et p.14

397 Peter SLOTERDIJK, Op.cit., 2011, p.18.

comme pratique politique [...] l'émergence d'une nouvelle forme de monde, risquée et chargée de pouvoir... »[398]. L'esquisse d'un monde moderne, démocratique est ainsi faite par les vertus transformatrices et modélatrices de l'éducation. L'Académie devient l'archétype de l'école européenne qui s'est transmise à travers les générations pour la socialisation de l'homme et son admission à la société de l'universelle incarnée par la République.

En somme cette éducation à la citoyenneté fait peser une charge intellectuelle et morale de plus en plus lourde sur le citoyen afin de lui permettre de discerner, face à la complexité accrue du monde, ce qui est bon, juste, mauvais et injuste. Elle se présente aux citoyens comme une école de synthèse universelle. Ce qui l'élève à « cette ré-flexion adulte qui signifie humanité, elle accomplit une sorte de rite de passage visant à éduquer par l'apprivoisement des hommes de grande âme capables de faire face à la [société] »[399]. Le centre de gravité de tout ce travail sur soi-même qui consiste à discipliner d'abord le corps et l'âme et qui ensuite a un impact sur la société humaine, se base sur « l'acquisition des compétences individuelles à l'égard de l'humanité d'État »[400]. Ce système d'éducation humaniste qui prédispose à la vertu comme justice, doit conditionner la jeunesse souvent instrumentalisée par les politiques, et leur permettre d'opter pour le langage et les actes d'une vie bienheureuse et démocratique. Désormais, c'est un type de citoyen dirigé par la raison qui se fixe de nouvelles normes au devenir-adulte de la société dans ses formes politiques, économiques et morales.

Le sens de la justice suppose un perfectionnement de soi-même et exige le vouloir agir et vivre ensemble malgré tout dans une vision éthique, l'édification d'une humanité tout entière. Or, ce qui est propre à la vision éthique est plus exactement le sens de la justice comme il se comprend chez Platon. « C'est [elle] qui suscite la construction des systèmes juridiques et des structures politique démocratiques... »[401]. L'institution de la démocratie se traduit par le fait que les individus y prennent part. Lorsque Platon parle d'équilibre de l'âme, c'est de cette égalité comprise comme immanence qu'il transpose dans la réalité politique pour constituer la pierre angulaire de la justice sociale.

L'intelligibilité que requiert la manifestation de la justice, c'est une vision claire qui permette d'organiser de façon rationnelle, les rapports interpersonnels et sociétaux. Il y a, au fond, l'idée de valeur de la justice que l'on retrouve dans la philosophie antique en identifiant la vertu à la justice. « Le terme de valeur est employé en référence à des entités telles que justice, égalité, fraternité, etc. »[402]. Cette valeur se perçoit dans l'ordre de l'agir et non

---

398 Ibidem.

399 Idem, p.19.

400 Idem, p.20.

401 Paul LADIÈRE et Claude GRUSON, Op.cit., p.32.

402 Idem, p.34.

comme pures essences dans l'ordre de l'ontologie. Il faut nécessairement sortir de la pure abstraction que représenterait la justice, pour la percevoir dans sa dimension pratique et constructive. « La notion de valeur comporte l'idée d'évaluation faite par le sujet singulier qui préfère ceci plutôt que cela, pour qui ceci vaux mieux que cela »[403]. La fiction de la justice s'efface devant l'objectivité d'une volonté agissante et d'une liberté personnelles, le « vouloir », selon Kant, est bien en soi et ne peut préférer que ce qui est universellement admis, c'est-à-dire bon en soi. Parler de la justice comme une valeur cardinale de la société moderne, renvoie donc à l'évaluation de ce qui est bon et bien pour l'humanité tout entière. Au sens strict, « la valeur est abstraite de l'exercice concret de valorisation. Déterminer le valable, établir des préférences et des priorités est le fait de celui qui est auteur de ces actes. Évaluer renvoie à une liberté en première personne et implique une délibération qui se clôt par un jugement moral indissolublement lié à la volonté d'inscrire le choix de sa liberté dans les actes »[404]. Si la justice est hissée au niveau de la valeur suprême ou le souverain bien, par les Anciens, c'est parce qu'elle est la norme constitutive par excellence de l'État de droit ou de l'État démocratique.

La justice comme valeur n'est pas une pure abstraction, elle est surtout une ébauche prospective, une idée qui s'incarne dans la genèse de la communauté jusqu'à l'État-nation. Elle est pour ce faire, fondatrice à la fois instituée et instituante. Celle qui cristallise des aspirations nobles et nous oriente vers l'avenir et la société souhaitée. De ce fait, la justice dans son essence ou encore dans sa fonction sociétale, rend possible la communication, la cohésion sociale, la reconnaissance mutuelle des libertés. C'est pourquoi, la cité du philosophe est une cité de valeur, un monde intelligible que l'on voudrait voir atteindre tout citoyen non pas de façon cognitive seulement mais aussi de façon pratique par des actions susceptibles d'édifier la société.

Le monde dans sa matérialité et son idéalité, a besoin d'une conscience toujours en alerte, une intelligence cohérente et souple, c'est-à-dire expurgée de toute forme de dogmatisation qui pourrait obscurcir la lumière rationnelle, modeste et à l'écoute de la vie et de la cité. Ici, la contemplation dans l'action et l'action contemplative se dissolvent dans le concept comme représentation-action. « La contemplation surgit de l'action concrète et l'action incarne le sens découvert par la théorie »[405]. La fonction idéologique est une action transformatrice ou praxis qui requiert la mobilisation de toutes les facultés de l'homme. Ce travail méthodique qui s'inscrit dans une logique institutionnelle, d'organisation et d'ordonnancement, est réfléchi dans le droit. C'est pourquoi, Marx affirme que l'infrastructure est le reflet de la

---

[403] Ibidem.
[404] Ibidem.
[405] René MOURIAUX, *La dialectique d'Héraclite à Marx,* Paris, Syllepse, 2010, p.133.

superstructure juridique. On ne peut donc occulter cette teinture idéologique du droit comme système de pensée et méthode de pensée qui impliquent des recettes d'action pratique.

Mais là où le bât blesse, c'est que l'établissement d'une vraie démocratie ne coïncidence pas avec l'infrastructure de production bourgeoise. Cette réalité sociétale exige pour les réformateurs, restructuration, amélioration ou adaptation aux mutations et aux perspectives de la démocratie. Les révolutionnaires exigent plutôt sa destruction systématique en vue d'une nouvelle organisation de la production et de la société. Ces deux approches divergentes de la transformation sociétale au milieu desquelles se joue l'essence du droit est la zone de tension de la démocratie citoyenne. En réalité, la légitimité du droit est tributaire de sa capacité émancipatrice.

II - Incompatibilité du droit et de l'infrastructure socio-politique

Le droit dérive, selon Marx, de l'infrastructure économique. Certes la corrélation étant déjà établie, mais elle ne garantit pas forcément une convergence des finalités entre le droit de l'homme et l'infrastructure socio-politique. Marx avait tôt compris cette nuance, mieux la tension insurmontable qui discrédite intérêt et normativité juridique. L'histoire de nos sociétés montre que l'exercice du pouvoir politique était explicitement réservé à une minorité définie par un statut social, et qu'aujourd'hui cette pratique séculaire n'a pas fondamentalement changé. Or, la citoyenneté moderne est un droit de l'individu en tant que membre du genre humain, c'est surtout un droit universel de l'homme. La sécularisation des rapports de propriété au nom de la démocratie a au contraire biaisé les fondements anthropologiques du droit. Et c'est ce prétendu droit de l'homme dans un espace capitalisé que critique Marx. « Le jeune Marx dénonçait un projet de loi qui, au nom de la propriété privée, remettait en cause une vieille coutume : le droit des pauvres à ramasser du bois mort issu d'arbres d'une propriété privée »[406]. Cette loi déstructure la forme d'existence communautaire par le dépérissement du lien social précapitaliste. De ce fait, elle transforme radicalement la structure du pouvoir politique et son articulation à la communauté politique. Ce projet de loi confère un statut politico-juridique des paysans (inférieur) à celui du seigneur féodal ou du citoyen antique. « Économiquement, le paysan n'est pas dépendant du seigneur, il possède sa terre et est inséré dans une communauté. Le seigneur l'exploite (taxes, travail sur la réserve, etc.) en raison d'un lien de dépendance personnel : il a des droits sur ses paysans »[407]. Les individus membres de la communauté avec le bouleversement des rapports de propriété, sont désormais dans une structure sociale et juridique qui, systématise la réification de l'homme.

[406] Antoine ARTOUS « Démocratie et émancipation sociale » in Op.cit., p.11.
[407] Idem, p.12.

Or, le droit a une fonction sociale et une dimension anthropologique puisqu'il doit poser un cadre normatif universel qui participe à la réalisation totale de l'homme. Il doit conduire nécessairement l'individu à son émancipation politique et économique. Il a donc pour fonction de modeler et structurer la réalité sociétale. « [Le droit] est donc une fonction des variables de l'ensemble social ; [il] a son pouvoir propre, une certaine puissance de modeler le réel, mais ce n'est pas [la société] qui peut être comprise à la lumière [du droit] : c'est juste : le contraire »[408]. Le droit est mêlé à la totalité du réel en tant que norme réformatrice de la société. Il y a une influence réciproque entre le droit et les rapports de production. Marx souligne ici cette correspondance du droit et du monde de production. « L'ensemble [des] rapports de productions constitue la structure économique de la société, la base concrète sur laquelle s'élève une superstructure juridique et politique à laquelle correspondent les formes de conscience sociale déterminées »[409]. Cette compatibilité du droit et de la superstructure réside dans l'esprit du capitaliste qui y perçoit la légitimité de l'accumulation du capital.

Le législateur égoïste transforme alors par la loi, le dépouillement social des individus en un ordre juridique universel. L'être du droit est la liberté tandis que l'être de l'infrastructure où l'on retrouve l'ensemble des rapports de production et des moyens de production, est l'exploitation ou l'aliénation. D'où la divergence de leurs fins. Cela montre la nature formelle du droit et corrobore l'idée de Marx d'une négation du droit et de la moralité, car la vraie liberté réside dans le devenir-autre de la société par la destruction systématique des puissances aliénantes. De sorte que le droit qui s'impose à l'individu, est l'expression d'un État situé en deçà de la démocratie. Le fondement de cette puissance dominatrice est la croyance en l'État-providence qui perdure dans la conscience populaire. Sont ici en jeu « des hiérarchies qui permettent à certains groupes sociaux d'imposer des charges de travail et de jouir d'une partie du produit »[410]. Le pouvoir politique se sépare du pouvoir économique, mais le second a une influence considérable sur le premier.

On ne peut pas, à cet effet, disjoindre les deux si l'on veut comprendre la corruption du droit et, cette arnaque politique qui consiste à faire croire aux citoyens qu'ils sont en réalité libres. Aujourd'hui, les rapports de propriété économique ont un statut politico-juridique non pas seulement selon les individus mais selon les nations, créant ainsi une discrimination et une frustration entre les peuples. Ces rapports de propriétés sont la caractéristique essentielle de notre modernité démocratique. « Cette démocratie produit une

---

[408] Christian BOURGEOIS et Dominique De ROUX, *Épistémologie marxiste*, U.G.E., Paris, 1972, p.277.

[409] Karl MARX et Friedrich ENGELS, *L'Idéologie allemande*, traduit de l'allemand par Henri AUGER, Gilbert BADIA, Jean BAUDRILLARD, Renée CARTELLE, Paris, Éditions sociales, 1976, p. VIII.

[410] Gérard DUMÉNIL « Le projet et la méthode » in Gérard DUMÉNIL et al, Op.cit., p.199.

communauté imaginaire [...]. Il ne faut pas faire un contre-sens sur le mot. La citoyenneté moderne n'est pas une simple illusion de la conscience. Elle revêt une objectivité sociale (elle repose sur des pratiques, des institutions, etc.) [...]. Si cette communauté est imaginaire, c'est parce que, tout en exprimant l'aspiration protée par le mouvement historique à une véritable communauté humaine, elle le fait sur la base d'une société civile dominée par l'individualisme marchand et divisée en classes sociales »[411]. Dès lors on ne peut rien espérer de la démocratie bourgeoise dont le point d'ancrage est la marchandisation de l'homme et de son environnement.

Les antinomies du droit bourgeois et de la société civile représentent des charges contre la démocratie elle-même et le dépassement de la philosophie. « La charge contre [le droit] contemporain est encore plus acérée, car [ce droit], qui continu, représente une situation aggravée et se voit asservi ou flottant, instrumental ou inconsistant »[412]. Le droit s'est donc fourvoyé dans l'État politique moderne. Il a perdu sa fonction régalienne, car il s'est métamorphosé en promoteur de l'idéologie bourgeoise et de la raison d'État, derrière lesquelles se profilent l'aliénation de la majorité souffrante et la riche minorité jouissante.

Dans le capitalisme moderne, l'essentiel, celui qui est vertueux, est celui qui peut toujours gagner plus d'argent. L'accumulation du capital est couverte « d'un vernis de moralité des principes purement égoïstes »[413]. Elle s'inscrit dans une logique productiviste à outrance. L'obligation de gagner de l'argent toujours de l'argent proscrit toute référence à une éthique sociale qui fait de l'homme non pas un moyen mais toujours comme une fin. Le manque de scrupule dans l'accumulation du capital et sa subordination à l'intérêt personnel ont été un phénomène universellement répandu et une spécificité de l'arbitraire du capitalisme bourgeois. « L'effondrement de la tradition et l'irruption plus ou moins brutale de la liberté de profit au sein même des groupes sociaux n'eut pas pour effet de faire accepter cette évolution et de lui conférer une dimension morale : de fait, elle fut seulement tolérée et tenue pour moralement indifférente, ou bien regrettable, mais malheureusement inévitable »[414]. L'histoire économique récente, démontre que le seul droit qui surpasse les autres droits de l'homme, est le droit de commercer ou encore le libre-échange dans sa version sophistiquer que l'on nomme : mondialisation ou pour utiliser l'expression d'Antonio Negri et de Michael Hardt ; « Empire »[415]. C'est donc une nouvelle forme de contrôle et de domination cosmopolite subrepticement mené par l'économie mondialisée.

---

411 Antoine ARTOUS « Démocratie et émancipation sociale » in Op.cit., p.18.

412 Henri LEFEBVRE, Op.cit., p.9.

413 Max WEBER, Op.cit., p.41.

414 Idem, p.47.

415 Selon Michael Hardt et Antonio Negri, Empire est un appareil décentralisé et déterritorialisé de gouvernement qui intègre progressivement l'espace du monde entier. C'est une souveraineté qui a pris une nouvelle forme, composée d'une série d'organismes nationaux

La bureaucratie sociale s'est érigée comme une cadre politique et administratif de la normalisation de la logique productiviste du capital. Ce faisant la connexion de l'économie et du droit biaise dans les rapports intersubjectifs, la liberté du pauvre. Seuls ceux qui possèdent les moyens de production ont la liberté de jouissance alors que la majorité laborieuse est condamnée à souffrir. Le pouvoir appartient aux propriétaires capitalistes dont les prises de décisions concernant les orientations de la politique sociale, économique et culturelle ne coïncident pas souvent avec les attentes et les besoins des populations. Le nouvel État industriel dans lequel nous sommes, suite aux nombreuses mutations de la société humaine, laisse croire que nous nous acheminons allègrement vers une économie informationnelle dotée d'une technostructure cosmopolite qui, exige comme paradigme référentiel : la technologie. Cette infrastructure productiviste fait abstraction de ce que Marx appelle les prétendus droits de l'homme, de démocratie, de justice et d'égalité. En passant de l'économie au social pour arriver à la justice sociale, les normes structurant les interactions humaines vacillent face à l'influence des intérêts que chaque sujet commerçant tire.

La configuration institutionnelle revêtue par la production capitaliste est devenue dominante et innerve aussi bien tous les aspects de la vie sociétale que ceux de la vie spirituelle. Voilà pourquoi, chez Marx, la critique de la religion est avant tout la critique du droit et de l'État comme s'il y a une identité fonctionnelle et systémique de ces trois catégories apparemment différentes. Les auteurs comme Locke et Hobbes par leurs idées se rattachent au mercantilisme, même si contre Hobbes, Locke propose une théorie fondée sur la limitation du pouvoir du souverain. « Le droit de propriété, que Locke range parmi les droits naturels, est une arme contre l'absolutisme : puisque l'impôt est un prélèvement sur la propriété individuelle, il ne peut être légitimement levé sans le consentement [...] des contribuables »[416]. Car l'efficacité du droit repose sur le consensus des membres de la communauté sociale. Or, les individus ont la conviction que la normativité juridique n'est rien d'autre que produit de l'arbitraire institué par le système politique bourgeois.

L'absence d'une éthique de la gouvernabilité conduit à une gestion que seuls « les initiés, qui organisent les nouveaux instruments financiers, sont particulièrement bien placés pour en tirer la meilleure part, même le jour où les instruments se révèlent générateurs d'échecs. Ils ne sont ni salariés, ni investisseurs. Ils sont en général arrangeurs d'opérations, aiguilleurs d'épargne. Ces initiés peuvent ainsi s'octroyer au passage l'essentiel des richesses nouvelles créées par des innovations technologiques ou financières,

---

et supranationaux unis sous une logique unique de gouvernement. Cf Résumé dos carré du livre de Michael Hardt et Antonio Negri, *Empire*, traduit par l'américain par Denis-Armand Canal, Paris, Exils, 2000.

416 Jean BONCOEUR et Hervé THOUÉMENT, Op.cit., p. 51.

au détriment même parfois de ceux qui contrôlent les entreprises ».[417] La contradiction entre l'État de droit et le marché réside dans le fait que la démocratie n'est applicable que sur une sphère bien déterminée, à l'intérieure de frontières données, alors que le marché dit libre-échange ne connaît pas de limitation ; il est par essence transnational ou transfrontalier. À partir de ces deux aspects, on peut conclure sans ambages la suprématie du marché sur la démocratie.

La disparition de l'État de droit se fait au détriment d'une régulation d'un monde purement liée aux exigences des biens, des capitaux, des technologies et du travail productif considérés désormais comme des déterminants de la force juridique. L'idée d'une justice distributive renvoie au juste salaire, c'est-à-dire le salaire considéré comme normal dans la collectivité. Le principe d'égalité qui régit le droit et la justice s'étend à la fois à la politique et à l'économie. « Les exigences de chacun doivent rester modérées et, dans les échanges intérieurs et extérieurs, il convient d'appliquer le principe d'équivalence afin d'éviter toute spoliation du vendeur ou de l'acheteur »[418]. L'équivalence renvoie à l'équilibre dans les rapports entre les sujets commerçants. En effet, on constate une domination du capital sur le travail et sur le produit. Le libre-échange dans le procès de la marchandise « ne conçoit [...] plus aucune contrainte [frontalière et] morale, aucun état de droit ; il n'admet ni limite ni frein ; il se croit doter d'une intelligence absolue et s'estime résoudre toutes les difficultés [...]. Le monde de la finance est le reflet de cet univers sans état de droit, où tout est possible, dans un environnement d'optimisme et de virtualité absolue ».[419] L'organisation du marché ne peut s'accommoder du respect des droits de l'homme, car ce qui se passe sur le marché préfigure de ce que, est un monde sous l'emprise d'une classe bourgeoise dominante et qui tient les leviers de l'économie mondiale. Exemple : l'expression du G8 ou du G20, traduit ce que Marx appelle, la minorité dirigeante qui impose son diktat à l'humanité tout entière. Celle-ci a mis en place un système réglementaire commercial et financier global qui, s'impose à tous les États. C'est un gouvernement mondial en pleine édification qui s'inscrit dans une dynamique d' « un processus de construction européenne [...] que l'on pourrait appeler unionisation »[420]. La mise en place de cet outil de gestion et de contrôle des politiques macros et micros économiques nationales et supranationales, pourrait s'étendre à la longue à la consolidation d'un gouvernement mondial où le centre de décision serait évidemment l'Occident. Cette gouvernance internationale qui prend peu à peu forme est une nouvelle forme d'exploitation systémique qui ne peut exiger véritablement la traçabilité des produits aussi bien financiers

[417] Jacques ATTALI, Op.cit., p.140.
[418] Jean BONCOEUR et Hervé THOUÉMENT, Op.cit., p. 28.
[419] Jacques ATTALI, Op.cit., p.66.
[420] Idem, p.157.

que culturels, nous laisse perplexe devant les exigences d'une gouvernabilité socialisante de la société mondiale.

Le droit à la vie serait une simple utopie si les questions du dérèglement climatique, de la faim et du chômage ne seront pas résolues véritablement avec une volonté politique réelle des décideurs. « Le coût de l'impact écologique des émissions de gaz à effet de serre (ces produits toxiques [...] a été évalué à 3T, soit le même ordre de grandeur que les pertes actuelles liées à la crise financière. Un rapport de la commission européenne rappelle que l'économie du monde gaspille chaque année 5 T du fait de la déforestation. Et personne ne prend le problème au sérieux »[421]. D'ailleurs, cette passivité se comprend du moment où la logique de l'accumulation du capital exige un dépouillement démesuré de la nature par ceux qui sont censés la protéger. Sous l'apparence de la droiture, de l'honnêteté, de l'intérêt général, de la permanence, les pays pollueurs à dominance libérale se complaisent dans des résolutions jamais appliquées face aux menaces qui pèsent sur la planète. Ce qui cache leur mauvaise foi à faire régner la démocratie et la justice sociale en privilégiant toujours l'intérêt national au détriment de l'intérêt communautaire et humanitaire. La rationalité économique marquée par un ordre économique totalisant, est une objectivation de la domination de l'homme, en l'intégrant dans un système de valeurs et d'échanges universels. Elle engage tout de même un processus irréversible d'une redéfinition de la représentation du social. Cette transformation n'implique pas nécessairement une reconnaissance des individualités et des communautés en tant que conditions essentielles de la civilisation, mais plutôt comme conditions nécessaires à l'accumulation du capital. Cette distorsion dans l'appréciation des conditions de l'être et de l'avoir-être représente la problématique de l'éthique du développement humain. En effet, « les processus de globalisation provoquent d'importants changements des conceptions sous-jacentes du fonctionnement du système international, par exemple, en ce qui concerne les principes de l'intégrité territoriale et de la souveraineté nationale »[422] qui, sont des schèmes structurels de la démocratie et sa manifestation en tant que phénomène politique universel et majeur des peuples.

L'idéologie libérale de la démocratie comme cadre normatif et politique du libre exercice du marché mondial, masque et corrompt l'essence d'un régime anthropologique fondé sur une éthique de la gouvernance qui, au lieu de promouvoir, dans sa version bourgeoise, l'accumulation du capital à tous prix, doit être réévaluée à partir des normes et des législations propices à une solidarité citoyenne. Il est donc impératif de revenir à l'être perverti de la démocratie longtemps occulter par la rhétorique et l'idéologie de la mondialisation qui, se présentent aujourd'hui comme une infrastructure

---

[421] Idem, p.169.

[422] Michel BEAUD et al, *Mondialisation Les mots et les choses*, Paris, Karthala, 1999, p. 172.

socio-politique universelle dont part et s'interprète tout. De ce point de vue, notre jugement de la crise de la démocratie synonyme de crise des valeurs et des normes référentielles, prend l'allure d'un jugement ontologico-social fondé le développement.

III-Pour un jugement ontologique de la crise de la démocratie

La nouvelle vision de la démocratie devrait pouvoir aller au-delà des approches normatives et technocratiques par lesquelles s'évalue jadis une vraie démocratie. Paradigme universel téléporté à partir des modèles institutionnels occidentaux, la démocratie est souvent incompatible avec la réalité qu'elle prétend transformer.

> Au lieu d'analyser la gouvernance [démocratique] d'un pays à travers le prisme de ce qui devrait idéalement exister pour ensuite mesurer le décalage, il semble plus utile de partir d'une analyse réaliste d'où le pays se trouve, de chercher à comprendre les facteurs et les forces qui ont déterminé la mise en place des systèmes de gouvernance que l'on peut observer et identifier ce qui est politiquement faisable. Le défi consiste à vouloir regarder en dessous du sommet de l'iceberg pour mieux saisir et comprendre les vecteurs fondamentaux qui font bouger la gouvernance, tels que les enjeux de pouvoir, les intérêts, les ressources, les incitations au changement[423].

Cette ré-flexion doit conduire à un acte constitutif de la nouvelle communauté politique, c'est-à-dire celle qui accède à la fonction d'un pouvoir décentraliser par une gestion participative et transparente, mue par une éthique de la gouvernance et ayant la haute conscience de sa responsabilité face à l'histoire et à l'humanité. L'essentiel est de pouvoir maintenir la vision d'une société démocratique constituée de citoyens libres et acteurs réels de leur bonheur. C'est une objectivation du social qui transcende les clichés idéologiques ou dogmatiques du développement, pour devenir plus efficace et réaliste. La démocratie, dans ce sens, est citoyenne et repose sur une réforme aussi bien des pouvoirs publics que de l'État. Aujourd'hui l'espoir de contribuer à l'édification du pouvoir démocratique est déçu. La conception de la démocratie moderne qui est le paradigme d'une socialisation universelle, est réduite aux seuls mécanismes et procédures électorales pour élire des dirigeants et, occulte les modes d'exercice du pouvoir qui sont nécessaires à une paix durable.

Dans la démocratie bourgeoise, la notion d'intérêt particulier et d'intérêt général ne reçoivent pas une nette distinction. « La notion d'intérêt général est révoquée au motif, maintes fois exposé, qu'une référence ou une priorité collective ne peut exprimer l'intérêt général que si une institution peut garantir qu'il ne s'agit pas en fait d'intérêt particulier. Cette garantie ne pouvant être

---

[423] Séverine BELLINA, Hervé MAGRO et Violaine de VILLEMEUR (dir), Op.cit., p.369.

certaine, nous n'aurions rien de mieux à faire qu'à défendre nos intérêts particuliers : une régulation hors d'atteinte de toute volonté politique se chargera de les harmoniser »[424]. Le défaut de légitimité de la démocratie se trouve dans l'abstraction du collectif et du consensus. Ce qui fait qu'au fond le général ou la volonté commune ne reflète toujours pas la réalité sociétale. C'est cette subtilité politique qui n'est qu'une sorte d'arnaque du peuple, que dénonce la critique de la démocratie et de l'État bourgeois de Marx. Le peuple devrait représenter le vrai « *dêmos* ». Or, selon « les philosophes politiques que l'on peut rassembler sous le syntagme de démocratie délibérative, pour lesquels la distinction entre intérêts particuliers et intérêt général perd sa position centrale d'organisatrice de l'action historique : c'est la discussion, le *public reasoning*, le partage d'expérience, la concertation qui permet de définir les préférences, à la fois individuelles et collectives, les priorités politiques »[425]. Ici, l'accent est mis sur une éthique de la gouvernance qui exige une action concertée et collective afin d'établir sur la base de la transparence tout approche de développement.

C'est la recherche permanente d'un savoir commun, fait d'une communauté de convictions normatives et une confiance institutionnelle réciproque qui permet d'identifier les actions en vue d'un développement durable et inclusif. Cette démocratie radicale implique l'intercompréhension et l'usage d'une communication constructive. Les peuples ont le droit de refuser l'incapacité de la démocratie moderne, d'orienter le progrès de l'humanité face à la misère et au désespoir généralisés aujourd'hui dans les différents pays. La légitimité du pouvoir démocratique et le rôle du peuple comme substance constitutive représentent les catégories de l'appréciation d'une vraie démocratie. « La conception suivant laquelle on doit confier le pouvoir souverain à la multitude plutôt qu'à une élite restreinte, peut sembler apporter une solution, défendable dans une certaine mesure et sans doute même répondant à la vérité »[426]. La problématique de la démocratie numérique, ce qui est abusivement appelé la loi de la majorité, en termes de nombre, est évoquée dans l'approche aristotélienne du gouvernement démocratique. En effet, « la multitude [peuple], composée d'individus qui, pris séparément, sont des gens sans valeur, est néanmoins susceptible, prise en corps, de se montrer supérieure à l'élite de tout à l'heure, non pas à titre individuel, mais à titre collectif »[427]. Mais ce qui serait latent dans la conception du pouvoir de la minorité et du pouvoir de la majorité chez Aristote, c'est cette supériorité politique et sociale qu'il confère à l'élite minoritaire comme des gens destinés à gouverner et d'autres majoritaires destinés à être gouvernés. « Tous, en effet, possèdent un discernement

[424] Idem, p.162.
[425] Ibidem.
[426] ARISTOTE, *Op.cit.*, p.214
[427] Idem, p.214-215

suffisant une fois réunis en corps, et, mêlés aux citoyens de la classe supérieure, ils ne sont pas sans utilité pour l'État, de la même façon qu'un aliment impur mélangé à un aliment pur rend le tout plus nourrissant qu'une faible quantité d'aliment entièrement pur ; alors que chaque individu à part manque de maturité dans le jugement »[428]. En entreprenant cette dissolution comme une sorte de métabolisme politique de la majorité informe dans la minorité élitique, il démontre aisément cette assimilation de l'aristocratie à la démocratie et qui, pour la modernité, constitue aujourd'hui l'essence de la démocratie en dépit de quelques variantes contextuelles ou conjoncturelles qui, pour autant, ne changent pas fondamentalement l'essence de la démocratie.

Cette dissolution de la majorité inférieure dans la minorité supérieure, persiste en politique aujourd'hui, bien qu'étant un contre-sens de la démocratie car « la gestion des affaires publiques de la société reste aux mains de la minorité qui se constitue en la classe gouvernante »[429]. L'Identité populaire ou majoritaire qui caractérise la démocratie moderne n'est qu'un subterfuge qui dissimule la difficulté d'évacuer les formes résiduelles du totalitarisme et de l'aristocratie en vue de parvenir à la vraie démocratie. Cette inertie d'une conscience endoctrinée dans une idéologie de domination érigée en paradigme universel de gestion, fut radicalement condamnée par Marx. La liberté et la laïcisation sont les catégories fondamentales de maturation d'une citoyenneté propre à l'autonomisation des individus.

Revenir à l'essence de la démocratie, à l'être de la démocratie, c'est parler de la démocratie radicale ou de la vraie démocratie expurgée de tous travestissements. L'idée de peuple abusivement pris comme le sujet transcendantal de la gouvernance politique ou du pouvoir politique, retrouve une réalité politique. C'est aussi revisiter la problématique d'une liberté agissante le plus simplement possible. Autrement dit, les deux catégories politiques qui représentent le contenu substantiel de la démocratie sont : le peuple et la liberté.

À partir de là, se dégage clairement, la simplification sémantique de la démocratie qui rompt d'avec son étymologie plus ambigüe, c'est-à-dire la liberté du peuple. Car « parler du gouvernement du peuple par le peuple, c'est parler pour ne rien dire »[430]. La vraie difficulté de la démocratie est l'explication de ce qui rend le pouvoir acceptable (légitimité) et ce qui découle d'une confiance (relation citoyen-État). Dans la manière dont le pouvoir est dévolu à ses détenteurs, la reconnaissance des principes d'organisation de la communauté politique est aussi nécessaire. « Le peuple ne fait que légitimer le représentant en se délégitimant comme s'il ne servait que de passerelles, d'instruments d'établissement ou/et de renversement des gouvernants, de

---

[428] Idem, p.217.

[429] Faloukou DOSSO, Op.cit., p.30.

[430] Ibidem.

certains gouvernants »[431]. La légitimation légal-populaire décrit la relation dialectique entre le peuple et l'État sous la forme d'un artifice pour rendre le pouvoir durable. C'est de la fragilité de l'espace public que provient la nécessité de bâtir des normes dont la finalité est d'aboutir à la connexion du monde social dans son ensemble, en vue d'unifier l'espace politique. Nulle délibération politique ne peut donner un sens global à la société. La suspicion à l'égard de tout régime politique étant légitime, elle permet ainsi le contrôle politique des pouvoirs sociaux. Dans les sociétés dites démocratiques, la vigilance s'impose face aux formes idéologiques de la légitimité. Ce qui veut dire que le peuple diffère aussi bien de la masse que de la foule et, permet de comprendre l'unité du corps social. La masse rejoint la foule du point de vue caractériel et, diffère par-là du peuple. La méfiance des philosophes pour la foule ou pour la multitude est traditionnelle. L'ère de la masse ne s'assimile pas à la précellence de l'opinion ou de démagogues politiques qui rusent avec le peuple et le flattent abusivement. Elle ne résulte pas d'un dévoiement du jeu réglé de la confrontation des opinions.

La formation des masses exploitées ou de la multitude se contextualise dans l'histoire des révolutions du XXe siècle. Les luttes de classes et les processus révolutionnaires de l'histoire de l'humanité ont ruiné les pouvoirs politiques des nations et des peuples. Aujourd'hui, le contexte de nouvel ordre économique et politique mondial, a opéré une mutation dans la constitution de ce sujet politique. « La multitude affirme sa singularité en inversant l'illusion idéologique que tous les humains sont interchangeables à travers l'étendue du marché mondial »[432]. Cette multitude, contrairement à la figure qu'elle présente aujourd'hui et sa mise en communication universelle, n'était pas la réalité sociale, visible que percevaient des gouvernements de sages. Elle qui anéantirait l'histoire de toute la raison occidentale et du processus d'individuation, serait antérieure à l'émergence du sujet. « Le monde n'était pas encore un ; la foule n'était pas une et le peuple n'était au mieux qu'une réalité intellectuelle, en tout cas non concrète »[433]. La réflexion sur la multitude est mue par le désir d'un état social nouveau qui ne procède pas de la démocratie, mais au contraire la démocratie, au-delà des revendications des peuples, s'impose comme un antidote à la domination de la multitude inorganisée.

Le resurgissement du populisme sur la scène politique mondiale actuelle est un phénomène qui doit s'appréhender comme une crise de la modernité démocratique. Les masses inorganisée, inconsistante et incohérente s'opposent à l'existence d'une société organisée en démocratie politique. La problématique de l'unité ontologique et éthique du corps social qui se matérialise par la fusion des individualités, c'est-à-dire la somme des qualités

---

[431] Ibidem

[432] Michael HARDT et Antonio NEGRI, Op.cit., p.475.

[433] Nicolas TENZER, Op.cit., p.474.

intrinsèques, remodèle cette multitude dans la perspective d'une configuration nouvelle du monde. « Dans une collectivité d'individus, en effet, chacun dispose d'une fraction de vertu et de sagesse pratique, et une fois réunis en corps [communauté ou corps social], de même qu'ils deviennent en quelque manière un seul homme pourvu d'une grande quantité de pieds, de mains et de sens, ils acquièrent aussi la même unité en ce qui regarde les facultés morales et intellectuelles »[434]. La conséquence de cette unité réside dans l'objectivité qu'Aristote confère au jugement ou à l'appréciation faite « des œuvres des musiciens et des poètes »[435] . C'est la raison encore pour laquelle « la multitude est meilleure juge »[436]. La question de savoir « si à toute démocratie et à toute multitude il est possible de reconnaître cette supériorité de la foule sur le petit nombre de gens de bien demeure irrésolue, et peut-être, [...] est-ce une impossibilité manifeste de l'admettre pour certaines multitudes [...] ; mais pour une telle multitude déterminée rien n'empêche la vérité de ce que nous avons soutenu »[437]. Mais, où se situe cette supériorité ? Elle est évidemment numérique, c'est-à-dire quantitative. Ou est-elle aussi qualitative ? Dans la démocratie l'élitisme n'a-t-il pas plus de force, en termes de domination, d'instrumentalisation ou de manipulation de la multitude? La problématique sur les catégories constitutives de la démocratie, révèle bien sa fonction politique:

> Ces considérations peuvent nous aider à résoudre la difficulté que nous avons posée antérieurement [à qui confier le pouvoir], et en outre celle-ci qui lui fait suite, à savoir en quelles matières doit s'exercer le pouvoir souverain des hommes de condition libre et des citoyens du commun, entendant par-là ceux qui n'ont ni richesses, ni aucun mérite personnel à faire valoir. Si, en effet, admettre leur participation aux plus importantes fonctions publiques n'est pas sans danger (leur manque de probité peut les entraîner à des actes injustes, et leur irréflexion à des erreurs), leur refuser, d'autre part, tout accès et toute participation au pouvoir, c'est créer un risque redoutable (quand, dans un État, existent un grand nombre d'individus privés des droits civiques et vivant dans la pauvreté, cet État fourmille inévitablement d'ennemis). Il ne reste dès lors qu'à les faire participer aux fonctions délibérative et judiciaire[438].

Autrement dit, le « pouvoir du peuple » est politiquement dépourvu de réalisme politique, si ce n'est qu'une construction théorique ou un postulat politique pour juste le besoin de la science politique ou la démocratie tout court. L'esprit démocratique au siècle des Lumières ne peut donc reposer sur

434 ARISTOTE, Op.cit., p.215.
435 Ibidem.
436 Ibidem.
437 Idem, p.216.
438 Idem, p. 216-217.

le peuple du point de vue d'une approche essentialiste ou socialiste intelligible. C'est ainsi que Holbach entend :

> Par le mot peuple, on ne désigne point ici une populace imbécile, qui, privée de lumières et de bon sens, peut à chaque instant devenir l'instrument et le complice des démagogies turbulentes qui voudraient troubler la société. Tout homme qui a de quoi subsister honnêtement du fruit de sa possession, tout père de famille qui a des terres dans un pays doit être regardé comme citoyen. L'artisan, le marchand, le mercenaire doivent être protégés par l'État qu'ils servent utilement à leur manière, mais ils n'en sont de vrais membres que lorsque, par leur travail et leur industrie, ils y ont acquis des bien-fonds[439].

Ce qui caractérise le peuple, est son unité atomique, comme corps social indivisible au-delà des considérations sectaires ou de la stratification sociale qui, s'apparente à une hétérogénéité vitale normale. C'est un peuple indifférencié, cela sous-entend qu'on a exclu tout ce qui divise, distingue ou est confligèle. Dans ce cas, « la condition sociale, la naissance, les ressources, les goûts; mais plus encore que peuple d'hommes identiques, cela signifie peuple sans classe. Et c'est là, assurément, ce qui autorise le caractère unitaire de la notion de peuple, mais en même temps en accuse l'infirmité »[440]. La notion de peuple homogène pose la question de son identité et son assimilation à la notion de nation. C'est en elle que la vertu unificatrice de citoyen s'est construite en donnant naissance, face aux mutations sociétales, une nouvelle perspective de la démocratie citoyenne. « Target, dira [que] c'est dans l'état de séparation que les haines sont nées, c'est dans l'union qu'elles doivent s'éteindre..., ce n'est pas en séparant les gens, c'est en les rapprochant, en les forçant à s'aimer qu'on tue l'aristocratie et qu'on fait des citoyens. Si nous n'avons pas ce but, nous travaillons en vain à la régénération publique...Que tous, militaires, gens de lois, commerçants, cultivateurs, déposant leurs préjugés, ne soient plus que des citoyens »[441]. Dans cette notion globalisante et englobante du peuple, l'homme ne risque ni écrasement ni mutilation, même si cela donne lieu à une vision optimiste, on pourrait dire que l'individu abstrait et le peuple abstrait se placent d'emblée sur le plan théorique et leur conciliation va de soi.

Or, l'expérience, de nos jours, sur la scène politique et sociale, montre l'antagonisme tragique entre l'autonomie du peuple et l'autonomie individuelle. Cela remet en cause l'unité ontologique du peuple décrite par la pensée démocratique des Lumières. La philosophie politique en assimilant le peuple à la nation parvient, par ce fait, à une organisation constitutionnelle positive du social, mais qui mérite davantage de clarté conceptuelle. « Comme

---

439 Holbach in Georges BURDEAU, *L'État libéral et les techniques politiques de la démocratie gouvernée, Tome IV*, Paris, 1971, p.17.
440 Ibidem.
441 Ibidem.

le peuple dont la figure historique, la nation est une entité globale qui servira de support aux prérogatives que l'on reconnaît au peuple. Comme lui, elle est une collectivité unifiée mue par une volonté unanime ; et comme lui encore, son unité ne saurait être affectée par les divergences de sentiments ou d'intérêts, au demeurant accidentelles et mal fondées, qui opposeraient éventuellement les individus. [...] Le peuple devient le centre d'imputation quasi mystique de toute une série d'attributs qu'il doit, non à sa consistance à sa valeur quantitative ou à sa force, mais à une qualité abstraite, impondérable et dont on ne cherche aucune vérification expérimentale : sa souveraineté »[442]. La conquête de la souveraineté est permanente et implique une déconstruction du concept d'autonomie et de liberté pour se rapprocher de plus en plus de la réalité. C'est pourquoi, le sens de la vraie démocratie ou de la démocratie radicale, est manifeste dans un monde social et socialisant par le caractère acceptable des normes juridiques et morales. En clair, la démocratie citoyenne se fonde sur l'action collective et des relations mutuelles établies entre les sujets agissant de façon autonome sur la base de l'équité et du respect de l'autre.

Le conflit entre démocratie et économie est révélateur du fonctionnement de la logique productiviste dans les sociétés capitalistes. En effet, « dans les sociétés modernes capitalistes, le marché est l'exemple type d'une coordination purement fonctionnelle dont la caractéristique est d'être une régulation sans normes »[443]. Dans le système capitaliste, le domaine de l'action des hommes est plus organisé selon la logique interne de l'accumulation du capital, c'est-à-dire de son fonctionnement propre que selon la volonté des acteurs de la production. Autrement dit, c'est la loi du marché qui dicte ses exigences auxquelles doivent se soumettre les acteurs. C'est pourquoi, « dans le cas de l'intégration systémique, la coordination des décisions particulières est obtenue, non par la formation d'une volonté commune, mais par la conformité aux nécessités du bon fonctionnement du système »[444]. Elle représente un système d'organisation rationalisée comme nous le montre la production capitaliste avec l'essor de la technologie. En outre, elle met en jeu la notion de système qui est liée aux connexions fonctionnelles qu'entraînent les effets prévisibles de l'action comme on peut le noter dans le cas de la croissance économique ou des crises financières. On ne peut donc parler de démocratie véritable par le simple constat de l'influence de la haute finance aujourd'hui, sans oublier la place importante qu'occupe la bourgeoisie industrielle.

La démocratie, dans son essence, serait donc le moment de la conscience politique, de l'autonomie de l'homme écartelé entre l'économie et le social. Dès lors, la social-démocratie ne trouve son sens que par l'intégration sociale

---

[442] Idem, p.18.
[443] Séverine BELLINA, Hervé MAGRO et Violaine de VILLEMEUR (dir), Op.cit., p.89.
[444] Idem, p.90-91.

de tout l'homme. C'est dire que la démocratie citoyenne est celle qui prend en compte l'intégration sociale et politique nécessaires à la constitution d'une société humaine. En marge « de domaines d'activité comme l'entreprise et l'administration, qui sont les lieux de l'intégration systémique, il existe d'autres domaines d'activité qui sont les lieux de l'intégration sociale, tels que ceux de la sphère privée et de l'espace public qui structurent le monde vécu et où s'expriment et se forgent le goût, les savoirs, les opinions, les préférences, le souci de vie bonne et, en passant par les débats publics, la volonté politique »[445]. Cette idéalité vécue d'une société soumise aux exigences éthique d'une promotion de l'humanisme est ce que la démocratie citoyenne doit s'évertuer à construire.

Mais peut-elle réussir à relever ce défi face à la puissance subversive de l'argent ? Peut-on encore prétendre résister à la séduction de l'argent dans un monde enclin à la paupérisation croissante? L'instrumentalisation inique de la pauvreté n'est-elle pas contraire à l'idéal de justice et de développement durable ? Comment résoudre le rapport dichotomique entre le droit et l'argent dans le processus de socialisation de l'homme ? Cette problématique renvoie à la tension entre la démocratie et le capitalisme et leur influence réciproque sur la scène politique.

IV - La conflictualité entre droit et argent

Le rapport entre l'argent et le droit pose la question de la liberté et de la justice. Ils sont tantôt complémentaires tantôt antagoniques. Mais la nature de la société moderne caractérisée par la production et la consommation fait de l'idée de droit-égal un simple artifice politique. Le droit s'appuie fondamentalement sur la transcendance des normes qui instituent des principes et des règles de vie sociétales. De ce fait, au plan social on parle d'État de droit ou État démocratique. Ce droit permet à la société humaine la détermination d'un cadre juridique où s'exprime la citoyenneté et la souveraineté dans le sens de création et de maintien de frontières fixées entre les territoires, les peuples et les fonctions sociales qui les régissent. Ce qui fait que le droit représente pour modèle et pour code, une catégorie réflexive sur le pouvoir politique et sa capacité à instaurer une justice sociale. Il y a une dimension socio-éthique du rôle juridique qui se pose autour de la question de la norme et des sociétés de normalisation et de socialisation. Cette approche du droit à la société réactive le thème traditionnel de l'exploitation, où le concept de production que Marx a développé plus scientifiquement dans ses œuvres d'économie politique sous la dénomination : d'accumulation du capital.

Or, l'argent, au contraire « opère sur le plan de l'immanence, par l'intermédiaire de relais et de réseaux de rapports de domination, sans

[445] Ibidem.

référence à un centre transcendant de pouvoir. Il tend historiquement à détruire les frontières sociales traditionnelles, en s'étendant sur de nouveaux territoires et en englobant toujours de nouvelles populations dans ses processus »[446]. Cette tendance à l'uniformisation de tout sous la coupole de l'argent, phagocyte toutes les normes juridiques susceptibles de garantir à l'homme une réelle liberté et de lui permettre de résister efficacement à toutes les formes de discriminations liées aux statuts des individus dans la société. « Le capital fonctionne grâce à un décodage généralisé des flux, à une déterritorialisation massive, puis aux conjonctions de ces flux déterritorialisés et décodés »[447]. Face à ce nivelage de l'économie moderne, le droit a-t-il encore sa raison d'être ? La loi n'est-elle pas une sorte de caution juridique et sociale à l'exploitation de l'homme ? Quelle serait l'issue de cet antagonisme entre l'argent et le droit ? Si l'on veut saisir la transparence de l'ordre démocratique, il faut penser cette forte prégnance des intérêts économiques individuels dans la conduite de la vie sociale et ce qui reste de la place des droits de l'homme. Le sens du profit et le sens du droit coexistent certes, mais du point de vue strictement axiologique, le déni de reconnaissance des droits est lié à la puissance financière en jeu. L'équilibre entre l'argent et le droit ne peut s'établir que théoriquement. L'implication croissante du droit dans les affaires publiques ou privées, se manifeste par l'indifférence à l'égard des pauvres, une attitude traditionaliste d'hostilité à l'égard de la vie professionnelle temporelle. Notre société actuelle a transformé la psychologie sociale en une volonté de l'avoir-être. La puissance de l'argent comme un monstre qui dévore tout sur son passage a été dévoilé avec dextérité par Marx dans *les manuscrits de 1844* en son chapitre : « le pouvoir de l'argent dans la société bourgeoise ».

> Le fonctionnement déterritorialisant et immanent du capital selon trois aspects primaires que Marx lui-même a analysés. Premièrement, dans les processus de l'accumulation primitive, le capital sépare les populations des territoires spécifiquement codés et les met en mouvement. Il se débarrasse des propriétés et crée un prolétariat « libre ». Cultures traditionnelles et organisations sociales sont détruites dans la marche infatigable du capital à travers le monde, pour créer les réseaux et les voies d'un système économique et culturel unique de production et de circulation. Deuxièmement, le capital rassemble toutes les formes de valeur sur un même plan commun et les relie toutes par l'argent, qui est leur équivalent général. Le capital tend à réduire toutes les formes précédemment établies de statut, de titre et de privilège au niveau d'une relation d'argent, c'est-à-dire à des termes quantitatifs et mesurables. Troisièmement, les lois selon lesquelles le capital fonctionne ne sont pas des lois séparées et fixes situées au-dessus, qui dirigeraient de haut les opérations du capital, mais des lois historiquement variables qui sont immanentes au

[446] Michael HARDT et Antonio NEGRI, Op.cit., p. 396.
[447] Ibidem.

fonctionnement même du capital : les lois du taux de profit, du taux d'exploitation, de la réalisation des plus-values, etc.[448]

La contradiction fondamentale entre les exigences du capital et des droits fondamentaux de l'homme, réside dans l'injustice sociale occasionnée par le développement des inégalités sociales proportionnelles à l'accumulation du capital, de la richesse ou de l'argent. Au droit de l'homme se substitue la loi du libre-échange où le monde entier préfère la liberté individuelle à toutes les autres valeurs de justice et de solidarité qui déterminent la vie sociétale. Cette liberté individuelle fait référence à la capacité de l'homme de commercer avec son semblable sans limitation aucune. L'orientation de la politique sociale et économique est faite en réalité par le système financier mondial qui, prétend fixer des principes d'équité et de sécurité valable pour tous pour un développement durable. Dès lors, le droit et le capital sont ontologiquement et socialement antagoniques, de même le couple démocratie et marché n'est pas harmonieux.

D'abord, fondé sur la mise en œuvre de la liberté individuelle, faisant confiance au marché pour l'efficacité et à la démocratie pour la justice, [l'argent] déclasse toutes les autres valeurs, en particulier la solidarité. Il pousse à l'apologie, dans tous les domaines, de la liberté individuelle, c'est-à-dire du droit de changer d'avis. Tout devient réversible, précaire, même les contrats, qu'ils soient de travail ou d'alliance. Y compris, donc, le contrat social. Nul n'a plus de raison de respecter un engagement qui briderait sa liberté. Nul n'a plus de raison d'être loyal envers qui que ce soit que lui-même. Nul en particulier, n'a de raison d'être loyal à l'égard des générations suivantes ; nos arrières-petits-enfants n'ont pas le droit de vote ! L'apologie de la liberté individuelle fait ainsi de la déloyauté et de l'avidité des valeurs acceptables, elle détruit la stabilité des emplois, celle du droit, et contrecarre l'altruisme[449].

La résistance du droit à la corruption monétaire du social et du politique est problématique. La démocratie chancelle sous le poids du système financier. Les législations nationales et supranationales s'établissent en faveur de la régulation des marchés sous l'influence de la loi de la concurrence. L'argent exige un mécanisme de contrôle qui ne soit pas en contradiction avec ses propres lois. À travers le développement social du capital, les mécanismes de souveraineté moderne, entre autres le droit, la justice et les processus de codage et de surcodage sont remplacés par un espace lisse défini par « des flux non codés, de la flexibilité, une modulation continuelle et une égalisation tendancielle. La transcendance de la souveraineté moderne entre ainsi en conflit avec l'immanence du capital »[450]. En effet, le capitalisme dans son projet d'expansion cosmopolite semble faire fléchir l'application du droit face aux intérêts en jeu. Il y a donc une

---

448 Idem, p. 396-397.
449 Jacques ATTALI, Op.cit., p.141.
450 Michael HARDT et Antonio NEGRI, Op.cit., p.397-398.

instrumentalisation du droit qui se laisse donc gouverner par la puissance financière. Ce conflit entre le droit et l'argent permet « de penser les perspectives de l'émancipation sur la base des « acquêts de l'ère capitaliste [...]. Plus particulièrement l'émancipation dans ses rapports au dépérissement de la forme juridique et à la socialisation de la production, qui sont l'autre face de la perspective du dépérissement de l'État »[451]. Tout se passe comme si la justice sociale est devenue tributaire de l'argent. Or, l'homme doit se développer hors de « l'horizon borné du droit moderne qui pourra être définitivement dépassé »[452], car il ne reflète pas, dans son essence et dans sa fonction sociale, la norme juridique de l'humanisation. Le mirage de la justice résulte de l'incompatibilité ontologique entre le droit et l'argent. Il y a entre l'argent et le droit « une antinomie-problème »[453] sur le modèle de l'antinomie kantienne.

Le caractère contradiction de ce rapport réside dans le fait que c'est l'argent qui produit le droit et non le droit qui produit l'argent. L'analyse de cette proposition est inhérente à la conditionnalité imposée pour l'accumulation du capital. « Historiquement, le capital s'est appuyé sur la souveraineté et le support de ses structures de droit et de force, mais ces mêmes structures n'arrêtent pas de contredire (dans le principe) et de contrecarrer (dans la pratique) l'opération du capital, faisant finalement obstacle à son développement »[454]. Le capitaliste réclame un cadre juridique et législatif propice à la réalisation de ses projets d'investissement.

L'ordre démocratique tente toujours de consumer les velléités conflictuelles pour le libre épanouissement du capital sans toutefois se légitimer par son ancrage social. Il faut donc mener une réflexion approfondie sur la remise en cause des sources véritables des inégalités existantes en mettant en relief la question de la tension permanente entre le droit positif et l'économie ou simplement l'argent. « Le projet socialiste autogestionnaire peut et doit être relié à la citoyenneté abstraite. [...] Et c'est justement ce que font les mouvements altermondialistes en découvrant à quel point les choix économiques sont des choix politiques des enjeux de société »[455]. Ce rôle monétaire qui impacte sur les décisions sociétales en matières de politiques nationale et internationale, se retrouve, chez Marx, par le constat de l'influence politique directe des banquiers sous la Monarchie de Juillet. Cette réalité historique de l'hégémonie de la haute finance se poursuit aujourd'hui dans le système de production des sociétés modernes capitalistes.

---

[451] Antoine ARTOUSE, Op.cit., p.322.
[452] Ibidem.
[453] Pierre DARDOT et Christian LAVAL, *Marx, Prénom : Karl*, Paris, Gallimard, 2012, p.514.
[454] Michael HARDT et Antonio NEGRI, Op.cit., p. 398.
[455] Catherine Samary « De la citoyenneté à l'autogestion » in Op.cit., p.93.

L'argent en possédant la qualité de tout acheter, en possédant la qualité de s'approprier tous les objets est donc l'objet comme possession imminente. L'universalité de sa qualité est la toute-puissance de son essence. Il passe donc pour tout-puissant… L'argent est l'entremetteur entre le besoin et l'objet, entre la vie et le moyen de subsistance de l'homme. Mais ce qui sert de moyen terme à ma vie, sert aussi de moyen terme à l'existence des autres hommes pour moi. C'est pour moi l'autre homme[456].

La tonalité générale est donc celle de l'hégémonie de la haute finance avec des regroupements économiques supranationaux (UE Union Européenne) pour l'Europe, (BCEAO Banque Centrale des États de l'Afrique de l'Ouest) pour l'Afrique dont la gouvernance internationale et sous-régionale transcende très souvent les exigences d'un réel développement durable des peuples et, s'impose à eux comme une pilule difficile à avaler. Généralement, les programmes d'ajustement structurel, font l'objet de vives contestations de la part des populations.

Cette hégémonie est mise en relation avec l'idée d'un État démocratique, c'est-à-dire qui respecte les droits de l'homme. En réalité l'État-providence, n'a pas changé de nature, il a plutôt changé de méthode de gestion tout en étant aujourd'hui en arrière-plan, laissant la prédominance au secteur privé qui, représente l'aristocratie financière, l'intérêt de la bourgeoisie dominante. Néanmoins, l'État reste toujours très présent, car il est celui par qui se fait « la centralisation politico-administrative du pays […] redoublé au plan économique par la rente d'État qui profite à la haute finance…»[457]. Il devient, ce que Marx appelle, un appareil d'exploitation du prolétariat aux mains de la bourgeoisie. La banque est au cœur de l'élaboration de la politique macro et micro-économiques des États. Si les liens entre le droit et l'économie existent, ils se consolident en réalité à travers la Banque mondiale et le FMI qui dominent l'essentiel du système bancaire, tout en étant contrôlé par des représentants de ces hautes finances au niveau étatique. L'autonomie de l'économie à l'égard de la politique est donc bien réelle, mais le contraire n'est pas possible.

La structure juridique du champ politique national et international produit alors une sous-représentation de la couche sociale importante. Les ouvriers ne sont pas associés aux grandes instances de décisions qui s'imposent à eux. Ce faisant, le rapport conflictuel entre le droit et l'argent qui n'est rien d'autre que la revendication du droit à la vie des plus faibles économiquement et socialement, est l'expression d'une injustice séculaire qui doit, selon Marx, prendre fin par une révolution prolétarienne mondiale. C'est pourquoi, la détermination du politique se fait toujours sur la base de l'argent ou de l'économie. Aujourd'hui, il faut prendre en compte l'ensemble des éléments

[456] Karl MARX, *Manuscrits 1844*, traduit de l'allemand par Emile Bottigelli, Paris, Éditions sociales, 1969, p.119-120.
[457] Antoine ARTOUSE, Op.cit., p.161.

de la conjoncture économique afin de mieux apprécier les effets qu'elle peut avoir sur une conjoncture politique. La sûreté du peuple requiert la confiance réciproque entre les citoyens et les institutions. En effet, l'argent donne toujours une force décisionnelle à celui qui le possède, car il peut en faire l'objet de chantage et de pression dans le sens de son intérêt. Marx évoque ici ce pouvoir du capital qui rendrait le possesseur presqu'omnipotent :

> Ce qui grâce à l'argent est pour moi, ce que je peux payer, c'est-à-dire ce que l'argent peut acheter, je le suis moi-même, moi le possesseur de l'argent. Ma force est tout aussi grande qu'est la force de l'argent. Les qualités de l'argent sont mes qualités et mes forces essentielles à moi son possesseur. Ce que je suis et ce que je peux n'est donc nullement déterminé par mon individualité. Je suis laid, mais je peux m'acheter la plus belle femme. Donc je ne suis pas laid, car l'effet de la laideur, sa force repoussante, est anéanti par l'argent. De par mon individualité, je suis perclus, mais l'argent me procure vingt-quatre pattes ; je ne suis donc pas perclus ; je suis un homme mauvais, malhonnête, sans conscience, sans esprit, mais l'argent est vénéré, donc aussi son possesseur, l'argent est le bien suprême, donc aussi son possesseur est bon, l'argent m'évite en outre la peine d'être malhonnête ; on me présume donc honnête ; je suis sans esprit, mais l'argent est l'esprit réel de toutes choses, comment son possesseur pourrait-il ne pas avoir d'esprit ? De plus il peut acheter les gens spirituels et celui qui possède la puissance sur des gens d'esprits n'est-il pas plus spirituel que l'homme d'esprit ? Moi qui par l'argent peux tout ce à quoi aspire un cœur humain, est-ce que je ne possède pas tous les pouvoirs humains ? Donc mon argent ne transforme-t-il pas toutes mes impuissances en leur contraire ?[458]

Cette métamorphose de l'homme que l'argent opère est à la fois morale, social et spirituel. Mais au-delà de cette phénoménologie de l'argent il y a, aujourd'hui, dans la gouvernance financière, un effet planétaire négatif qui se manifeste par un manque de procédures concrètes et efficaces. Ce qui pétrifie l'entraide judiciaire internationale et empêche l'application des réglementations financières équitables pour tous les États. « [L'argent] est la vraie monnaie divisionnaire, comme le vrai moyen d'union, la force chimique universelle de la société. [...] Il est la divinité visible, la transformation de toutes les qualités humaines et naturelles en leur contraire, la confusion et la perversion universelle des choses ; il fait fraterniser les impossibilités »[459]. Il faut une éthique économique qui coïncide avec l'éthique sociale pour rendre la gouvernance politique plus humanisante. Rien ne permet juridiquement aux États de la périphérie de mettre fin à la discrimination dont ils sont victimes dans le traitement des institutions financières européennes. La traçabilité financière et juridique reste problématique. Le droit à la vie est foulé au pied par l'incapacité des programmes d'ajustement structurel d'assurer la cohésion

[458] Karl MARX, Op.cit., p.121.
[459] Ibidem.

sociale et la lutte contre la pauvreté. La contrainte extérieure des Institutions Financières Internationales (IFI) fragilise les sphères politiques nationales.

> [Elle] a parfois permis de cimenter l'opposition démocratique autour d'une même contestation voire de renforcer la cohésion nationale dans un élan patriotique dirigé contre l'imposition de règles [économiques] venues de l'étranger ; cet effet positif a cependant souvent été limité, voire ambigu (l'élan patriotique n'ayant pas toujours englobé toutes les composantes ethniques de la nation). Le discours patriotique dirigé contre le FMI et la Banque mondiale a été décrédibilisé par la corruption de certaines élites politiques, qui a semblé démontrer la collusion entre les intérêts des dirigeants politiques et ceux des pays riches et anciens colonisateurs représentés métaphoriquement par les IFI. Nombre d'africains ont donc associé les programmes d'ajustement structurel, la corruption des élites et la pauvreté croissante, perçus comme des preuves de l'incapacité de l'État à assurer ses missions. L'accroissement des inégalités régionales a eu les mêmes conséquences[460].

Ce qui fait de l'économie une logique de la prolétarisation qu'avait justement décriée Marx dans son analyse de l'économie politique bourgeoise. La relation entre l'architecture économique mondiale et le droit, la justice et la paix constitue le système de l'aliénation permanente de l'individu. Le capital est devenu moyen et pouvoir universels incontournables. Cette double nature, est extérieure à l'homme, c'est-à-dire ne vient pas de l'homme en tant qu'homme et de la société humaine considérée comme telle, « moyen et pouvoir de convertir la représentation en réalité et la réalité en simple représentation, transforme tout aussi bien les forces essentielles réelles et naturelles de l'homme en représentation purement abstraite et par suite en imperfections, en chimères douloureuses, que, d'autre part il transforme les imperfections et chimères réelles, les forces essentielles réellement impuissantes qui n'existent que dans l'imagination de l'individu, en forces essentielles réelles et en pouvoir »[461]. Or, ce pouvoir de l'argent qui transparaît dans la gouvernance économique mondiale devrait, selon le système commercial actuel de l'organisation mondiale du commerce (OMC), contribuer à la paix et à la justice mondiale.

En outre, il devrait mettre en place un ensemble d'objectifs, de règles et de procédures assurant à long terme le développement durable et la cohésion des économies nationales et mondiale pour le bien-être de l'humanité. Mais en réalité, ces « organisations économiques internationales (OEI), [...] favorisent le déclenchement des conflits armés. La gouvernance économique serait soit inexistante au niveau mondial, soit totalement aveugle à la

---

[460] Mayeul KAUFFMANN, *Gouvernance économique mondiale et conflits armés, Banque mondiale, FMI et GATT-OMC*, l'Harmattan, 2006, p.211.
[461] Karl MARX, Op.cit., p.122-123.

problématique de la prévention des conflits armés »[462]. Les structures économiques de la gouvernance économique mondiale, sont le symbole tangible de la mondialisation. Le droit à la vie fut l'élément motivateur du concept de « paix perpétuelle » de Kant. La sûreté mondiale pose la problématique des règles et des normes juridiques garantissant la paix et la justice et, susceptibles de prévenir les menaces sur la vie des personnes et de leurs biens. La mondialisation économique n'est pas limitée au seul commerce international des biens et des services. Elle englobe le droit, la démocratie et la justice qui sont des superstructures juridiques et sociétales sur lesquelles elle s'appuie pour son épanouissement cosmopolite. Tous ces facteurs tendent à modifier l'essence du droit et de la liberté citoyenne et, ont par conséquent, des répercussions sur le système politique national et international, en termes de contestation, de terrorisme et de recrudescence d'un nationalisme ou d'un patriotisme exclusionniste lié à la peur de l'autre. Entretenir la conviction que tout doit se ramener au droit, est un possible qui se détourne de toute action subversive et susceptible de contrarier l'ordre sociétal. Mais, le rapport de l'homme au système régulateur de ses interactions ne peut être légitime et légal que s'il y trouve les éléments qui correspondent à l'idée de son bien-être. Sur ce point, la pensée bourgeoise du droit comme principe d'égalité et d'équité, ne rencontre pas l'adhésion des pauvres dont la condition sociale et humaine, contredit l'effectuation du droit.

V- La psychologie bourgeoise et la psychologie prolétarienne du droit face à une antinomie de l'intersubjectivité

Une psychologie ramène à un mode de pensée, à ce qui caractérise la pensée et exige la connaissance de l'homme de sa propre existence. Marx récuse les antinomies mutilantes de la partie et du tout, du sujet et de l'objet, du singulier et de l'universel qui brouillent la réalité et empêchent de comprendre la condition humaine. Le droit est une représentation de l'universalité totalisante et organique. Il est en réalité la formalisation du rapport du capitaliste à la marchandise et lui permet de dissimuler son être égoïste dans l'indifférence totale à la majorité souffrante. Par opposition à l'universalité vide du droit, la contribution de Marx à la science sociale et au savoir révolutionnaire, n'est rien d'autre qu'une caractérisation de la politique moderne comme un pouvoir social aliéné. Une psychologie du droit est une pensée-action qui s'inscrit au cœur du processus de normalisation de la société capitaliste en la faisant intérioriser les principes déterminant l'agir humain. L'apologie du droit qui tente de concilier les contradictions en posant le principe d'égalité, ne peut pour autant lever l'équivoque entre l'ordre social et la normativité juridique.

---

[462] Mayeul KAUFFMANN, Op.cit., p.11.

La tension entre les différentes représentations de l'universel relève d'un problème de connaissance et de transformation. La phénoménologie du conflit des consciences, chez Hegel, dégage une norme sociale fondée sur la reconnaissance et une solution au conflit relevant de la rationalité juridique. C'est dire que l'empirie n'est pas un schème coupé de l'Idée, car l'identité entre le réel et le rationnel, masque au contraire chez Marx la vérité sociale. Pour comprendre le droit, il faut l'analyser dans son milieu de maturation, car il détermine aussi bien les comportements humains que la capacité qu'à l'homme de s'autodéterminer. La mentalité bourgeoise est consubstantielle à l'organisation étatique mise en place. L'organisation bureaucratique est une détermination formelle extérieure de l'au-delà étatique et qui n'a aucune réalité autonome. « La seule existence en effet que ce bourgeois trouve pour sa citoyenneté politique est son individualité pure et nue : l'existence de l'État comme gouvernement est fin-prête sans lui et son existence est fin-prête sans l'État. Ce n'est pas dans la contradiction avec ces seules communautés existantes, ce n'est qu'à titre d'individu qu'il peut être citoyen de l'État »[463]. Or, l'avènement de la citoyenneté moderne pose nécessairement la problématique de l'émancipation politique. À cet effet, rien n'empêche, a priori, de considérer tous les individus aussi bien théoriquement que pratiquement égaux dans l'exercice du pouvoir politique. Si dans la société civile-bourgeoise, l'individu est isolé, séparé d'avec sa réalité sociale et politique, c'est parce que le bourgeois conçoit son existence comme citoyen en dehors de l'existence communautaire qui, en réalité légitime la vie concrète. Kant dresse ici une typologie du politique à partir de ce qu'il appelle la loi permissive.

> Trois types d'hommes politiques. Le premier, le praticien de la politique, se soucie peu des principes moraux ; son action s'inspire des trois maximes machiavéliennes sur lesquelles se fonde la raison d'État : fais et excuse, si tu l'as fait, nie-le, et divise pour régner. À l'opposé se situe le moraliste despotique qui considère que les exigences de la raison doivent être appliquées immédiatement et avec brutalité et qu'il faut remédier sans délai aux défauts constatés dans le fonctionnement de l'État. Il y a enfin une attitude intermédiaire, celle de l'homme politique qui, sans perdre de vue les principes de la morale et les exigences de la raison, préférera s'approcher constamment du but en ménageant une progression[464].

Marx récuse ces trois catégories de politiques dont l'attitude ne se conforme pas aux exigences de la citoyenneté et surtout de la souveraineté articulée autour du pouvoir public. Le vrai politique est celui dont l'action milite en faveur d'une autonomisation vraie et vécue de tous les citoyens. Il doit donc être le héraut de la citoyenneté active, c'est-à-dire considérer que

[463] Karl MARX, Op.cit., p.132.
[464] Emmanuel KANT, Op.cit., p.27.

les individus sont dits égaux et libres en droit. Pour Marx, « l'individu n'est pas citoyen en fonction d'un statut social prédéfini (l'appartenance à un ordre, une communauté, une classe, etc.), mais par le mouvement qui le définit comme membre du peuple, citoyen égal aux autres citoyens. [...] Cette citoyenneté n'est pas une essence préconstituée, mais un rapport social construit à travers des luttes. Non seulement cette citoyenneté a été imposée à la bourgeoisie mais sa définition reste toujours l'enjeu de luttes »[465]. La citoyenneté active défendue ici exige une participation active à la vie de la cité comme expression vécue de la liberté.

Cette liberté concrète que revendique Marx montre que le concept de droit de l'homme ne doit pas être formel encore moins se réduire à une pure abstraction au détriment d'une visée prolétarienne du droit. Marx est un militant actif de l'émancipation politique. « Marx polémique contre Max Stirner qui s'imagine que les prolétaires se désintéressent de la qualité de citoyens. Or précise Marx, les prolétaires attachent au contraire tant d'importance à cette qualité, c'est-à-dire à la citoyenneté active, que là où ils l'ont, comme en Amérique, ils la font valoir, et que là où ils ne l'ont pas, ils veulent l'acquérir »[466]. L'existence du droit ne se légitime que parce qu'elle est au service des besoins et gère les interactions humaines. « Hegel explique donc l'existence du droit que par les besoins empiriques des individus… »[467]. Alors même que l'individu singulier croit se libérer totalement de ses besoins en les satisfaisant et en s'émancipant des contraintes naturelles qui pèsent sur lui, il génère un nouvel environnement contraignant, c'est-à-dire qui engendre une autre forme d'émancipation et de désaliénation. Cette réalité conceptuelle du droit amène Hegel à mettre de plus en plus en relief, le moment proprement moderne de la société civile, du système des besoins et du point de vue économique, l'esprit objectif de la société bourgeoise.

Il reste que le concept d'esprit objectif ne permet pas au philosophe de déduire les normes effectives, car celles-ci résultent des conditions simplement empiriques de la réalisation de l'esprit objectif. C'est pourquoi, « de même que les lois de la nature ne sont pas, aux yeux de Hegel, de simples réalisations particulières du concept, mais sont extrapolées par l'entendement réfléchissant du savant, de même les normes morales et juridico-politiques ne dérivent pas immédiatement du concept de l'esprit objectif mais renvoient à l'activité législatrice empirique du sujet de droit »[468]. La valeur morale démontre que la décision juridique ou éthique, même empirique, est objectivement fondée tandis que la décision morale ne repose comme le dit Kant qu'en elle-même. Aucun droit au-delà du subjectivisme hégélien et

---

465 Antoine ARTOUS « Démocratie et émancipation sociale » in Op.cit., p.13.
466 Idem, p.18.
467 Karl MARX et Friedrich ENGELS, Op.cit., p.315.
468 Gilles MARMASSE « Qui est coupable ? Action et imputation chez Hegel » in Jean-François KERVÉGAN et Gilles MARMASSE, (dir), Op.cit., p.266.

kantien, dans un État moderne et qui se veut démocratique, ne peut être dissimulé par une restriction secrète, comme on l'observe dans l'élaboration des constitutions modernes. Là le peuple n'intervient qu'à la fin du processus sous la forme référendaire ou d'une approbation collective pour légitimer en quelque sorte l'arbitraire ou non du législateur.

L'approche consensuelle même si elle existe n'est pas aussi transparente face à l'intentionnalité de la loi et aux intérêts en jeu qui la conditionnent souvent. Penser toutes les lois comme émanées de la volonté publique, selon l'idéologie prolétarienne, c'est accepter une approche participative et constructive de tous afin de légitimer le consensus ou parvenir selon l'expression d' Habermas, à une « intercompréhension des sujets rationnels ». Tel est « l'unique palladium des droits du peuple. Car vouloir lui refuser également cette liberté, ce n'est pas seulement lui ôter toute prétention au droit [...], mais c'est enlever à ce dernier, dont la volonté, par cela seul qu'elle représente la volonté générale du peuple, donne des ordres aux sujets comme à des citoyens, toute connaissance de ce qu'il modifierait lui-même s'il était informé, et c'est le mettre en contradiction avec lui-même »[469]. En l'absence de cette liberté populaire, nous détruisons par-là la notion de volonté générale, de démocratie citoyenne et de justice que nous considérons, car dès l'instant qu'il n'y a plus la manifestation concrète de la volonté générale, de la liberté, il n'y a pas de peuple, pas de citoyens non plus.

C'est pourquoi, se représenter une chose publique soumise à la seule loi du peuple sans le moindre résidu de liberté, est impossible et un contresens dans le terme que de se le représenter absolument libre. L'exigence d'une vie bienheureuse en société se fonde sur la volonté libre de décider soi-même ce qui serait à sa convenance. Cette conscience de sa responsabilité politique et sociétale exprime l'essence de la liberté et l'intelligibilité des lois universelles et universalisables. Si le droit est une norme organique et organisatrice de la société, il est avant tout une pratique sociale révélatrice de l'instinct du vivre-ensemble et de la nature communautaire de l'homme comme l'avait dit Aristote.

Chez Marx, le vrai droit renvoie à un « ordre social communautaire, fondé sur la propriété commune des moyens de production, les producteurs n'échangent pas leurs produits, de même le travail incorporé dans ces produits n'apparaît pas davantage ici comme valeur de ces produits »[470]. Ce passage est un procès fait au droit bourgeois dont l'essence est la propriété privé ou encore ce que Marx nomme le droit de l'homme égoïste. Il met en exergue l'idée d'un dépérissement de l'État qui dans sa forme bourgeoise entretient un rapport exclusif avec la liberté et vice versa. L'idée du droit égal bourgeois, qui règle les rapports marchands, dans son application est un progrès chez Marx, par rapport à la société capitaliste, car dans cette société « l'échange

---

[469] Emmanuel KANT, Op.cit., p.54.

[470] Marx in Antoine ARTOUSE, Op.cit., p.296.

d'équivalents n'existe pour les marchandises qu'en moyenne et non dans le cas individuel »[471]. La référence à la justice distributive serait l'émergence de la véritable essence de l'homme par un travail qui ne l'aliène plus. Dans la société capitaliste, le formalisme juridique qui institue les rapports de sujétion, ne peut représenter les normes sociales. « De la même façon que le droit égal abstrait est partiellement concrétisé, puisqu'il fonctionne pour chaque individu, l'abstraction juridique connote l'individu de façon plus concrète puisqu'il est saisi comme travailleur et non seulement comme citoyen, hors de toute détermination sociale »[472]. Or, l'humanité présente une vocation juridique de sociabilité qui favorise l'épanouissement de notre être générique libre et, permet au peuple de juger régulièrement de son bonheur et de ses droits d'après les conditions politiques et sociales dans lesquelles il se trouve. À l'universalisme abstrait de la loi, il faut substituer un universalisme concret, c'est-à-dire « le pouvoir public ne se contente plus de remplir des simples fonctions administratives, mais existe comme appareil de coercition visant à faire respecter des normes juridiques comme normes sociales »[473].

Dans la société bourgeoise, puisque le droit se réduit aux normes de consommation, l'instauration de la propriété collective des moyens de production, selon Lénine, entendue comme simple étatisation et suppression de la propriété privée, est synonyme d'abolition de ce même droit. Pasukanis, quant à lui, perçoit déjà l'émergence d'une nouvelle forme de régulation des rapports sociaux non plus juridiques comme dans le cadre de la propriété privée, mais qui s'appuie « sur des fonctions techniques de production. C'est dans ce cadre que le juriste soviétique pense les conditions de dépérissement des catégories juridiques après la prise du pouvoir par le prolétariat en distinguant les normes juridiques marquées par les différences et les oppositions d'intérêts et les normes techniques relevant de la rationalité du but, de l'unité du but [qui] représente la condition de la règlementation technique »[474]. Dans son analyse du rapport juridique, « Pasukanis ne peut traiter du droit public comme de la forme de réglementation politico-juridique des rapports sociaux qui en découle et permet de déterminer les droits et les obligations des individus par rapport à l'État, de définir ce qu'est l'homme politique de la société de transition. [...] C'est alors [de] celui du rapport entre doit et moralité que ressurgit la question des relations de l'individu avec la collectivité »[475]. La régulation juridique et institutionnelle a nécessairement une vocation de normalisation de la vie communautaire sans toutefois remettre en cause l'être et le devoir-être du citoyen. Les droits sont donc l'expression de légitimation de l'être social et spirituel.

---

[471] Ibidem.
[472] Ibidem.
[473] Idem, p.297.
[474] Idem, p.298.
[475] Idem, p.299-300.

Conclusion

La démocratie moderne souffre d'une crise identitaire, celle liée à sa propre nature d'être un paradigme politique universelle tournée vers le principe d'autodétermination des peuples. L'amélioration du cadre constitutionnel exige non seulement un bon régime politique, mais aussi que le comportement des citoyens soit conforme à l'idée de droit. L'essence de la démocratie fondée sur le compromis et des bonnes pratiques de gestion publique, n'est pas vécue par les peuples comme une réalité objective institutionnalisée. Le droit, en tant que substance sociale coercitive et réglementaire, implique un changement qualitatif dans la gouvernance démocratique. Mais, l'irrationalité contenue dans le concept de la démocratie a suscité l'idée de sa déconstruction tantôt sous le mode d'une réforme, tantôt sous la forme d'une révolution politique. Et c'est de ce dernier que Marx va considérer le droit comme simple supra-structure et rejette sa capacité normalisatrice de son projet historique, car il y voit nécessairement une incompatibilité systémique entre l'infrastructure socio-politique et le droit. Ce qui altère le sens de la liberté et de la justice sociétale. On y voit la nécessité de la substitution à la justice telle qu'elle se présente dans la société bourgeoise, la justice distributive sur la base de l'équité et de la proportionnalité rémunératrice du travail. Si la justification politique de la démocratie a perdu son sens, c'est parce qu'elle fut emportée par la consolidation de la figure de l'aliénation économique et érodée par une mentalité bourgeoise en perpétuelle contradiction avec l'idéal de justice revendiquée par la multitude. C'est pourquoi, l'affirmation d'un ordre social stable et harmonieux en lui-même passe par le maintien et l'efficacité de son système juridique et démocratique.

TROISIÈME SECTION

LE DROIT ENTRE RÉALISME ET UTOPIE

Contrairement aux philosophes du contrat, les droits de l'homme pour le marxiste, « ne lui apparaissent pas comme l'expression de la volonté générale, au service de l'intérêt commun, mais comme instruments de dominations d'un groupe sur un autre groupe, d'une classe sur une autre classe »[476]. Si le droit régule les interactions, « il s'agit de mieux comprendre les ressorts de ce monde de manière à préparer et à impulser, sans compromettre sa fécondité, une réorientation économique et sociale qui permettra aux déshérités et aux exclus, fraction majoritaire de la population mondiale, d'entrer dans des activités conçues à la fois en fonction de leurs capacités et en vue de leurs besoins »[477]. C'est pourquoi, « la constitution n'est rien d'autre qu'une certaine manière d'organiser ceux qui vivent dans la cité »[478]. Cette réalité juridique oscille entre son effectivité et sa formalité et, fait donc de la théorie du droit une connaissance qui s'évalue toujours à l'épreuve des faits.

---

[476] Maurice DUVERGER, *Droit constitutionnel et institutions politiques*, paris, PUF, 1958, p.333.

[477] Paul LADIÈRE et Claude GRUSON, Op.cit., p.252.

[478] ARISTOTE, Op.cit., p.165.

Chapitre premier

La crise de légitimité du droit positif

L'existence humaine suppose l'égalité pour éviter les interactions fondées sur la domination arbitraire entre deux êtres humains. C'est dans ce contexte que le droit intervient comme le cadre institutionnel de la liberté et de la justice en vue de promouvoir cette sociabilité. Relativement à la réalité sociale, les mots : droit positif, justice et égalité sont synonymiques, c'est-à-dire l'un renvoie à l'autre. La justice égalitaire qui caractérise le droit positif, montre que le droit positif est la synthèse du droit aristocratique fondé sur l'égalité et le droit bourgeois fondé sur l'équivalence, mais qui en fait est un droit de propriété. C'est pourquoi, « le Droit [positif] des sociétés plus ou moins aristocratiques présente généralement un caractère bourgeois »[479]. Or la légitimité n'est pas un concept a priori valide en politique. Lorsqu'on parle de la légitimité du droit, c'est parce qu'elle exprime le soubassement de toute société démocratique. Dès lors, cette légitimité du droit ne peut exclusivement être politique, elle doit être aussi sociale. Toute légitimité, dit Georges Burdeau :

> Est relative, puisqu'elle est tributaire d'une série de facteurs contingents dont l'action est attestée par la succession des principes de légitimité qui, dans un pays donné, se sont imposés au cours des temps. [...] Un [droit] qui a été tenu pour légitime peut cesser de l'être dès lors qu'en face d'exigences sociales nouvelles il ne sait ni les réduire ni s'en inspirer, on comprendra que la légitimité ne saurait à elle seule constituer l'assise d'un ordre juridique stable, car sa mise en cause suscite moins des citoyens que des fanatiques, des rebelles ou des indifférents[480].

Cette relativité de la légitimité, montre qu'aucun gouvernement ne peut être fondé en raison ni justifier à partir d'une rationalité. Il n'y a aucune réalité qui corresponde véritablement à cette expression de valeur sociale du droit, laquelle dénote la même espèce d'anthropomorphisme et de personnification de la société que l'on retrouve dans les termes de justice sociale. Il est donc impossible de déduire le politique du juridique. Maintenir le droit, c'est maintenir la société gouvernée, c'est par conséquent se maintenir en tant que gouvernant. Mais cela ne veut pas dire que la vie juridique et la vie politique intérieure sont identiques. Si la légitimité renvoie aussi à la justification de l'obéissance ainsi qu'aux fondements juridiques du pouvoir, c'est parce qu'elle recouvre ce pouvoir d'une écorce éthique, c'est-à-dire ce qui fait sa valeur. Ce paradoxe constitutif de la démocratie démontre bien que celle-ci est toujours en crise.

---

[479] Alexandre KOJÈVE, Op.cit., p.285.
[480] Georges Burdeau in Nicolas TENZER, Op.cit., p.160.

I- La métalogie du droit positif

Immergé dans la rationalité, la systématisation du droit positif porterait un dispositif normatif inattaquable, comme un concept conscient de sa fragilité pratique, se construit une forteresse où il peut régner en toute quiétude. Hans Kelsen en formalisant les logiques symboliques du droit, démontre ainsi donc à la fois la consistance et la complétude du droit positif à l'instar de l'autonomie de la volonté de Kant dont la logique transcende les normes de la morale classique. Ici, il ne s'agira pas pour nous de revenir sur le dispositif normatif du droit positif déjà bien élaboré par Kelsen, mais de rechercher les implications pratico-théoriques dans l'effectivité du droit positif. Ce juridisme kelsenien porte en lui une rationalité dogmatique qui fait du droit l'unique principe de liberté et de démocratie. Il fait du droit la seule alternative de l'émancipation politique en transformant le sujet social en un sujet juridique et, du coup, il escamote cette forme d'émancipation qu'il faudrait compléter par une émancipation sociale. L'émancipation politique qui repose sur l'égalité des citoyens demande que l'on fasse abstraction des particularités et du statut social. Cette mise en équivalence de tous les êtres se traduit par les droits politiques égaux et leur exercice. Mais, « l'abstraction politique n'est pas une simple mise en équivalence : elle est l'effet d'une dissociation réelle une scission entre la société civile-bourgeoise et l'État »[481]. Certes, Marx peut parler d' « un grand progrès » mais, il n'occulte pas la contradiction inhérente à cette société où s'affrontent les intérêts égoïstes. Pour les théoriciens du contrat, ces contradictions positives participent de la dynamique de la démocratie. En effet, tout État bien qu'on le déclare mauvais ou imparfait, porte néanmoins en lui les moments essentiels de son existence.

L'État moderne s'attache au droit comme la panacée toute trouvée d'une humanité émancipée ou libre. Or, si cette essence de l'État où le droit positif est ce qui est exclusivement reconnu pour les théoriciens du droit comme juste et bon, en réalité il ne peut satisfaire les exigences sociales de la volonté générale et même la liberté civile. Le droit positif sans enracinement dans la structure sociale comme ancrage politique de tout processus d'autonomisation réelle et de vraie démocratie, ne peut que se complaire dans un pur formalisme.

C'est à partir du droit que se mesure toute la portée de la démocratie citoyenne. Dans ce sens, le droit doit être en mesure de satisfaire le besoin de régulation qui naît spontanément dans une économie et une société. C'est pourquoi, « une norme du droit peut être déduite comme bien fondée et conséquente à partir des conditions et des institutions existantes du droit et peut être, [...] pour elle-même contraire au droit et déraisonnable »[482].

---

[481] Henri MALER « Marx, la démocratie, le communisme » in Op.cit., p.102.

[482] Éric WEIL, Op.cit., p.30.

L'influx éthique du développement humain est resté à la périphérie du droit positif et par ce fait légitime toute contestation de l'État dit démocratique ou État de droit. « La science positive du droit ne doit pas s'étonner [...] quand on lui demande si [...] une norme du droit est, en plus, raisonnable »[483]. Ce positivisme juridique ne peut à son corps défendant, se départir de son écorce éthique et morale. Ce que nous entendons par raisonnable, exige avant tout une analyse sémantique de ce qu'est la norme selon Kelsen. « Le mot norme vient du latin *norma*, et a pris dans la langue allemande le caractère d'un mot d'emprunt par lequel on désigne [...] en premier lieu un commandement, un ordre, une prescription »[484]. La norme apparaît ici comme une fonction du droit dans sa manifestation aussi bien théorique que pratique. Si le raisonnable dont il est précédemment question renvoie à ce qui est normal, sa « validité est l'existence spécifique de la norme qu'il faut distinguer de l'existence de faits naturels et en particulier de l'existence des faits par lesquels la norme est créée. La norme statue un devoir-être »[485]. Exprimé sous forme de l'adjectif « normal, ce n'est pas un devoir-être, mais un être qui est ainsi exprimé. Normal est ce qui en règle générale a effectivement lieu. Dans la mesure où cela signifie également un devoir-être, on présuppose la validité de la norme selon laquelle ce qui a l'habitude d'avoir lieu en règle générale, doit aussi avoir lieu, et qu'en particulier, une personne doit se comporter comme les personnes ont l'habitude en règle générale de se comporter »[486]. La fonction régulatrice de la norme exige donc pour qu'elle soit optimisée et opérationnelle non seulement sa validité mais aussi son efficacité intrinsèque.

Or, le positivisme ontologique du droit que défend Kelsen, est confronté à la nature intempestive de l'homme et aux contingences de la réalité sociale qui représentent le cadre idéal de son évaluation. En regard de ce qui précède, l'homme a le droit de critiquer et de refuser tout ordre social ou État. « L'État empirique peut être imparfait et tout n'est pas toujours pour le mieux dans le meilleur des mondes ; le droit positif peut être déraisonnable, l'État concret peut être dépassé par l'histoire »[487]. L'État politique dont le but est la réalisation de l'humanité de l'homme a par essence une nature d'abord anthropologique. Dans cet espace politique et juridique, l'abstraction politique est soutenue par un positivisme juridique structurant les rapports interpersonnels et les échanges de biens entre les hommes et les nations. La solution à l'incertitude du positivisme juridique, est :

> La sagesse politique [...] ; elle est évidente pour tout un chacun et, en ruinant toute espèce d'artifice, conduit tout droit au but, l'habileté, toutefois, nous rappelant qu'il ne faut pas tirer ce but à soi avec violence et précipitation, mais

---

[483] Ibidem.
[484] Hans KELSEN, Op.cit., p.1.
[485] Idem, p.3.
[486] Idem, p.4.
[487] Éric WEIL, Op.cit., p.30.

> qu'il faut s'en rapprocher sans relâche suivant la nature des circonstances favorables. Car la morale a ceci de particulier, du point de vue de ses principes de droit public par conséquent, relativement à une politique connaissable a priori, que moins elle fait dépendre la conduite du but que l'on se propose, de l'avantage matériel ou moral que l'on a en vue, et plus elle se trouve en accord avec ce but d'une manière générale[488].

On constate que cette sagesse ne peut changer le monde et la vie par une mise en demeure, directement issue de la *praxis*, car « la pensée se constitue aussi en considérant le quotidien, exclu de la philosophie »[489]. La praxis révolutionnaire exige au contraire de maintenir la tentative de la pensée extrême. La pensée juridique quant à elle doit être un savoir complet possible comme le souhaite Kelsen et qu'il nomme « positivisme juridique ». Elle doit faire de l'élaboration du cadre normatif du droit des analyses soumises passionnément au feu de la discussion selon Habermas afin que le droit cherche à se fonder sur une science de l'exactitude. Ce pragmatisme juridique qu'exige une ontologie réaliste et objective du droit, est la caractéristique fondamentale de la postmodernité.

La postmodernité marque le processus du déclin, du dépassement de la modernité juridique contenant parmi ses principaux symptômes, le recul de la volonté étatique dans l'élaboration du droit. Ce recul se justifie par la crise de la souveraineté sous l'emprise de la mondialisation économique où on assiste au primat de l'économie sur la politique et le droit. La judiciarisation du politique s'en est suivie avec la montée en puissance des contentieux constitutionnels et supranationaux. Par conséquent, on observe une crise de légitimité de la représentation nationale qui en fait, est une sorte de relégation sensible du modèle républicain et étatique qui se profile dans une logique libérale et pluraliste. Mais il faut relativiser l'approche de l'ontologie idéaliste-subjectiviste pour sortir de la querelle classique entre ces deux paradigmes (idéaliste et matérialiste) de l'ontologie du droit. On déclare que le vrai, selon l'ontologie idéaliste-subjectiviste est en dehors de ce monde.

> Hegel refuse d'admettre que la raison ne se rencontre que dans les phénomènes naturels, tandis que le domaine de l'action et de l'histoire serait abandonné aux sentiments, aux désirs, aux passions. Comme il y a science de la nature, il y a science de l'État, et la raison n'est pas plus cachée dans les productions de la conscience humaine que dans les phénomènes naturels, pourtant considérés comme compréhensibles par tout le monde, c'est-à-dire comme raisonnable quant à l'essentiel[490].

---

[488] Emmanuel KANT, Op.cit., p.81.
[489] Henri LEFEBVRE, Op.cit., p.17.
[490] Éric WEIL, Op.cit., p.26.

La science ne saurait être que théorique, c'est une recherche de ce qui est réel, car elle saisit ce qui est. Le droit et la morale ne peuvent avoir un sens concret qu'au sein d'un État. Le point commun entre matérialistes et idéalistes, est que l'idée d'universalité interprétée diversement, est le parachèvement de la liberté concrète. Elle est le milieu dans lequel l'homme vit avec la reconnaissance de sa conscience morale par ses semblables. Cela lui permet d'agir, d'assumer ses responsabilités et surtout de faire l'essentiel, c'est-à-dire de réaliser le Bien. « Et cette morale concrète [juridictionnelle] lui permet de réaliser le Bien, parce que ce Bien existe déjà, parce qu'il existe dans un monde humain de la liberté réelle... »[491]. Même si la déconnexion de la réalité qu'on reproche à l'ontologie idéaliste-subjectiviste ne peut se soustraire du versant historiciste qui semble lui donner de la consistance, force est de reconnaître qu' « il n'y a pas de morale concrète en dehors d'une situation concrète : il faut que la volonté comprenne que le bien est, que la liberté existe dans le monde objectivement, que l'action a un sens... »[492]. L'efficacité qui se substituait à l'initiative, au choix et à la décision comme engagement de la philosophie et de l'ontologie tout court, s'identifie à la *praxis* dans une pensée dialectique. L'homme total de Marx se révèle dans une synthèse possible entre l'attitude politique, esthétique et scientifique qui sont des incompatibilités que vit la *praxis* et au milieu desquelles, surgit la vérité. Mais « L'action a trop fasciné l'intellectuel comme un mystère. Il a cru trouver le remède à la stérilité de la pensée dans l'anti-pensée. Il a dégradé l'éthique en mythique, puis en religion, plutôt que d'affronter l'éthique à la politique sans fuir la contradiction »[493]. Il est clair que l'action qui légifère ou institue comporte un risque de son propre échec, car au risque matériel s'ajoute le risque d'échec éthique.

Au contact du réel, un principe juridique peut se manifester comme insuffisant et lacunaire, ou inapplicable. Par exemple, le droit de ne pas porter atteinte à l'intégrité physique et morale de la personne humaine qui fonde la maxime : « Ne pas torturer », ne peut subsister en tant que tel dans certaines conditions de la vie. On découvre qu'il y a des cas où il faut avoir le courage de torturer. Expérience faite, il arrive qu'on se dise : j'aurais dû infliger cette torture. Et la morale pure, l'idéal subit une réfraction inévitable ; ce qu'on ferait si on vivait dans une société parfaitement juste, on ne peut le faire dans la société présente, où sévit encore l'injustice. La métalogie du droit positif doit se comprendre donc comme dépassement de la logique juridictionnelle telle que conçue par l'ontologie idéaliste-subjectiviste et approfondie par Kelsen sous la dénomination de *la théorie pure du droit*[494]. Cette métalogie

---

[491] Idem, p.41.

[492] Ibidem.

[493] Edgar MORIN, Op.cit., p.38

[494] Œuvre majeure de Kelsen dans laquelle il expose l'autonomie du droit positif, par la capacité de sa fonction juridictionnelle à résoudre dans un cadre normatif absolu et déterminé, les différends qui opposent les citoyens.

du droit positif dans un élan de transcendance vers ce qui est essentiel sans s'empêtrer dans les paradigmes ontologiques qui s'affrontent, ouvre la voie à une anthropologie pragmatique qui serait la voie médiane entre le phénoménal et le nouménal.

> Les phénomènes du sens interne, s'ils peuvent demeurer l'objet d'une psychologie descriptive, ne sauraient en tout cas définir une objectivité scientifique [du droit]. Si, décidément, le discours [du droit] sur l'homme ne doit pas demeurer chômé (ce qui, pour des raisons claires, n'est pas concevable dans le cadre d'une philosophie affirmant « partir de la subjectivité ») ni se trouver restreint à la philosophie morale (qui n'en prend en charge que certains aspects, plus nouménaux, à vrai dire, que phénoménaux), [...] l'anthropologie pragmatique [...] est rigoureusement déterminé : il [son objet] s'identifie aux comportements de l'homme dans la société et dans l'histoire, à ses conduites ou à ses actes, en tant que ceux-ci sont animés par sa vocation à la liberté[495].

Seule la possibilité d'une liaison du droit positif à la fois avec une partie empirique à l'éthique et avec la morale, sa partie rationnelle pourrait donner une efficacité à la science juridique. Cette autonomisation du droit par Kelsen représente ce qu'Henri Lefebvre appelle le *résidu*. C'est un concept original de la métaphilosophie sur lequel nous pouvons mieux cerner le dépassement de la philosophie en général et de la logique du libéralisme juridique en particulier. « Le résidu est la conséquence du processus d'autonomisation. Il veut très exactement exprimer ce qui est expulsé : le singulier et la liberté par l'État, le désir et la subjectivité par la cybernétique... »[496]. On pourrait dire que ce qui reste dans le dépassement de la philosophie du droit, est cette vérité ontologique qui assimile le droit positif à la réalisation de la totalité et de l'individualité de notre être.

Le droit positif serait en réalité anthropogène. Le *aufhebung* hégélien exprime une critique de la philosophie à partir des résidus, ces laissés-pour-compte des systèmes clos et achevés du point de vue de la perfection et des spécialisations. « [La métaphilosophie] consiste à parier sur l'ensemble de ces résidus, le malaise et le mécontentement irréductibles à travers et sous les satisfactions parcellaires ; la quotidienneté, la jeunesse, la déviance, le sous-développement, etc. »[497]. À ce sujet, « la méthode des résidus cherche à les détecter et à en dégager la précieuse essence »[498]. Le devenir de la philosophie du droit se joue à la fois dans cet engagement de la philosophie qui doit à la fois *abolir* et *élever*, *supprimer* et *réaliser*. Dans ce mouvement dialectique où surgit la vérité, on arrive à un déplacement des perspectives ontologiques, car

---

495 Alain RENAULT, Op.cit., p.222.
496 Henri LEFEBVRE, Op.cit., p.10.
497 Ibidem.
498 Ibidem.

le culte subjectiviste est en train de céder du terrain, aujourd'hui, à une représentation du droit plus réaliste.

De nature objectiviste, cette nouvelle ontologie qu'incarne un stade de dépassement désigné sous le concept de postmodernité, relègue en effet la volonté humaine au rang de simple moteur de l'ordre juridique comme l'avait maintenue la philosophie antique.

> Une philosophie moderne du droit ne peut fermer les yeux devant les clameurs de ce monde et non plus être sourde à l'égard des voix faibles et, à la limite, à l'inaudible. La plupart des pays du monde sont aujourd'hui non-démocratiques ou uniquement des démocraties de façade. C'est une majorité de pays non-démocratiques qui va des théocraties oppressives ou pays où règnent des oligarchies cleptomanes supposément éclairées, en passant par toutes les formes de l'autoritarisme qui va du « brun » au « gris », qui dominent notre globe[499].

Cette intellection sur le droit permet une réappropriation de l'essence de la justice et de la liberté qui conditionne et structurent la vie de l'humanité. « Le méta ? L'être humain va toujours au-delà de soi, au-delà de l'acquis, de la conscience et de ce qui échappe à la conscience. Le langage ne procède que par méta-phore. Dépasser ? Surmonter ? C'est une chance à tenter, un acte, qui réussit ou réussit pas, mais la nécessité consiste en une transition ou transgression du réel vers autre (chose), vers un possible qui peut se révéler impossible »[500]. Ce désir de transcendance inné en chaque être se déploie dans tous les compartiments de son existence et, c'est ce qui caractérise la vie et la soif de liberté comme mouvement inachevé existentiel. Dans ce sens, il faut se rende compte que toute question de droit se présente plutôt en tant qu'argumentation et, implique le jugement de trois autorités que sont : le cosociétaire, le judiciaire et le législatif qui, constituent l'humus des raisonnements discursifs dans la modernité juridique. La rationalité juridique se positive dans les lumières d'une bonne volonté selon Kant. Et cette volonté agissante bonne en soi ne peut que discerner le bien et s'objectiver dans une universalité qui légitime son être et son devoir-être. Telle est la source à la fois éthique et politique qui détermine le droit.

II - Le droit et le discernement de la conscience morale

Le principe de discernement est à la fois une mystique du droit et une intelligibilité fonctionnelle du droit. « Pour tout être qui ne peut prendre conscience, si ce n'est dans le temps, ni de son existence, ni de sa durée mesurable, une telle vie (si toutefois on peut l'appeler de ce nom) ne peut

---

[499] Bjarne MELKEVIK, Op.cit., p.14.
[500] Henri LEFEBVRE, Op.cit., p.8.

signifier qu'anéantissement »[501]. Une existence raisonnable implique la connaissance de la nature de ce qui régit notre existence en tant que citoyen du monde. Ce qui fait de la substance pratique du droit, telle que l'a révélée Kant, la conscience morale, une condition première de la justice qui préexiste à toute action. Cette conscience morale représente le champ normatif intrinsèque d'évaluation de l'action avant son incarnation dans la réalité comme fait tangible et susceptible de s'inscrire au panthéon de l'universel. La fonction de discernement renvoie ici au regard intelligible porté sur le droit.

Réévaluer le droit non pas en tant que principe ou maxime structurant la vie sociétale, mais comprendre le droit dans sa dimension éthique comme ce qui est humainement concevable pour tous. À partir de là, on se débarrasserait des scories d'un droit positif autonome à l'examen du bien et du juste. Quand le moraliste parle de discernement de la conscience morale dans la manifestation du droit, il parle d'une faculté du bien et du mal, d'une espèce de tribunal intérieur qui condamne, ou absout, ou même décerne des louanges. Ici l'intériorité devient extériorité par la force du langage juridique qui, ne doit souffrir d'aucune ambiguïté tant sur le plan de l'interprétation des lois que sur leur capacité à régler les faits ou les cas litigieux. Cette clarté et pureté des lois est primordiale dans l'ontologie juridique de Kant qui ramène l'universalité de la loi morale au devoir et à l'être. Puisque « des lois morales doivent valoir pour tout être raisonnable en général, de les déduire du concept universel d'un être raisonnable en général, et ainsi d'exposer toute la morale, qui dans son application aux hommes a besoin de l'anthropologie, [...] de fonder la moralité sur les vrais principes, de produire par là des dispositions morales pures et de les inculquer dans les âmes pour le plus grand bien du monde »[502], représentent des conditionnalités intelligibles de la paix perpétuelle. La subjectivité ici ne prend un contenu empirique que par une objectivation, c'est-à-dire le « je-tout » qui pénètre le champ de l'universalité en contractant un certain statut universel non plus personnel ou subjectif, mais cosmopolite. La transmutation de la maxime subjective en maxime universelle est la communication d'un humanisme paradigmatique.

La loi se révèle être en réciprocité avec l'autre et cette immanence d'une raison législatrice est désormais ouverture au monde. La médiation du cours moral des choses influence le cadre normatif des citoyens dans un monde complexifié. « Tout individu rationnel, qu'il n'agisse pas seulement en membre utile de sa société nationale, d'amis qu'il fasse aussi et surtout ses preuves comme fonctionnaire de l'espèce douée de raison ; trouver la forme politique future de cette espèce hante l'esprit de ce volontariste de la raison comme une mission sans fin »[503]. La morale n'est plus le résultat de la

---

[501] Francis COURTÈS, *La raison et la vie idéal scientifique et idéologie en Allemagne : de la reforme jusqu'à Kant*, Paris, Vrin, 1972, p.54

[502] Emmanuel KANT, Op.cit., p.121.

[503] Peter SLOTERDIJK, Op.cit., p.74.

connaissance de la nature des choses mais le fruit de la volonté. Il en résulte que l'homme doit s'en remettre à la loi pour connaître les valeurs qui doivent orienter son comportement social. Le droit ne tire plus sa validité de son contenu intrinsèque mais, au terme d'une convention arrêtée, à la qualité ou à la compétence institutionnelle de la personne d'où émane la prescription morale, ce qu'Emmanuel Kant nomme la raison pure. La dissociation des faits et des valeurs débouchent sur l'idée du bien et du juste. Elle a surtout la charge de déterminer la mesure des comportements humains qui se sont détachés de la connaissance des choses, pour trouver les ressources dans l'action et dans la volonté. Le droit lui-même se trouve ainsi au tribunal de la raison afin de lui trouver un statut ontologique humanisant. Ce statut ontologique se matérialise par un discours, législatif ou juridictionnel.

Mais le juge ou le législateur qui sont des praticiens du droit doivent en dernier ressort avoir un esprit de discernement l'un pour appliquer convenablement le droit, l'autre constitutionnaliste doit établir des lois qui garantissent la cohésion et résolvent les différends qui opposent les individus dans la société. Cela présuppose une éducation à la citoyenneté qui éclaire nos choix et décessions. Ce travail, Platon l'a bien entrepris dans *La République*. « Ces enfants que tu élèves et que tu formes en imagination, tu ne leur permettrais pas, [...] s'ils étaient dépourvus de raison, comme les lignes irrationnels, de gouverner la cité et de trancher les plus importantes questions ? Non, dit [Glaucon] »[504]. Cette réponse suppose que seule la raison est synonyme de pouvoir, car elle confère une intelligence politique à celui qui en use. Elle est en outre la véritable faculté qui prédispose les hommes à « recevoir cette éducation [citoyenne] qui doit les rendre capables d'interroger et de répondre de manière la plus savante »[505]. Les traits spécifiques de ce citoyen moderne, de l'homme éclairé ou l'être de raison qui sait ce qu'il veut, fait et où il va pour ne pas être l'objet de corruption et de manipulation sous toutes ses formes, sont donnés ici par Platon, c'est-à-dire une représentation du citoyen idéal et modèle. Cette citoyenneté réalisable est, selon Rousseau, dans *Émile ou de l'Éducation* (1978). Pour la réussir, il faut, dit-il, choisir des hommes :

> Les plus fermes, les plus courageux [...] nobles et forts [...]. Il leur faut de la pénétration pour les sciences et de la facilité à apprendre [...]. Il faut que l'homme [...] ait de la mémoire, une constance inébranlable, et l'amour de toute espèce de travail. [...] La faute que l'on commet aujourd'hui [...], tient [...] à ce que l'on s'adonne à cette étude sans en être digne [...], ne pas être boiteux dans son amour pour le travail [...] Et relativement à la tempérance, au courage, à la grandeur d'âme et à toutes les parties de la vertu, il ne faut pas mettre moins d'attention à discerner le sujet bâtard du sujet bien né. [...] Si nous n'appliquons à des études et à des exercices de cette importance que des

---

[504] PLATON, Op.cit., p.293.
[505] Ibidem.

hommes bien conformés de corps et d'âme, la justice elle-même n'aura aucun reproche à nous faire, et nous maintiendrons l'État et la constitution[506].

L'influence de l'éducation sur le parachèvement de la citoyenneté offre une perspective sûre de la sociabilité, par le respect de l'ordre juridique établit sous forme de contrat social. L'éducation Platonicienne met un point d'honneur sur l'éducation de l'âme, de la raison. C'est aussi une éthique appliquée à la société auréolée d'un élitisme où le sujet rationnel acquiert les rudiments d'intégration politique et social qui, transfigurent son être pour en faire un acteur privilégié du développement. En effet, « tout ce que nous n'avons pas à notre naissance et dont nous avons besoin étant grands, nous est donné par l'éducation »[507]. En développant nos facultés internes, nous parvenons à aiguiser notre esprit de discernement. Avoir la conscience droite, c'est savoir distinguer le bien du mal c'est avoir toujours à l'idée de toujours tendre vers ce bien. Le discernement de la conscience morale est avant tout critique. « Évoquer le nécessaire discernement des ordres, [...] c'est mettre le doigt sur une tâche fondamentale de l'enseignant qui se veut éducateur... »[508]. Celui qui n'a pas la culture juridique ne pourra donc pas connaître ses droits et agir selon eux. La méconnaissance de nos droits est en réalité une crise de la culture. Notre culture moderne pour s'inscrire dans la voie de l'humanisation et de l'universalité constructives, doit être multiculturelle, métissée et feuilletée. C'est une crise du sens, c'est-à-dire de ce que l'homme veut être. L'humanité se persuade avec le temps qu'elle ne saurait progresser dans une société qui jette un vide indifférencié sur les modèles sociaux, politiques et économiques. La situation d'une vie en agression constante des droits de l'homme, de la souveraineté des peuples et de leur droit à disposer d'eux-mêmes et de l'homme devient critique de nos jours. L'homme camoufle l'essentiel et s'aligne sur le divertissement qui l'empêche en effet, de voir avec un œil avisé ce qui est bien et bon pour lui. Son droit à la vie est bafoué au détriment d'un monde où tout tend à revenir à la marchandise. Or, « une liberté n'est authentique que s'il existe du sens, un transcendant culturel qui sert de référence et de garant aux universaux culturels [et juridiques] »[509]. C'est pourquoi, le droit et la liberté ont besoin de compréhension par ceux qui doivent les vivre, sinon ils seront l'objet de consommation et occasion de manipulation et d'instrumentalisation. L'actuelle crise du sens s'appuie sur « une imposture [...] elle coïncide avec l'inflation de l'interprétation, avec l'égalité de poids que la déconstruction assigne aux textes [de lois] et [aux systèmes économiques] »[510]. On constate donc en plus de cette crise,

---

[506] Idem, p.294-295.
[507] Jean-Jacques ROUSSEAU, Op.cit., p.88.
[508] Francis JACQUES, *Écrits anthropologiques*, Paris, L'Harmattan, 2000, p.136.
[509] Idem, p.138.
[510] Idem, p.139.

l'incapacité des hommes minés par l'opium du peuple sous forme de divertissement médiatisé, de s'adonner davantage aux exercices de démarcation entre le sens et le non-sens, entre ce qui peut être dit légitimement ou non.

Et tant qu'aucune assignation de sens ne sera possible à la fonction sociale et éthique du droit, l'ignorance omniprésente au sein de la multitude sera toujours exploitée à de mauvaises fins par le politique surtout dans les pays de la périphérie. Les normes fondamentales du droit et de la morale sont des contenus qui doivent être fondés en raison par des discussions pratiques, mais avant même que la discussion ne soit possible, le sujet rationnel doit d'abord connaître l'objet de sa discussion, pour que la base de l'équité et de l'égalité soient respectées par les parties prenantes. La discussion présuppose la culture et le discernement pour ne pas tomber dans la compromission. La conscience morale ne s'objective que dans l'éthique communicationnelle à partir de laquelle s'établissent les lois de façon consensuelle. « La conscience est la voix de l'âme [...] la conscience ne trompe jamais, elle est le vrai guide de l'homme »[511]. C'est de cette fonction, qu'elle obtient le statut d'universalité que lui confère Descartes. En faisant donc de la raison législatrice, le fondement de la loi morale et politique, Kant révèle l'infaillibilité de la conscience qu'il nomme plutôt la volonté bonne en soi-même. Sur ce, la conscience morale permet de transcender les erreurs de l'ignorance. « Conscience ! Conscience ! Instinct divin, immortelle et céleste voix ; guide assuré d'un être ignorant et borné, mais intelligent et libre ; juge infaillible du bien et du mal, [...], c'est toi qui fais l'excellence de sa nature et la moralité de ses actions ; sans toi je ne sens rien en moi qui m'élève au-dessus des bêtes, que le triste privilège de m'égarer d'erreurs en erreurs à l'aide d'un entendement sans règles et d'une raison sans principe »[512]. La fonction primitive de la conscience morale se justifie dans l'intelligibilité du choix et de l'acte que l'on pose.

La mise en place d'une figure simplifiée de l'intelligibilité, traduit la rationalité de toute norme ou loi que se donnent les citoyens. Au-delà de la réduction de cette fonction de discernement, c'est tout l'horizon scientifique vers lequel s'orientent nos actes, qui caractérise, chez Platon, « l'esprit géométrique »[513] que devrait avoir tout individu qui désire entrer à l'académie ou par extension intégrer l'universalité la société mondiale. Ainsi à la courbure de l'être chez Kant, s'oppose les conditions scientifiques innées qui facilitent la transmission des connaissances chez Platon. « La connaissance objective, aujourd'hui dominante, ne peut reconnaître son rôle dans la société, puisque

---

[511] Jean-Jacques ROUSSEAU, Op.cit., p.195.
[512] Idem, p.196.
[513] L'enseignement à l'académie développe un élitisme fondé sur l'aptitude de l'apprenant à avoir un esprit rationnel, fécond et discursif en vue de faciliter la transmission des savoirs et son insertion sociale.

la réflexion suppose un sujet conscient et qu'en ignorant le sens des notions de conscience et d'esprit, la science objective se prive du droit à la réflexion »[514]. La reconnaissance de nos institutions politiques, juridiques, économiques et culturelles passe par la réalisation d'un projet d'opérationnalisation de la pensée permettant de discipliner l'âme et le corps. Ce qui favoriserait la culture du droit, puisqu'il s'agit toujours ici de policer et de rationaliser nos rapports, nos comportements dans une proportion acceptable et voulue par la loi, tirer les ressources cognitives et les appliquer à l'évaluation des institutions, des contenus de la loi en vue de faciliter la socialisation de l'individu. Forger une conscience morale contribue à la compréhension courante des droits de l'homme et du coup, prédispose à un savoir-être qui évite de tomber sous le coup de lois arbitraires.

Le droit est ici un comportement que l'on formalise pour la cohésion du corps social. La pratique incessante du droit ne doit pas être la seule affaire des magistrats ou des juristes, mais de tout citoyen *lambda*. Avoir conscience de son droit, est l'exaltation d'une pure intention morale et politique qui honore plus que tout le devoir d'un citoyen. L'homme ait conscience qu'il le peut parce qu'il le doit « *solt* », cela découvre en lui un fond de dispositions éthiques qui l'améliorent. On ne peut établir la perfection des modes d'application socio-éthiques, c'est-à-dire droit et devoir dans l'évolution juridique de l'humanité.

Le système du droit dans sa dimension surréaliste confère au droit la puissance et la capacité absolue de régler tous les genres possibles d'interactions sociales. Or la méconnaissance de toutes les règles du droit possible fait que la construction a priori du contenu du système juridique n'est possible qu'après coup, car le droit en acte est le droit effectivement appliqué, c'est-à-dire réaliste. La fonction d'intégration du droit est assurée non seulement par le système juridico-normatif mais aussi par un symbole matériel, corps social représenté par les citoyens.

III-Du surréalisme juridique au réalisme juridique

On a tendance à opposer de façon mécanique le surréalisme au réalisme, sans toutefois dans un retournement dialectique y voir une loi de la transitivité. Ce passage doit se comprendre donc dialectiquement dans une opposition relative et non absolue. La métaphysique du droit rejoint la politisation du droit où se traduit son champ de prédilection. Mais que recouvre le surréalisme juridique ? L'expression « sur » équivaut au dépassement de ce qui est convenu comme possible « réaliste ». Autrement dit, le surréalisme juridique est cette transcendance du droit qui tombe dans l'imaginaire, dans l'utopie et qui constitue son abstraction comme norme réellement structurant et régulatrice. Il s'oppose au droit effectif, réel observé dans un État moderne.

[514] Francis JACQUES, Op.cit., p.141.

Mais avant de montrer le passage de l'un à l'autre de ces deux formes juridiques, il faut dire que c'est Jeremy Bentham qui exprime le mieux leur nette différence.

> Le corps entier du droit…divisé en deux branches, les dispositions de l'une d'elles étant des arrangements qui ont été réellement effectués, effectués par des mains universellement reconnues comme dûment autorisées, et compétentes pour opérer de tels arrangements… Cette branche du droit pourrait rester désignée par le nom de droit réel, de loi existant réellement, de loi faite par le législateur ; […], ce droit-là est caractérisé par l'appellation de *statute law*…les arrangements qui sont censés être faits par l'autre branche… devraient être distingués par les appellations de droit irréel, n'existant pas réellement, imaginaire, factice, illégitime, droit fait par le juge[515].

Or, les systèmes juridiques contemporains sans aucune exception, sont le résultat d'une production très étendue dans le temps. Ils sont évolutifs et la nécessité sociologique et politique exige d'eux une compatibilité contextuelle qui les rend encore opérationnel. Ces systèmes se sont formés d'une façon alluvionnaire dans des situations institutionnelles toujours différentes. Ils sont par conséquent le fruit de beaucoup de théories du droit en conflit entre elles. Dans le cas du droit ce ne sont pas les objectifs qui sont importants mais la particularité de la connaissance juridique des citoyens qui détermine l'obéissance et le respect des lois qu'ils se sont prescrites. Cette culture à la citoyenneté devient aujourd'hui le défi majeur de la postmodernité. C'est pourquoi, on assiste à la réhabilitation de l'ontologie réaliste-objectif de l'antiquité qui pense que le législateur et le juge ont pour fonction de restituer passivement, de façon indicative, ce que raconte la nature des choses dont le droit serait issu. En effet, l'ontologie idéaliste et subjectiviste des Modernes mise sur « la création délibérée de toute loi par une volonté humaine, à l'origine même de l'histoire moderne du positivisme juridique »[516]. L'idéalisme subjectiviste de la modernité prend donc le relais de la pré-modernité dominée par le réalisme objectiviste. Mais le retour du réalisme objectiviste marque un désir de cohérence et de pragmatisme juridique qu'exigent les mutations sociales.

De nos jours, un principe peut certes conférer une position juridique subjective, un droit ou une obligation, mais il peut aussi bien avoir une structure téléologique, c'est-à-dire qu'il peut prescrire la réalisation d'un certain but. Et c'est ce qui rend plus efficace le droit même si pour les constructivistes, le droit est préconstitué pour le juge qui ne fait que l'appliquer passivement. Le processus d'élaboration du cadre normatif et juridique dans la postmodernité implique l'incorporation de la complexité des

---

[515] Jeremy Bentham in Friedrich HAYEK, Op.cit., p.54.
[516] Idem, p.53.

relations intersubjectives et des hommes avec leur environnement naturel, culturel et spirituel. Cette logique subjectiviste où le devoir-être ne pouvait jaillir que de la liberté du citoyen s'est longtemps imposée à l'Occident, mais ce primat de la volonté que clament les théoriciens du droit pur, est aujourd'hui en voie d'essoufflement. Le réalisme objectiviste doit signifier chez le juge donc simplement connaissance des faits, contact avec les données positives de la vie et non transformation de ce qui est en ce qui doit être, c'est-à-dire d'une pratique de fait en idéal de raison. Le juge ne doit plus être un simple praticien passif du droit. Il a une responsabilité à la fois pénale, civile et morale. La responsabilité pénale est l'aptitude du juge à faire subir à un individu la peine prévue par la loi. Cela implique le dogme de la cohérence du droit qui fait appel aux deux responsabilités suivantes : la responsabilité civile et la responsabilité morale, car tout système juridique doit comprendre un fondement éthique et politique. Même si cela apparait comme des normes antinomiques en conflit avec le droit. Selon Kelsen, « un ordre juridique positif commande un certain comportement en associant un acte de contrainte conçu comme sanction à un comportement contraire ; plus exactement, en posant comme obligatoire un acte de contrainte dans l'éventualité de ce comportement, dans le sens où il habilite l'édiction d'un acte de contrainte »[517]. Dans cet ordre kelsenien, la responsabilité civile du législateur est aussi engagée. Elle exprime l'aptitude du juge à imposer à un individu ou à un groupe, à réparer les dommages, à payer l'indemnité à celui qui a été lésé.

Ici encore, aucune idée proprement morale. Enfin la responsabilité morale, c'est le caractère de l'être qui a du mérite ou du démérite, suivant les sanctions. Dans le cas de la responsabilité morale, « un ordre moral positif associe également une sanction à un comportement interdit : la désapprobation de ce comportement de la part des membres de la communauté. Mais, il n'y a pas de connexion (essentielle) entre l'interdiction et la sanction »[518]. Pour la morale pure, la question de la responsabilité pénale est une question juridique et une question de la morale politique. En somme, la responsabilité civile est purement juridique. On ne peut donc disjoindre dans la problématique d'une ontologie réaliste objectiviste les trois formes de responsabilités précitées. « Les règles de juste conduite ne sont donc déterminées ni par une volonté, ni par un intérêt, ni par aucune visée semblable à des buts particuliers, mais elles se développent par un effort persistant [...] pour mettre davantage de cohérence dans un système de règles héritées par chaque génération »[519]. La justice est une adaptation continuelle à notre réalité et à notre contexte social des faits de détail qu'aucun théoricien du droit ne peut entièrement écarter. Le droit et l'existence humaine se conditionnent mutuellement même s'ils existent séparément. L'autonomie du droit peut paraître donc superflue, car

[517] Hans KELSEN, Op.cit., p.127.
[518] Ibidem.
[519] Friedrich HAYEK, Op.cit., p.47.

« un État politiquement justifiable et justifié par le succès peut être considéré comme juridiquement injuste : l'aspect juridique de l'existence humaine peut donc entrer en conflit avec son aspect politique. Mais d'autre part l'idée d'un État politiquement valable, c'est-à-dire efficace, et néanmoins juridiquement juste, est parfaitement concevable, sinon encore pleinement réalisé : l'aspect juridique peut donc être en harmonie avec l'aspect politique »[520]. Cette situation juridique authentique est la manifestation d'un phénomène essentiellement social qui se justifie par l'instauration d'un vrai État démocratique. Le conditionnement réciproque du droit et de la politique y est perçu comme deux catégories stimulatrices d'une existence citoyenne articulée autour de la liberté d'agir et de s'autodéterminer.

L'existence du droit implique et présuppose celle d'un « tiers », c'est-à-dire d'un sujet qui applique le droit sans trahir la lettre et l'esprit. Le désintérêt est une attitude qui intervient dans l'égalité et l'équité constitutives du droit, à partir desquelles celui-ci acquiert sens et utilité. Il ne faut plus se contenter de voir celui qui applique le droit, mais considérer l'intérêt juridique qui supplante la subjectivité souvent arbitraire de celui qui applique le droit. C'est cet écueil de la subjectivité qui, chez Kant, légitime une positivité de l'essence purifiée de toutes inclinations malfaisantes qu'il appelle le sujet transcendantal. Ce sujet dont l'agir doit universellement être reconnu, est sur le même plan ontologique que le pragmatisme institutionnel, c'est-à-dire l'incursion de cette raison agissante dans la politique comme force cognitive et sociale capable d'organiser et de rationaliser la société humaine en quête de bien-être.

Conclusion

La théorie du droit positif kelsenien affirme que le seul droit digne d'être objet de la raison, est le droit positif. En effet, le positivisme ne regarde pas le droit comme un moyen pour réguler les comportements des individus, mais comme une structure normative et exige de penser le droit en dehors de tout jugement extra-juridique. Conçu ainsi, le droit positif correspondrait à la substance d'une communauté. On supprimerait ainsi toute possibilité de changement ou du devenir-autre. Sa substance qui totalise l'être et le devoir-être dans une dimension axiologique, traduit sa positivité et la réalisation du juste dans l'existence sociale.

Dans ce sens, le règne de la légalité présuppose celui de la légitimité. Or, l'idéologie juridique renvoie au système de légitimité en relation avec un ordre social, si bien que la légalité passe nécessairement par la légitimité. De ce fait, l'ordre institutionnel ne peut pas être un système juridique sans attache, car les valeurs qui le constituent sont celles dont a besoin l'homme pour sa

[520] Alexandre KOJÈVE, Op.cit., p.189.

socialisation. C'est dire que l'action sociale projette toujours des positions axiologiques qui se réfèrent à des valeurs structurantes. C'est précisément cette conscience de la dimension axiologique de l'humain qui nous pousse à poser l'accomplissement des principes de la moralité des normes objectives comme la condition de la réalisation de notre humanité. La surestimation de la raison est celle de sa dimension universalisante dont le contenu est l'éthique appliquée. Cette tentative de purification du droit de toute idéologie s'apparenterait à un surréalisme juridique à défaut de parler d'une dogmatique juridique. En purifiant aussi le droit de toute valeur éthico-politique pour affirmer son autonomie, ce dogmatisme normativiste compromet non seulement la légitimité du droit positif mais aussi l'objectivité de l'ordre juridique qui ne peut se réduire aux seules normes juridiques.

Cette nouvelle approche concrète du droit, justifie à la fois le réalisme juridique et le pragmatisme institutionnel qui consistent à aller au-delà de la simple élaboration théorique des normes comme réalité effective du droit, pour parvenir à la totalité de son objectivation. On assiste donc à un discours de la normalité sur le droit qui transcende l'ontologie juridique comme processus de restitution de ce que doit être le droit dans un ordre social donné. Sortir donc de ce formalisme juridique et de la surestimation des normes, amène à s'inscrire résolument sur la voie de la démocratisation du droit.

Chapitre deuxième

La démocratisation du droit

La compatibilité du Droit et de la démocratie est sans ambiguïté du point de vue politique. Mais la pression exercée par les citoyens plus exigeants pour une liberté concrète et manifeste en faveur d'un État social et attentif à leurs préoccupations, se renforce de jours en jours. En outre les crises institutionnelles et la généralisation de la crise économique, laissent les citoyens du monde perplexes sur la gouvernance démocratique dont le fondement demeure le droit comme norme structurant les interactions humaines. Si le principe d'égalité de chance et d'équité qui sous-tendent le droit ne peuvent occulter la marginalisation de certaines couches sociales ou des minorités, la question de genre qui surgit du droit pose la problématique d'une mauvaise intégration de la femme dans le monde du travail et dans la société mondiale. Ce qui se manifeste avec des pathologies sociales telles que la persistance de la pauvreté et la détérioration de la condition humaine.

La nécessité de la démocratisation du droit obéit à un souci de restauration de l'Homme, une réduction des inégalités systémiques, la négation des discriminations sociales en vue de la mise en place des mécanismes juridiques plus simplifiés, intelligibles et accessibles à tous pour une activation de l'inclusion sociale. L'État doit s'effriter pour laisser éclore les compétences productrices de richesses. Ainsi, l'émergence de nouvelles politiques sociales et l'application du droit dans sa rigueur, redonnent confiance aux citoyens quant à la reconnaissance de leurs droits élémentaires.

Cela renforce des constructions institutionnelles dans le vécu des populations qui s'assument et influencent par elles-mêmes leur développement. La démocratisation du droit ne peut être une simple tautologie, car « [elle] n'est ni la destruction de l'État ni son abdication face à ses responsabilités. Au contraire, elle est la voie qui permettra aux [citoyens] d'améliorer la mobilisation de toutes les capacités et expériences humaines pour la construction des processus de démocratisation [...], de promouvoir une approche de développement équilibré et harmonieux et, enfin, de créer les bases de ressources financières nouvelles à travers la dynamisation des économies locales, véritable socle d'une économie nationale stable et d'une gouvernance renouvelée »[521]. C'est en réalité la restructuration du cadre juridique afin de mieux l'adapter aux mutations en cours et aux attentes des peuples. C'est pourquoi, la citoyenneté active rime avec le droit vécu ancré dans les mœurs des citoyens et de la société moderne, non pas comme une évidence formelle mais un système d'organisation décentralisée qui part de la base au sommet et non l'inverse.

---

[521] Séverine BELLINA, Hervé MAGRO et Violaine de VILLEMEUR (dir), Op.cit., p.49.

I - Droit et résilience sociale en Afrique : un nouveau paradigme de lutte contre la pauvreté

Il nous faut d'abord chercher à comprendre le concept de résilience et son émergence dans le nouveau vocabulaire de l'économie politique. Ce qui nous permet ensuite de mieux établir son interaction avec le Droit de façon générale. Alors qu'est-ce que la résilience ? Pour répondre, « le concept de résilience exprime le défi, au dénouement non assuré systématiquement, d'un réaménagement positif à l'issue d'une crise ou catastrophe, afin de pouvoir rebondir et s'inscrire dans un nouveau cheminement durable »[522]. Cette sémantique qui donne une dimension sociétale au concept, fait qu'il peut être appliqué à tous les compartiments de la vie sociétale de même qu'à toute forme d'acteur ou d'agent de développement. Quant au Droit, par définition, « désigne non seulement un dû légal mais aussi un dû équitable. Nous parlons tous de nos droits moraux aussi bien que de nos droits légaux ou positifs »[523]. De fait, le droit s'inscrit dans un processus de socialisation et d'humanisation de l'homme. Dans le Droit, il y a à la base la notion de règles sociales ou de normes inséparables de la liberté humaine. Son essence se confond avec l'idée de bonheur ou de bien-être social. Et lorsqu'on a pour le besoin de la réflexion deux phénomènes humains, il est souvent utile de comprendre comment ils interagissent et quelle est leur contribution dans la résolution d'un problème systémique aussi complexe qu'est la pauvreté en Afrique. L'expérience de la lutte contre ce mal sociétal avec les programmes d'ajustement structurels a prouvé qu'il y a nécessairement des lacunes que la résilience pourrait surmonter facilement.

Désormais, il faut sans pour autant négliger les facteurs exogènes positifs pour la réussite du changement social, partir des potentialités existantes restructurées pour booster le développement durable. C'est dans ce sens que la résilience comme capacité à rebondir, permet de surmonter les crises sous toutes ses formes. En invoquant aussi le Droit, nous voudrions analyser l'impact de la résilience sociale sur le développement durable en l'inscrivant dans une normativité juridique, lui permettant d'atteindre cet objectif qu'il s'est fixé.

Cette dimension relationnelle entre le droit et ce nouveau paradigme de socialisation, s'adosse nécessairement sur une culture démocratique ou citoyenne comme conditionnement d'une connaissance-transformation tournée exclusivement vers le maintien et la pérennité du pacte social. Dans cette dynamique de reconstruction, l'Afrique n'a plus droit à se morfondre sur

---

522 Jean-Luc DUBOIS et Mama OUATTARA « Vous avez dit « résilience » ? Éléments conceptuels et politiques publiques » in Jean-Luc CHÂTAIGNER (dir), *Fragilités et résilience : Les nouvelles frontières de la mondialisation*, Paris, Karthala, 2014, p.39.

523 Maurice CRANSTON « Qu'est-ce que les Droits de l'homme ? » in Walter LAQUIER et Barry RUBIN, Op.cit., p.28.

son sort ou à culpabiliser l'Occident pour s'enfermer dans une innocence complaisante qui, renvoie à une sorte d'immobilisme psychosomatique. Il doit sortir de ce cliché pour prendre en main son destin de façon responsable et intelligible. On peut donc dans cette perspective considérer la résilience comme « la capacité d'une personne, d'une communauté, ou d'un système, à rebondir, voire renaître, à l'issu d'un choc et de la rupture qui en résulte, cette dernière ayant détruit une partie de son intégrité »[524]. Cette méthode de reconstruction est inclusive et participative en prenant en compte les collectivités locales ou urbaines dans un esprit de rapprochement et d'optimisation de l'action commune et communautaire. C'est pourquoi, la référence au droit n'est pas fortuite pour canaliser et mieux réguler cette nouvelle dynamique de reconstruction sociétale. En effet, les droits fondamentaux de la personne humaine ne doivent connaître aucune restriction ou être suspendus pour une quelconque cause exceptionnelle qui serait évoquée par les gouvernants.

En Afrique, souvent certains gouvernants demandent une trêve sociale d'une période déterminée aux syndicats ou à la société civile en vue de mener un certain nombre d'actions sociales, comme si la grève était une antinomie de la démocratie ou de la bonne gouvernance. Dans cette optique, nous sommes amenés à voir dans quel sens le droit « comporte des règles, des principes ou des instruments qui favorisent le chemin de la résilience. Il ne s'agit pas de présenter une approche conditionnelle de la résilience selon laquelle il n'y aurait pas de résilience sans paix ni de résilience sans droit »[525]. Ce qui veut dire que les exigences du développement durable conforme à la logique de la résilience, ne sont pas situées exclusivement dans la phase post-crise ou post-conflit si nous parlons de résilience en termes de rebond, mais doivent être perçues avant, c'est-à-dire en termes de prévention et de renforcement des capacités déjà existentes. Cela implique dans cet adage « mieux vaut prévenir que guérir », une dimension juridique socialisatrice. C'est sur la base du droit à la vie que se forge la conviction des populations d' « approuver et appliquer des lois et des politiques portant sur la gestion des catastrophes ; [de] prendre les mesures administratives nécessaires telles que la surveillance des zones à risque ; [d'] informer la population des risques et des dangers, et [d'] évacuer les populations qui risquent d'être touchées »[526]. La société parvient ainsi à garantir l'équilibre juridico-politique de la structure sociale. Ce droit à la vie qui est le droit suprême, trouve sa pertinence dans la dimension éthique de la déclaration universelle des droits de l'homme et surtout du droit international. En posant le problème de la prévention en

---

524 Jean-Luc DUBOIS et Mama OUATTARA « Vous avez dit « résilience » ? Éléments conceptuels et politiques publiques » in Jean-Luc CHÂTAIGNER (dir), Op.cit., p.41.
525 Julia TORTEL « Droit international et résilience. Les liaisons improbables » in Jean-Luc CHÂTAIGNER (dir), Op.cit., p.196.
526 Ibidem.

termes de justice, la solution juridique ne peut être déterminée par le recours à des déclarations de forme ou à des arguments politiques abstraits, mais elle doit l'être qu'à l'aide d'une action vigoureuse, normativement orientée et guidée par l'intention pratique de préserver la vie des concitoyens. Le droit à la vie exige un dépassement du formalisme juridique vide pour une un droit pratique en tant que qu'institutionnalisation du bien-être social. En agissant ainsi, le droit parvient à la reconnaissance des classes vulnérables et à l'obligation faite aux politiques de travailler de sorte à sortir leurs populations respectives de la précarité ou de la fragilité. Car le défaut de prévention peut amenuiser les chances de reconstruction et, par conséquent l'émergence de la société après une crise, d'un processus de résilience social ou économique.

Mais il y a une crise humanitaire que tous semblent percevoir comme la conséquence des guerres ou des situations conjoncturelles et qui, n'est pas seulement l'apanage de l'Afrique : la pauvreté. Elle a un sens polysémique, car elle relève de considérations économique, politique, culturelle et éthique. Ici, en ce qui nous concerne, il s'agit d'une pauvreté éthique, manque de solidarité, d'aide aux pauvres et de politiques de socialisation et de développement centrées sur un humanisme économique et social émancipateurs.

Partout, l'idéologie du marché mondial a brisé les liens séculaires de solidarité entre les peuples et les communautés locales. Ce qui fait voler en éclat la cohésion sociale avant même qu'on ne parle de crise ou de conflits. Les causes véritables de la pauvreté prennent une dimension idéologique dans le langage des économistes et des politiques. Or l'idéologie du marché fabrique des pauvres, mais interdit la pauvreté. Cette antinomie dans le fonctionnement du système, exige le renforcement des dispositions normatives et juridiques transnationales de protection, de sécurité et de défense des minorités, des pauvres, des enfants et des couches vulnérables marginalisées. On espère que le mode opérationnel de la résilience ne va pas se heurter aux obstacles structurels, c'est-à-dire aux objectifs économiques ou sociaux qu'exige tout investissement ou aide au développement. En d'autres termes, la bonne gouvernance, la parité homme/femme dans la représentativité administrative et politique, etc. Les faits se moquent du droit.

En ce XXIe siècle, l'Afrique encore fragilisée par les résidus d'une pseudo-indépendance marquée par des phases transitoires vers la démocratie mal négociées, traîne encore un choc émotionnel et sociétal non encore totalement évacué, pour se mettre résolument sur la voie d'une émergence mentale, culturelle et politique comme l'exige la résilience communautaire. Pour que « les populations [africaines] aient les capacités d'entamer et de poursuivre leur processus de résilience, il est essentiel que la reconstruction [sociale] ne se limite pas à revenir à la situation antérieure à la [crise] mais qu'elle tende aussi à l'améliorer »[527]. Reconstruire est synonyme de dépassement de ce qui

---

[527] Idem., p.199.

nous identifie et qui nous catégorise comme une société ou communauté humaine encore dans l'âge de la minorité.

Sur ce point, la résilience est un concept qui accorde à l'Afrique le pouvoir de repartir sur de nouvelles bases, à partir d'elle-même, pour reprendre l'idée du « développement endogène »[528] dont parle Joseph Ki-Zerbo. La Réussite du développement durable exige la mise en place de politiques locales, régionales et nationales efficaces. Ce qui passe nécessairement par le financement de programmes socio-économiques en amont des crises et des catastrophes. Mais surtout de la coïncidence de ces programmes avec « le pacte international relatif aux droits économiques, sociaux et culturels [que] vise le droit universel au logement [...] ainsi qu'à une amélioration constante de[s] conditions d'existence »[529]. Le droit ne peut rester indifférent à la résilience même si l'on note que « le droit international reste néanmoins lacunaire dans sa prise en compte de la résilience des populations suite à une catastrophe ou à un conflit »[530]. La résilience considérée dans le processus de reconstruction, est donc une stratégie transformatrice qui vise à corriger et à adapter les effets injustes de la crise sociale, en restructurant le cadre institutionnel sous-jacent. Cette nature coercitive et transformatrice de la résilience est bien en symbiose avec les droits de l'homme.

Le résultat à long terme de cette stratégie de reconstruction-transformation « pourrait être de miner la marchandisation de la force de travail »[531]. Il y a donc dans la résilience sociale, la justice sociale qui est le reflet de la combinaison plausible de la correction des effets néfastes d'une crise sur la population avec la force radicale de la transformation, fondée sur les ressources non encore détruites et disponibles à partir desquelles on peut toujours rebondir. C'est un rebond qui doit se faire par des solutions idoines et un engagement politique et communautaire résolus, fait d'une conscience qui se démarque de toutes les formes stéréotypées de transformations ou d'ajustement structurel.

Pourtant, il ne faut pas croire que le passage d'une situation de précarité à une situation d'une vie relativement décente, est une trajectoire qui se fait aussi facilement, même si les éléments de mise en œuvre sont intelligibles. Les moyens financiers, les ressources humaines et matérielles, les ressources morales et culturelles, sont autant de facteurs qui nécessitent d'être bien orchestrés pour atteindre ce droit à la vie qui est en réalité un droit naturel, le bien-être de l'Homme. Par l'universalisation de la coexistence, surmontant tout conflit, la possibilité de la vie communautaire est garantie à tous les

---

528 Il représente le potentiel cognitif et humain que possède une nation. Dans ce sens, ce savoir constitue la ressource certaine dont le bon investissement contribue au développement autonome et durable.

529 Julia TORTEL « Droit international et résilience. Les liaisons improbables » in Jean-Luc CHÂTAIGNER (dir), Op.cit., p.199-200.

530 Ibidem.

531 Nancy FRASER, Op.cit., p.97.

membres du corps social. Les diversités humaines, dans le cadre d'une coexistence humaine, privilégient le dialogue, qui substitue la force argumentative et discursive de la raison à la violence. C'est précisément ce qui détermine le droit naturel selon les jusnaturalistes. Toutefois, c'est aussi cette même raison, essence du droit positif sans laquelle celui-ci perdrait son statut obligatoire. Mais aujourd'hui, l'usage du droit naturel dans le langage juridique semble s'effriter au détriment du droit positif.

II-Le passage du droit naturel au droit positif : des résidus qui résistent au changement conceptuel

Pour éviter la confusion qui pourrait se glisser dans l'analyse sémantique, il faut distinguer de prime abord le « droit naturel » et le « droit positif ». La croyance au droit naturel est très répandue et constitue même l'une des caractéristiques fondamentales de la civilisation occidentale. C'est pourquoi, beaucoup de théoriciens n'acceptent pas le concept de positivisme juridique. Un bref historique nous permet de mieux cerner la nécessité vitale que recouvre le sens de droit naturel. L'idée d'un droit appartenant à l'homme en tant que tel est manifestement le désir de l'homme de se protéger de ses semblables. Quel que soit le statut dont jouissait l'individu dans la société, celui-ci a été d'abord juridique et coutumier, et sa valeur tenait à son caractère exclusif. Pour ce faire, « le problème était de trouver des arguments convaincants montrant qu'un droit n'était pas simplement une exigence dogmatique exprimée par la morale ; la solution qu'on lui apporta au début de l'ère moderne consista à tirer l'origine des droits d'une conception globale de la nature… »[532]. Il y a donc un fondement éthique et moral du droit naturel lié à des impératifs religieux. C'est au fur et à mesure que le pouvoir politique se sépare du pouvoir religieux, que théologiens invoquèrent le droit naturel comme moyen de limiter la puissance des monarques.

Le développement du droit a donné quelques garanties aux individus contre le pouvoir. Au lieu que le pouvoir puisse se livrer à toutes les fantaisies, il s'est trouvé lié par des principes stables. Les décrets divins, non écrits, immuables et éternels représentaient le soubassement du droit naturel. Le mot droit a donc été en général associé à un terme indiquant l'origine présumée de ce droit. On parle alors de droit naturel conformément à une certaine conception de la nature permettant d'invoquer une tradition de pensée ancienne et vénérable. La littérature sur le droit naturel a nourrit beaucoup de conceptions dont celle de la sociologie. Pour le sociologue, le droit naturel est l'ensemble de croyances qui sont répandus dans un grand nombre de sociétés humaines, et qui y jouent un rôle non négligeable : ces croyances constituent un fait. Toutes ces croyances s'articulaient autour du concept moral

[532] Kenneth MINOGUE, « Historique de la notion de droits de l'homme » in Walter LAQUEUR et Barry RUBIN, Op.cit., p.9.

correspondant à ce sentiment aigu de l'imperfection humaine qui était celui du devoir. Selon Maurice Duverger, « le droit naturel serait l'ensemble des principes que la nature a mis dans la raison humaine, qui appartiennent ainsi à la nature même de l'homme et que le législateur devrait inclure dans le droit positif »[533]. Ce droit naturel propre à tous les hommes, prend tout son sens dans la préservation de la paix et la conservation de l'humanité.

La notion de droit naturel est une notion morale. La supériorité qu'on reconnaît au droit naturel, c'est la supériorité de la morale. Ce qui implique que « chacun est habilité à punir l'infraction, pour l'empêcher de se renouveler, en vertu du droit qu'il a de veiller à la conservation de l'espèce humaine entière et d'accomplir tout acte raisonnable à cette fin »[534]. Elle relève d'une égalité parfaite entre les hommes où il n'est plus question de tenir compte du statut social, du rang ou de la descendance. Le contenu du droit naturel est la « notion de justice, affirmation de la valeur suprême de l'homme, conception d'un ordre social et d'un Bien commun que doivent faire régner les gouvernants… »[535]. Il se dessine dès lors une interaction entre le droit naturel et le droit positif. « Le droit positif ou le droit tout court, c'est le droit effectivement appliqué dans une société donnée, à un moment donné, celui qui est contenu dans les codes, les constitutions, les lois, les règlements, les coutumes, la jurisprudence, les conventions conclues entre particulier, etc. »[536]. C'est dire que « le droit [positif] est un droit du contrat et des obligations en général »[537]. Mais si cette opposition est vraie dans son principe, elle doit être nuancée dans son application. En effet, « le droit positif pose des bornes au pouvoir en un certain sens, tandis que le droit naturel l'appuie souvent, en lui fournissant les justifications ». Dans le cas du droit positif on parle alors de l'existence de règles de conduite que certains appellent normes et dont les membres ont conscience qu'elles s'imposent à eux. Ce sont des règles sociales. La norme est « un commandement, un ordre, une prescription. Commander n'est pas cependant l'unique fonction de la norme ; habiliter, permettre, abroger sont aussi des fonctions de la norme »[538]. Le sujet a ainsi conscience qu'il doit agir dans un certain sens et pas dans l'autre, qu'il est obligé de le faire. « La notion d'obligation et de règle est inséparable de celle de liberté, plus exactement de celle de croyance en la liberté. Peu importe que les sujets ne soient au fond pas libres d'agir en sens contraire, qu'ils soient en réalité déterminés dans l'univers social comme ils le sont dans l'univers physique : l'essentiel est qu'ils croient être libre, pour

---

533 Maurice DUVERGER, Op.cit., p.52.

534 John LOCKE, *Deuxième traité de gouvernement civil*, traduit de l'anglais par Bernard Gilson, Paris, Vrin, 1977, p.80-81.

535 Maurice DUVERGER, Op.cit., p.53.

536 Idem, p.40.

537 Alexandre KOJÈVE, Op.cit., p.285.

538 Hans KELSEN, Op.cit., p.1.

qu'on puisse parler d'obligation de règle sociale et de droit »[539]. L'idée d'obligation et de devoir n'est pas une nécessité matérielle, une détermination, car le sujet pourrait se comporter autrement ; s'il ne le fait pas, c'est tout simplement une décision volontaire. L'obéissance à une prescription sociale, la soumission à une règle ne semble pas résulter seulement du risque éventuel de sanction, mais aussi de la valeur que le sujet attache à la prescription et à la règle.

Ces obligations sont celles qui déterminent les rapports intersubjectifs et les portent à leur dimension éthique. D'origine aristocratique, le « droit [bourgeois] se transforme en droit du citoyen en s'actualisant c'est-à-dire en évoluant lequel droit implique le principe aristocratique de l'égalité. Mais cette égalisation reste abstraite ou formelle : elle est purement juridique [...] même dans le domaine juridique il n'y a pas d'égalité »[540]. À l'égard du pouvoir politique, la signification de ces deux serait radicalement différente : « le droit positif étant un instrument du pouvoir, le droit naturel un moyen de limiter le pouvoir »[541]. Il semble que toutes les règles sociales étaient indifférenciées dans les sociétés primitives et que toutes avaient en particulier une teinture morale et éthique. Le concept de droit ne s'est donc élaboré que progressivement en suivant le cours de l'histoire humaine, sans rompre radicalement avec ces origines antiques, c'est-à-dire aristotéliciennes. Aujourd'hui, l'idée évolutive du droit, fait désormais reposer celui-ci sur le rôle de l'autorité publique, du pouvoir.

Le passage du droit naturel au droit positif est un progrès vers la liberté, mais cela n'occulte pas les difficultés fonctionnelles et la problématique des résidus du premier. En outre, aujourd'hui le primat est accordé au « droit pur » qui se subdivise en droit public et en droit privé ou simplement ce qu'on appelle droit constitutionnel en vogue dans tous les États modernes démocratiques. Les philosophes essayèrent de « laïciser cette notion de droit naturel qui reposait jusqu'ici sur un fondement religieux : pour eux, il s'agit d'un droit rationnel, tel que la raison humaine le découvre dans la conscience de chaque homme »[542]. C'est ce droit qui a inspiré la déclaration des Droits de l'Homme et du citoyen, de même que toute la pensée scientifique et politique moderne du droit.

La civilisation occidentale contemporaine est profondément imprégnée de la doctrine du droit naturel. On peut donc dire que le droit naturel a influencé le droit positif. En effet, dans l'élaboration des lois, les préoccupations de justice, de sécurité et de protection du citoyen témoignent de ce fait. Ceux qui invoquent le droit naturel le font pour critiquer les lois établies. Mais le passage au droit positif sur les débris du droit naturel, a permis de créer des

---

539 Maurice DUVERGER, Op.cit., p.41.
540 Alexandre KOJÈVE, Op.cit., p.300.
541 Maurice DUVERGER, Op.cit., p.40.
542 Idem, p.54.

procédures protégeant les individus contre l'arbitraire du pouvoir. L'ordre social constitue l'enjeu de la démocratie citoyenne. Il participe du retour à l'être générique de l'homme, être concret dénué de toutes formes d'abstractions juridiques, politiques et sociales. Ce vrai être libéré de toutes les formes d'aliénation dont parle Marx, n'est rien d'autre que le citoyen libre et bénéficiant d'une autonomie vécue et constructive. Le droit institué dans un but structural, a pour objectif de créer des concitoyens et d'en resserrer les liens par l'universalité d'un système normatif et juridique. Cependant, l'incertitude de la sécurité juridique réside dans la nature des réponses qu'elle donne à la situation d'insécurité sociale caractérisant l'existence humaine. D'abord au niveau ontologique, l'homme se présente comme un être-en-relation. Ce qui montre la nécessité de l'autre pour mon être-là. Ensuite au niveau ontique ou phénoménal de l'existence, la nécessité ontologique ne peut occulter le fait qu'à ce stade, la relation se manifeste en un ensemble varié de rapports interpersonnels.

En conséquence, la nécessité ontologique ne peut empêcher la variété et la variabilité des relations ontiques. Pour ce faire, l'existence s'est trouvée marquée par l'instabilité et donc par l'insécurité ambiante et permanente. C'est ce risque, cette menace insupportable par l'existant que le droit en particulier et la politique en général, tentent de résoudre. C'est là aussi que toute politique trouve sa légitimité fonctionnelle. Toute la polémique sur le droit réside dans sa capacité normative de la politique. La politique peut donc être définie comme l'élargissement et le renforcement de l'intersubjectivité sociale et pacifique par l'organisation et l'institutionnalisation. Dans cette perspective, le droit qui ne correspondrait pas à l'histoire de l'humanité serait une institution sociale dénuée de sens. C'est pourquoi, il demeure le cadre qui donne néanmoins sens à l'abstraction du citoyen dans l'État.

III- Droit et détermination de l'abstraction dans l'effectivité de la liberté citoyenne

La citoyenneté est consubstantielle au droit et permet de penser l'idée de la raison de la société comme résultat d'une liberté manifeste. « En droit, Hegel n'est pas obscur, car c'est un penseur de l'explicite ».[543] C'est ce qui permettra de comprendre pourquoi Hegel, pour parler de liberté, « ne commence pas par une dissertation métaphysique, mais par une analyse de la liberté concrète sous sa forme la plus primitive, la plus simple, la plus abstraite, mais dans laquelle aussi elle apparaît objectivement : la forme du droit »[544]. Le problème est donc de déterminer non si l'homme est libre, mais à quelles conditions il l'est, car la liberté n'est pas un idéal, mais un fait. La liberté n'est positive et n'agit que dans la mesure où objectivement elle est

[543] Jean François KERVÉGAN et Gilles MARMASSE, Op.cit., p.9.
[544] Éric WEIL, Op.cit., p.36.

raisonnable. Dans cette perspective de l'autonomisation subjective, on constate que :

> Le droit primitif, première expression objective de la volonté, est la réalisation empirique de la volonté empirique et naturelle de l'individu. C'est le droit de l'individu en tant que tel, le droit de la propriété, qui, pour Hegel, se distingue de la fortune, de la propriété qui rapporte et qui garantit l'indépendance économique de l'individu, de la famille, de la société ; elle signifie la possession d'un objet naturel. Dans cet acte, l'homme naturel se fait personne : ce n'est pas le besoin qui est à l'origine de la propriété ; c'est l'affirmation de l'individualité, l'acte de la volonté, constitutif de la personne à tel point que mon corps n'est moi que dans la mesure où j'en prends possession [...], rien n'est soustrait au droit que j'ai de l'utiliser comme je l'entends, aucune limite ne peut être assignée au droit de propriété sur le plan du droit abstrait, abstrait justement à cause de l'absence d'une limitation par une positivité supérieure[545].

La polémique politique est donc déterminée par deux conflits politiques et par le refus des points de vues divergents qui s'affrontent : « Burschenchaften-État, devoir être abstrait, réduction du droit à la réalité historique »[546]. Hegel au-delà de toutes les discussions portant sur le libre-arbitre individuel, un nouveau pas vers la citoyenneté est nécessaire. Et le droit doit se saisir comme une norme qui se contente de proclamer la liberté civique, mais qui réalise le contenu d'une volonté libre qui n'est que la liberté. On peut retenir que la politique est la science de la volonté raisonnable comme engagement de l'individu dans le processus de sa souveraineté subjective, dans son autonomisation qui l'intègre dans le champ de la réalité efficace de l'universel. Or les conditions de légitimité de la norme sociétale qui promeut cette liberté demeurent problématiques et dignes de reproches. La légitimité de la légalité que confère le concept de citoyenneté est dans un rapport de coévolution avec la démocratie moderne.

Le citoyen est désormais dominé par une abstraction juridique tributaire de l'économie capitaliste. « La référence à l'abstraction qu'on trouvait au centre de la Critique du droit politique hégélien et qui s'était estompée dans la Question juive revient en force dans les textes de Marx dits de maturité, pour caractériser cette fois non seulement la politique moderne mais la nature du lien social capitaliste »[547]. Il s'agit ici, pour le marxisme, de défendre une conception citoyenne de la démocratie qui s'oppose à celle des libéraux dont le droit serait l'expression normative de la légalisation et la justification rationnelle de l'exploitation, de l'arbitraire de la société civile bourgeoise.

---

[545] Idem, p.37.
[546] Emmanuel Renault « Connaitre le présent, trois approches d'un thème » in Jean-François KERVÉGAN et Gilles MARMASSE, Op.cit., p.25.
[547] Antoine ARTOUSE, Op.cit., p.67.

Dans cette société, le pouvoir politique se présente comme l'émanation du peuple souverain, composé de citoyens libres et égaux en droit. Mais si la notion de citoyenneté est abstraite et illusoire, c'est dû au fait qu'en exprimant l'aspiration portée par le mouvement historique à une vraie communauté humaine, elle l'institut à travers une société civile où l'homme est confronté à lui-même.

La catégorie des droits de l'homme est un vaste fourre-tout qui obscurcit l'idée d'une liberté réellement vécue et d'une citoyenneté active. « La séparation de l'État d'avec la société civile n'est pas synonyme de l'émergence d'un État bureaucratique et comme pouvoir politique reposant sur l'abstraction citoyenne »[548]. Mais, il faut penser les droits de l'homme à partir des droits du citoyen dans le processus d'émancipation politique et social de l'homme. Marx ne remet pas en cause l'émancipation politique, mais en critique les limites. De même, il ne critique pas les droits en général, mais spécifiquement les droits de l'homme que l'on confond souvent avec les droits du citoyen. Marx en fait une nette distinction. « Les droits de l'homme ne sont autres que les droits du membre de la société civile, c'est-à-dire de l'homme égoïste, de l'homme séparé de l'homme et de la communauté »[549]. Tandis que « [les droits du citoyen sont] des droits qui ne peuvent être exercés qu'en association avec autrui. Leur contenu, c'est la participation à la communauté, plus exactement à la communauté politique, à la vie de l'État. Ils rentrent dans la catégorie de la liberté politique, dans la catégorie des droits civiques »[550]. Il se dégage donc, chez Marx, une option évidente pour une citoyenneté active. Les droits du citoyen permettent d'établir un rapport transparent et rationnel entre l'individu et la communauté politique, car ils instituent la vraie démocratie comme une communauté dépouillée de toutes formes d'aliénation. C'est un véritable culte de la citoyenneté active qui traverse toute la pensée de Marx. Elle développe dans la société moderne une socialisation concrète de l'existence humaine « faisant craquer l'ensemble des systèmes extra-sociaux, mythiques ou théologiques qui justifiaient et conféraient un sens à son existence ; elle a du même coup dépouillé la société de toute référence transcendante pour la donner effectivement comme société »[551]. Cette fonction de démocratisation que confère Marx à la citoyenneté est soumise aux exigences d'une liberté inconditionnelle dans la société moderne.

C'est pourquoi, le marxisme affirme la nécessité de maintenir le droit-égalité au niveau économique. Disons que ce « droit sert d'étalon pour repartir entre les individus la part du surproduit social qui leur revient. Par contre, il n'est pas question en ce qui concerne l'exercice du pouvoir public »[552]. Le

---

[548] Antoine ARTOUS « Démocratie et émancipation sociale » in Op.cit., p.20.
[549] Idem, p.16.
[550] Idem, p.16-17.
[551] Antoine ARTOUSE, Op.cit., p.91.
[552] Antoine ARTOUS « Démocratie et émancipation sociale » in Op.cit., p.22.

processus de l'émancipation humaine se cristallise dans la figure du producteur et « l'avènement de l'association des producteurs permet alors de dépasser l'universalisme abstrait de la citoyenneté au profit d'un universalisme concret »[553]. On voit cette obsession de la réunification dans la perspective d'une praxis créatrice de la vie sociale autour de la production socialisée, incluant le travail et la production débarrassés des scories du système capitaliste comme cadre social spécifique. « Cette socialisation s'opère à travers la circulation des individus dans diverses sphères sociales (la sphère du travail et celle hors travail). Et qu'est-ce qui caractérise ces individus aux pratiques diverses dans ses rapports au pouvoir public, sinon qu'ils sont des citoyens, au sens abstrait du terme ? Le statut de producteur n'étant qu'une des faces, de cette citoyenneté »[554]. Ce moment historique de l'émancipation humaine démontre que l'égalité politico-juridique abstraite des individus devenait inutile lorsqu'on faisait un saut dans l'émancipation sociale. En mettant au cœur de la critique du droit de l'homme la citoyenneté active et vécue, l'égalitarisme mérite une déconstruction qui le préserve des dérapages qu'en font les régimes qu'ils soient démocratiques ou despotiques.

Le rapport entre les droits de l'homme, la liberté et l'égalité, porte selon l'expression d'Étienne Balibar une dialectique de *l'égaliberté*, c'est-à-dire « une exigence sans cesse répétée de nouveaux droits qui concerne tout à la fois l'égalité et la liberté, comme deux faces indissociables des droits de l'homme »[555]. Ces droits d'une portée anthropologique sont avant tout des droits sociaux concrets. En partant de l'individu abstrait, le juridisme moderne réfléchit sur les contradictions sociétales en vue de les reformuler sous la dénomination de peuple souverain, de volonté générale comme s'il voulait occulter cette évidence sociale. En fait, « l'abstraction politique moderne est l'autre face du mouvement de séparation des producteurs d'avec les moyens de production »[556]. Pour Marx, cette séparation n'a pas seulement une dimension économique, elle déstructure aussi les anciennes formes d'existences communautaires, c'est-à-dire les communautés artisanales, paysannes, etc. au sein desquelles les individus étaient comme des êtres génériques qui contrôlaient eux-mêmes leurs conditions existentielles. « Marx admet que Hegel décrit correctement la situation sociale de l'époque, à savoir celle d'une séparation réciproque des individus et de liens extérieurs entre eux, fondés sur la nécessité du besoin et de l'intérêt privé [...] , situation où l'existence collective des individus (leur être communautaire) ne peut se réaliser que dans une institution d'un État séparé de la société »[557]. C'est de là que se construit l'État moderne comme État séparé de la société civile, c'est-

---

553 Idem, p.44.
554 Idem, p.45.
555 Idem, p.49.
556 Idem, p.19-20.
557 Emmanuel Renault « Critique de la religion, de la politique et de la philosophie (Les annales franco-allemandes) » in Gérard DUMÉNIL et *al*, Op.cit., p.116.

à-dire à la fois comme « État bureaucratique et comme pouvoir politique reposant sur l'abstraction citoyenne »[558]. Mettre au centre de la critique du politique la citoyenneté, c'est avoir une vision volontariste. Cette citoyenneté renvoie à la forme classique de l'institutionnalisation des droits de l'homme.

L'enjeu central, c'est l'autonomisation de l'homme et son insertion dans une vie politique et sociale participative. Toutefois, si « la citoyenneté abstraite est indispensable, la souveraineté populaire ne peut s'enraciner dans la seule abstraction du peuple »[559]. Ce basculement de l'individualité au peuple, montre que Marx n'oppose pas l'homme concret, le citoyen à l'homme abstrait, saisi hors de ses déterminations sociales, mais que la citoyenneté active exprime des relations, des rapports entre individus, les uns dépendants des autres. Cette méthode qui permet de produire une connaissance sur la société ne consiste pas à abandonner une abstraction (l'homme) pour lui donner un contenu concret, le citoyen, mais à changer d'approche.

> De passer d'une problématique qui part des individus, à une méthode qui traite des relations, des rapports. L'individuation de l'homme présente dans la philosophie hégélienne et kantienne, est donc considérée comme un procès historique. Le citoyen est celui qui se trouve immergé dans le processus d'objectivation de la production, car son identité sociale s'universalise proportionnellement à l'universalisation de l'économie. Désormais il n'appartient plus à une nation qui le détermine, mais à la force expansive du marché qui le conditionne et fait de lui le citoyen du monde, c'est-à-dire celui qui bénéficie exclusivement de droits et de la liberté de circuler et de commercer avec le reste du monde. C'est pourquoi le seul lien à partir duquel on comprend mieux la *Déclaration des droits de l'homme et du citoyen* est le besoin et l'intérêt privé dont la conservation de la propriété est assurée par ces soi-disant droits de l'homme[560].

L'universalisme devient un mythe dans l'effectuation des droits de l'homme. La transformation des droits collectifs par la pensée dite économique, maintient l'État comme un acteur incontournable de la vie économique ; ce qui demeure un paradoxe insoluble de l'esprit du capitalisme. « Toutes les lois votées vont dans le sens d'un contrôle social et individuel accru comme résultat de la déréglementation »[561]. Dans ce sens, l'égalité et la liberté s'identifient à la propriété privée. La dénonciation de cette aliénation politique sous le couvert des droits de l'homme vise une appropriation des individus de leurs êtres génériques non pas seulement dans les institutions de

[558] Antoine ARTOUS « Démocratie et émancipation sociale » in Op.cit., p.20.
[559] Idem, p.53.
[560] Emmanuel Renault « Critique de la religion, de la politique et de la philosophie (Les annales franco-allemandes) » in Gérard DUMÉNIL et *al*, Op.cit., p.115.
[561] Nicolas BENIÈS « Accumulation versus légitimation. Évolution des formes de l'État » in Op.cit., p.81-82.

l'État mais dans l'ensemble de leur vie sociale. Dans la théorie, c'est-à-dire dans « la déclaration des droits de l'homme et du citoyen, l'homme en tant que citoyen est au contraire subordonné à l'homme en tant que bourgeois, puisque la liste des droits de l'homme est présente comme un ensemble de garanties des individus contre l'action d'autrui et de l'État, de sorte que c'est l'homme égoïste de la société civile, et non pas l'existence générique qu'il obtient dans l'État, qui se voit en fait identifié à l'homme véritable »[562]. Le droit est une forme illusoire d'émancipation et surtout une abstraction de la légalité et de la liberté. Pour ce faire dans *L'Idéologie allemande*, Marx attribuera au droit en général, et aux droits de l'homme en particulier, une fonction idéologique. Par contre, dans *Le Capital*, le droit sera perçu comme l'un des schèmes essentiels de l'interaction marchande. De ce fait, en tant que norme juridique, il fonctionne comme un mode de subjectivation spécifique, un subterfuge pour dissimuler l'exploitation institutionnelle. Le terrain sur lequel prend racine la forme juridique est non plus la société civile-bourgeoise mais les rapports de production capitaliste.

On s'aperçoit que ce changement de perspective a des effets sur le statut du droit et, paradoxalement, lui donne un contenu concret en tant qu'un élément constitutif des rapports de production. L'abstraction de la liberté civique de l'individu est analysée à partir de sa réalité sociale. « L'abstraction chez [Marx] est toujours ancrée dans le concret »[563]. Aujourd'hui, le libéralisme gangrène toutes les relations sociales, s'impose comme théorie de référence, il obscurcit toutes les questions juridiques liées au bien-être économique, politique, culturel et social de l'individu. « Les règles sont plus obscures et sont élaborées loin de tout contrôle »[564]. La mise en relation du droit avec les rapports de production et la constitution de l'État moderne, représentent l'autre face du mouvement à travers lequel la société bourgeoise s'organise politiquement. Dans *la Question juive*, Marx est très précis sur ce qu'est, pour lui, le statut du droit : « la constitution de l'État politique et de la désagrégation de la société civile en individus indépendants dont le rapport a pour base le droit, tout comme le rapport des hommes, sous les ordres et les corporations, fut le privilège s'accomplissent en un seul et même acte »[565]. Ce contraste entre le droit et le privilège, est synonyme d'une systématisation du principe de libre concurrence dans lequel tout s'aliène sous le diktat de l'économie.

Cette spécification de la société capitaliste transparaît dans le mode moderne de production où il est, dans le langage du néolibéralisme, question d'égalité de chance, de change et d'échange ; ou tout simplement droit égal.

---

562 Emmanuel Renault « Critique de la religion, de la politique et de la philosophie (Les annales franco-allemandes) » in Gérard DUMÉNIL et *al*, Op.cit., p.118.
563 René MOURIAUX, Op.cit., p. 227.
564 Nicolas BENIÈS « Accumulation versus légitimation. Évolution des formes de l'État » in Op.cit., p.84.
565 Marx in Antoine ARTOUSE, Op.cit., p.105.

« La caractérisation est donc précisée par l'introduction de la référence à l'égalité »[566]. Mais cette égalité renvoie à un engagement et un devoir. Et cette égalité comprise en tant qu'un devoir-être est la justice au sens aristotélicien. « Une interaction ne peut être humaine que si elle s'engendre dans l'égalité des participants : il n'y a d'interactions humaines qu'entre égaux »[567]. L'égalité sociale est de plus en plus revendiquée au fur et à mesure que le concept de sujet se trouvait universalisé. En outre, une réelle distinction des conditions sociales de vie semble corroborer la place de l'individu dans une société avec un droit différencié. Or la revendication d'égalité se traduit d'abord en termes juridiques. « L'égalité passait par celle des droits avant que l'égalité juridique n'apparaît insuffisante car formelle »[568]. C'est le but du droit de faire coïncider la justice, l'égalité et la légalité. C'est par contrecoup que cette tâche est infinie et n'était pas entièrement réalisable. Ainsi, l'égalité ne peut apparaitre comme un substitut de la justice puisqu'elle dessine un horizon inatteignable dans ce que ce désir de liberté de l'homme reste d'absolu et insatisfait, car constamment remise en cause.

La réhabilitation de l'idée d'égalité s'impose et ne va pas sans difficulté dans une démocratie moderne. Lorsqu'on observe la structuration de l'économie mondiale, le marché sans État n'est ni théoriquement ni pratiquement concevable. Le citoyen, personne juridique ne pourrait exprimer sa liberté politique que conformément à un cadre normatif prédéfini par les exigences de la mondialisation. Sa citoyenneté se déconstruit au détriment d'une puissance cosmopolite du marché. Ce qui désormais lui donne le statut de citoyen du monde, c'est-à-dire un droit cosmopolite. Cette citoyenneté mondiale où l'homme transcende toutes les limitations nationales au nom d'un certain droit international, est une stratégie de l'économie politique qui migre ainsi vers un cosmopolitisme, une nouvelle forme de domination plus rationnelle. Antonio Negri appelle cette expansion de l'idéologie nord-américaine : Empire. Il représente une gouvernance autocratique et hégémonique du monde. La relation contractuelle à établir ne se limite plus aux relations interétatiques, mais pose avec acuité le statut des individus dans une société mondiale dont l'identité est supranationale.

Kant, à ce sujet précise que le droit cosmopolitique, n'est pas « une question de charité ni de morale individuelle, mais un problème juridique, qui demande à être codifié comme les autres droits. Même en l'absence d'un État mondial, au demeurant peu souhaitable, tout individu humain, quelle que soit son appartenance, peut être considéré comme citoyen du monde, ayant un droit sur l'ensemble de la surface du globe (*Recht der Oberfläche*). Le droit de visite (*Besuchrecht*) attaché à cette qualité entraîne le droit à l'hospitalité

566 Ibidem.
567 Alexandre KOJEVE, Op.cit., p.275.
568 Nicolas TENZER, Op.cit., p. 376.

et à la libre circulation des hommes sur toute la planète »[569]. Cette conception d'une égalité plus étendue traduit mal l'idéal de justice mais ne donne pas satisfaction aux questions d'immigration et d'un traitement plus responsable en vue de mettre fins aux flux migratoire. C'est un enjeu à la fois de droit, de solidarité et d'humanisme ; tout cela encapsulé dans une citoyenneté au-delà de toute réappropriation politique. Au-delà des changements idéologiques et normatifs inhérents à l'évolution du concept d'égalité et de justice, la question de la citoyenneté reste ambigüe. L'ordre juste change de nature à partir du moment où l'on ne part plus d'une conception globale d'un ordre mais de l'individu qui définit ce qu'il entend par le sien.

> Les règles peuvent provenir d'autres institutions prenant la place de l'État, usant de ses prérogatives battant en brèche la démocratie, le contrôle citoyen, montrant par là même la nécessité de cette intervention. C'est le cas pour L'OMC (Organisation mondiale du commerce) dont les décisions s'appliquent parce qu'elles sont l'émanation d'un pouvoir d'État, des États qui acceptent ce transfert de compétences. Le fonctionnement actuel de l'union Européenne est de même nature, les transferts de compétence sont validés par les réunions de chefs d'État et de gouvernement ou les conseils des ministres. La gouvernance, gouvernement d'experts validé par la puissance publique remplace le gouvernement, des modalités démocratiques d'élaboration des règles sont ainsi bafouées[570].

Cette délégation des pouvoirs de l'État à une instance supranationale n'occulte pas pour autant ses rôles régaliens de gendarme et de contrôleur. En fait, les formes de l'État se métamorphosent sans remettre en cause sa nature capitaliste et de protection d'intérêts. La citoyenneté mondiale est aussi par analogie la métamorphose de l'identité du citoyen et soulève surtout la crise identitaire engendrée par la mondialisation. Il y a un décalage entre ce qu'énoncent les droits de l'homme et la réalité de la vie sociétale. Ces droits de l'homme masquent dans la pratique, les privilèges de quelques-uns en exigeant qu'ils deviennent réels.

La tradition libérale imprégnée de la culture anglo-saxonnne enracine les droits de l'homme, en amont de l'ordre politique en faisant de la société civile le lieu de régulation du marché. « Le juge qui doit dire le droit devient la figure dominante. Par contre mettre au centre la citoyenneté, c'est avoir une vision volontariste, prétendre remodeler la société civile au nom de grandes utopies »[571]. Redonner vie au droits de l'homme, implique la nécessité de la désétatisation de la société civile non pas seulement en référence au libre jeu du marché, mais surtout dans une perspective de gestion démocratique du

---

[569] Emmanuel KANT, Op.cit., p.35.

[570] Nicolas BENIÈS « Accumulation versus légitimation. Évolution des formes de l'État » in Op.cit., p.86.

[571] Antoine ARTOUS « Démocratie et émancipation sociale » in Op.cit., p.50.

social. Ce qui devrait être la communauté politique et la citoyenneté active deviennent des moyens garantissant à l'homme une forme de résilience sociale. La scission qu'opère le développement de la société moderne entre l'homme égoïste et le citoyen est analogue à la distinction entre les droits de l'homme et ceux du citoyen. C'est toujours la citoyenneté qui donne la réalité de la communauté politique et non l'inverse.

> [Si] Marx ne se situe pas dans la lignée des courants radicaux issus de 1789, dans sa réflexion sur les conditions de la citoyenneté, il travaille bien dans un certain horizon ouvert par la Révolution française. En effet, la place centrale donnée à la citoyenneté dans la fondation du lien social est particulière à cette révolution qui entend instituer une société sur des bases radicalement nouvelles et pour qui la définition d'un ordre civil différent du passé est la préoccupation essentielle. Les droits de l'homme y fonctionnent comme opérateur de la citoyenneté contrairement à la déclaration américaine qui, plutôt inspirée des idées de Locke, fait des droits de l'homme un produit naturel du fonctionnement de la société face auquel l'État doit limiter son intervention[572].

La citoyenneté moderne dans cette perspective est illusoire, car elle donne une image inversée de la société civile-bourgeoise. Cependant, elle ouvre la voie à une véritable communauté humaine en dépassant la simple formalisation ou abstraction de la liberté qu'on retrouve dans les droits de l'homme. Ainsi une citoyenneté active, est celle qui laisse le libre épanouissement de l'individu et de la communauté politique, celle qui sert simplement à prévenir le conflit et à faciliter la coopération, en éliminant certaines sources d'incertitude.

L'abstraction de la citoyenneté est un affaiblissement du droit et de la justice, si bien que la citoyenneté devient un comportement permanent et quotidien, un statut vécu, dynamique qui exige des règles de juste conduite et de bonne conduite. « La fonction primordiale des règles de juste conduite est ainsi de dire à chacun ce sur quoi il peut compter, quels objets matériels ou services il peut utiliser pour ses projets, et quel est le champ d'action qui lui est ouvert »[573]. Et c'est en cela que l'objectif du droit consiste même si les règles de conduite ne peuvent prohiber toute action nuisible à autrui. En termes juridiques, les règles ne confèrent pas de droits à des personnes déterminées, mais posent les conditions dans lesquelles de tels droits peuvent être acquis. Ces conditions doivent être recherchées de façon permanente dans la sphère privée et publique. Mais très souvent, établir la frontière entre ces deux espaces pour une application rationnelle et objective du droit n'est toujours pas évident.

---

[572] Antoine ARTOUSE, Op.cit., p.107.
[573] Friedrich HAYEK, Op.cit., p.44.

Conclusion

L'idéal juridique ne relève pas forcément de la valeur théorique ou de la positivité du droit, s'il n'y a pas une application efficace conforme à la légalité institutionnelle. Dans ce contexte, le droit s'adressant à l'homme a pour base sa nature humaine, c'est-à-dire son être sociétal et moral. Si Hegel nous montre que la réalisation d'une idée est sa négation, nous pouvons donc dire que la réalisation de la justice sociale implique nécessairement la négation du droit bourgeois dans le devenir autre du monde. Le processus de libération, chez Marx, est d'une nécessité d'ordre ontologique et sociétale.

Le sujet de l'historicité marxiste (les prolétaires ou les peuples), pose la problématique du dépassement de l'État et du droit. Le corpus normatif de la société capitaliste est incompatible avec la notion de droit en regard de la persistance de la paupérisation. Il est donc impératif de penser un nouveau paradigme de lutte contre la pauvreté conforme au droit à la vie des peuples, c'est-à-dire une résilience politique qui, consiste à réagir et à reconstruire un ordre social plus juste et institutionnellement plus dynamique, en adéquation avec des valeurs normatives de légitimité et de légalité des communautés concernées. Dans cette dynamique, les liens entre droits de l'homme et développement sont devenus pratiquement confus par la fragmentation et l'incohérence des normes juridiques et politiques. Le champ d'application du droit public et du droit privé dans la régulation des interactions humaines, n'a pas été suffisamment clarifié. Démocratiser le droit, c'est parvenir à la libre extériorisation des potentialités individuelles orientées vers le développement durable sans exclusif. On parvient ainsi à dé-construire ou à re-construire le système juridique en vue de parvenir à une gouvernance démocratique.

Conclusion générale

Le devenir-humain s'inscrit certes dans une perspective de la démocratie citoyenne, mais la question sociale polarise toute la réflexion sur le droit. Les jugements sur le droit se résument au fondement institutionnel du lien social et de la stabilité de la vie communautaire. Cette relation de l'être au social exige des principes et des valeurs constitutifs de son humanité. Ce n'est pas le droit qui cause problème en tant que principe juridique ouvrant la voie à un possible parachèvement du consensus politique universel, mais l'engagement politique en tant qu'agir tourné résolument vers la satisfaction des attentes du millénaire sur l'éducation, le genre, l'assistance sociale, la socialisation du travail et de l'investissement, l'emploi jeune, l'accès à l'eau et aux soins de santé, l'écologie, la protection de l'environnement par les énergies renouvelables, la réduction du gaz à effet de serre et l'alimentation, etc. Bref, la prise en compte de ces impératifs existentiels représente le contenu concret des droits de l'Homme. C'est un droit à la vie qui s'intègre dans une vision plus globale du développement humain.

> Mais l'objectif [...] ne pourra être atteint que par un effort patient et prolongé pour approfondir le diagnostic [des pathologies sociales], pour le faire comprendre, pour montrer qu'il résiste aux idéologies dominantes, finalement pour le faire partager [...] À cette fin nous ne cessons pas de nous placer dans l'hypothèse d'une réflexion collective [...] une réflexion dans laquelle interviendraient le pouvoir politique, des acteurs de la vie économique et sociale, des consultants et, en outre, un tiers que nous avons désigné sous le nom de témoin de la raison pratique. Le rôle de ce tiers, rappelons-le, serait d'éviter l'enlisement de la réflexion au moment où les contraintes logiques de l'efficacité calculable s'évanouissent dans les certitudes de l'avenir et où elles ne se manifestent à nouveau qu'après un effort de prévision lié à une réflexion et à un débat éthique. Une attitude raisonnable de la part de ceux qui, [préconisent] l'engagement de cette réflexion et [...] les interventions du témoin de la raison pratique[574].

Ce travail d'intellection permet d'avoir une vision synoptique de la réalité politique et institutionnelle, en vue de réorganiser les cadres normatifs et juridiques qui s'impose. Ce qui requiert une réadaptation politique du système juridique. « Il s'agit de mieux comprendre les ressorts de ce monde de manière à préparer et à impulser, sans compromettre sa fécondité, une réorientation économique et sociale qui permettra aux déshérités et aux exclus, fraction majoritaire de la population mondiale, d'entrer dans des activités conçues à la fois en fonction de leurs capacités et en vue de leurs besoins »[575]. Dans cette

[574] Paul LADRIÈRE et Claude GRUSON, Op.cit., p.250-251.
[575] Idem, p.252.

perspective, la philosophie est essentiellement évaluation de la portée éthique et sociale du droit, car elle est la conscience du fait que toute action conduit à des positions axiologiques par la référence à des valeurs qu'elles soient juridiques, politiques, culturelles ou économiques.

La revendication des droits de l'homme pose toujours la crise du statut de citoyen. C'est pourquoi, elle doit être conçu dans une perspective de la révolution démocratique qui, consiste à changer le monde et la vie à partir de la connaissance des normes et des principes qui structurent et régulent notre existence. Nous ne sommes plus dans une simple analyse du droit, mais au-delà. Ce qui nous permettrait d'aboutir à l'expérience de la vraie existence universelle que prétend nous offrir le droit, à l'expérience essentielle de la communauté politique et à l'expérience de l'unité du corps social que prône la démocratie citoyenne. Le devenir de l'homme doit se comprendre, chez Hegel dans le processus de parachèvement de l'histoire de l'humanité comme fondation rationnelle de l'ordre juridico-politique. Autrement dit, une rationalité juridique qui fait la promotion et l'institution d'une liberté individuelle objective. Chez Kant, le droit naît de la nécessité de la raison d'avoir à concilier la liberté de chacun avec la liberté de tous. La loi universelle est celle qui fait coexister les libertés individuelles. Cette universalité par extension, est une responsabilité civile cosmopolite qui se fonde sur le respect strict des droits de l'Homme, de l'ordre public aussi bien national qu'international. Ce cosmopolitisme juridique qui sous-tend le principe de la paix perpétuelle chez Kant, conditionne la valeur de la loi sous la double catégorie normative de cohérence et de responsabilité. Le but de la réflexion éthique sur le droit étant, ici, la coïncidence pure de la conscience pensante avec l'idée du phénomène juridique. La construction d'un état mondial fondé l'égale liberté ou la justice sociale comme le préconise les philosophes des Lumières, ne saurait se faire que par la symbiose intelligente entre les sphères économique, politique, culturelle et institutionnelle qui donnent sens et consistance à la vie humaine. Ce que nous appelons symbiose intelligente est un minimum d'harmonisation et de simplification des conditions d'émergence d'un citoyen libre et épanoui que nous offrent ces différents compartiments de la vie sociétale. À cet effet, la normativité juridique permet de développer les catégories institutionnelles favorisant chez l'être humain l'accès à un monde raisonnable, c'est-à-dire lorsqu'il peut désormais s'épanouir dans un milieu où la culture du droit est devenue un mode de vie. C'est donc ce règne de la liberté qui lui confère l'autonomie et la souveraineté. Ce qui fait de tout citoyen un homme capable de comprendre le social en tant que réalisation des valeurs d'ordre universel.

Chez Marx, le devenir-autre du monde implique la disparition d'une prétendue justice et d'un droit altérés par une idéologie productiviste. C'est pourquoi, les valeurs d'ordre universel présentes sont dans un rapport d'exclusion avec la liberté et, ne sont en réalité que des subterfuges qui dissimulent mal la mutilation de notre humanité. Elles ne peuvent contribuer à l'accomplissement d'une humanité de plus en plus exigente pour son bien-être. Il faut alors qu'advienne une justice humanie rien qu'humaine qui postule la négation des inégalités par une déconstruction progressive du cardre juridique et politique en vue d'un nouvel ordre social et démocratique, expurgé de toutes idéologies de domination et de réification de l'être. Cette téléologie de l'histoire humaine se confond avec le règne de la liberté et une anthropologie fonctionnelle sur le mode de l'affirmation de l'être générique ou concret. C'est donc une redimension conceptuelle de ce qu'on appelle le bien-être. Il s'agit de retrouver dans l'être social une force qui conditionne l'idée et la fait être. Ainsi, on assiste au dépassement du règne du droit positif en termes d'une normativité métaphysique et métastructurelle, pour retrouver l'homme socialement accompli en lui-même. La contribution de la philosophie du droit consiste à chercher essentiellement dans l'ontologie du phénomène juridique, le logos de la liberté à partir de l'effectivité du logos des idées et du logos de l'être social. Ce qui nous importe dans cette approche du droit, c'est que le devenir d'une humanité refléchissante doit pouvoir consumer celui d'une humanité souffrante. Cette exigence ne peut se passer d'une éthique de la responsabilité face au droit permettant de comprendre le règne de l'autonomie.

BIBLIOGRAPHIE

ABENSOUR Miguel, *La démocratie contre l'État, suivi de Marx et le moment machiavélien*, Paris, Félin, 2004.

ARENDT Hannah, *Qu'est-ce que la politique ?* , traduit de l'allemand par Sylvie courtine-Denamy, Paris, Seuil, 1995.

ARISTOTE, *La politique, livre I*, traduit du grec par Pierre Pellegrin, Paris, Nathan, 1983.

Les cahiers de critique communiste, Paris Éditions Syllepse, 2003, p.

BEAUD Michel et al, *Mondialisation Les mots et les choses*, Paris, Karthala, 1999.

BURDEAU Georges, *L'État libéral et les techniques politiques de la démocratie gouvernée, Tome IV*, Paris, 1971.

BOURGEOIS Christian et DE ROUX Dominique, *Épistémologie marxiste*, U.G.E., Paris, 1972.

BENSAÏD Daniel, *Marx l'intempestif*, Paris, Fayard, 1995.

BONCOEUR Jean et Hervé THOUÉMENT, *Histoire des idées économiques de Platon à Marx*, Paris, Nathan, 2000.

BELLINA Séverine, MAGRO Hervé et VILLEMEUR de Violaine (dir), *La gouvernance démocratique un nouveau paradigme pour le développement ?* , Paris, Karthala, 2008.

CHÂTELET François, *Hegel*, Paris, Seuil, 1968.

CHÂTAIGNER Jean-Luc (dir), *Fragilités et résilience : Les nouvelles frontières de la mondialisation*, Paris, Karthala, 2014.

CHÂTAIGNER Jean-Marc et MAGRO Hervé (dir), *États et sociétés fragiles. Entre conflits, reconstruction et développement*, Paris, Karthala, 2007.

COURTÈS Francis, *La raison et la vie idéal scientifique et idéologie en Allemagne : de la reforme jusqu'à Kant*, Paris, Vrin, 1972.

COTTA Sergio, *Ontologie du phénomène juridique*, Paris, Dalloz, 2015.

COURTÈS Francis, *La raison et la vie : idéal scientifique et idéologie en Allemagne de la réforme jusqu'à Kant*, Paris, Vrin, 1972.

DARDOT Pierre et LAVAL Christian, *Marx, Prénom : Karl*, Paris, Gallimard, 2012.

DUVERGER Maurice, *Droit constitutionnel et institutions politiques*, Paris, PUF, 1958.

D'HOLBACH Paul-Henri Thiry, *Œuvres philosophiques*, *TOME III*, Paris, Éditions Alive, 2000.

DE LA MIRANDOLE Jean PIC, *De la dignité de l'homme*, Combas, Éditions de l'Éclat, 1993.

DOSSO Faloukou, *L'universalisation de la démocratie Vers la théorie habermassienne de la démocratie ?*, Paris, L'Harmattan, 2015.

DUVERGER Maurice, *Droit constitutionnel et institutions politiques*, paris, PUF, 1958.

FRAZER Nancy, *Qu'est-ce que la justice ? Reconnaissance et redistribution*, traduit de l'anglais (États-Unis) par Estelle Ferrarese, Paris, La Découverte, 2011.

GODONG Serge Alain, *Implanter le capitalisme en Afrique, bonne gouvernance et meilleurs pratiques de gestion face aux cultures locales*, Paris, Karthala, 2011.

HABERMAS Jürgen, *Entre naturalisme et religion. Les défis de la démocratie,* traduit de l'allemand par Christian Bouchindhomme et Alexandre Dupeyrix, Paris, Gallimard, 2008.

HATEM Jad, *Marx, philosophe de l'intersubjectivité*, Paris, L'Harmattan, 2003.

HAYEK Friedrich, *Droit, législation et liberté*, traduit de l'anglais par Raoul Audouin, Paris, PUF, 1982.

HEGEL Friedrich, *droit, morale et politique*, textes choisis par, Paris, PUF, 1977.

HEGEL Friedrich, *Leçons sur la philosophie de l'histoire*, traduit de l'allemand par J. Gibelin, Paris, Vrin, 1998.

HEGEL Friedrich, *Phénoménologie de l'esprit tome II,* traduit de l'allemand par Jean Hyppolite, Paris, 1941.

HEGEL Friedrich, *Principes de la philosophie du droit*, traduit de l'allemand par André Kaan, Paris, Gallimard, 1940.

JACQUES Francis, *Écrits anthropologiques*, Paris, L'Harmattan, 2000.

KANT Emmanuel, *Pour une paix perpétuelle*, traduit de l'allemand par Joël LEFEBVRE, Paris, Presses universitaires de Lyon, 1985.

KANT Emmanuel, *Théorie et pratique sur un prétendu droit de mentir par humanité*, traduit de l'allemand par Louis Guillermit, Paris, Vrin, 2013.

KANT Emmanuel, *Fondements de la métaphysique des mœurs*, traduit de l'allemand par Victor Delbos, Paris, Librairie Delagrave, 1971.

KANT Emmanuel, *Préface à la deuxième édition de la critique de la raison pure*, présentation et commentaires, Jacques Deschamps, Paris, Nathan, 1981.

KAUFFMANN Mayeul, *Gouvernance économique mondiale et conflits armés, Banque mondiale, FMI et GATT-OMC*, l'Harmattan, 2006.

KELSEN Hans, *Théorie générale des normes*, traduit de l'allemand par Olivier Beaud et Fabrice Malkani, Paris, PUF, 1996.

KERVÉGAN Jean-François et MARMASSE Gilles (dir), *Hegel penseur du droit*, Paris, CNRS EDITIONS, 2004.

KOJÈVE Alexandre, *Esquisse d'une phénoménologie du droit*, Paris, Gallimard, 1981.

KONINCK De Thomas et Gilbert LAROCHELLE, *La dignité humaine, philosophie, droit politique, économie, médecine*, Paris, PUF, 2005.

KOUASSI Yao-Edmond, *Habermas et la solidarité en Afrique*, Paris, L'Harmattan, 2010.

LADIÈRE Paul et GRUSON Claude, *Éthique et gouvernabilité*, paris, PUF, 1992.

LAQUEUR Walter et RUBIN Barry, *Anthologie des droits de l'homme*, traduit de l'américain par Thierry Piélat, Paris, 2002.

LEFEBVRE Henri, *Métaphilosophie*, Paris, Syllepse, 2000.

LOCKE John, *Deuxième traité de gouvernement civil*, traduit de l'anglais par Bernard Gilson, Paris, Vrin, 1977.

MACHIAVEL Nicolas, *Le prince*, traduit de l'italien par Yves lévy, Paris, Flammarion, 1992.

MARX Karl, *Contribution à la critique de la philosophie du droit de Hegel*, traduit de l'allemand par Jules Molitor, Paris, Éditions Allia, 1998.

MARX Karl, *Différence de la philosophie de la nature chez Démocrite et Épicure*, traduit de l'allemand par Jacques PONNIER, Paris, Éditions Ducros, 1970.

MARX Karl, *Manuscrits 1844*, traduit de l'allemand par Emile Bottigelli, Paris, Éditions sociales, 1969.

MARX Karl, *L'opium du peuple, introduction de contribution à la critique de la philosophie du droit de Hegel*, traduit de l'allemand par Jules Molitor, Paris, Mille et une nuits, 2013.

MARX Karl, *Critique du droit politique hégélien*, traduit de l'allemand par Albert Baraquin, Paris, Éditions sociales, 1975.

MARX Karl et ENGELS Friedrich, *L'Idéologie allemande*, traduit de l'allemand par Henri AUGER, Gilbert BADIA, Jean BAUDRILLARD, Renée CARTELLE, Paris, Éditions sociales, 1976.

MAUGENEST Denis, *Gouverner la violence, société civile et société politique*, Les Éditions CERAP, Abidjan, 2005.

MELKEVIK Bjarne, *Philosophie du droit, Volume 2*, Canada, PUL, 2014.

MORIN Edgar, *Pour et contre Marx*, Paris, Temps présent, 2010.

MOURIAUX René, *La dialectique d'Héraclite à Marx,* Paris, Syllepse, 2010.

NEGRI Antonio et HARDT Michael, *Empire*, traduit de l'américain par Denis-Armand Canal, Paris, Exils, 2000.

NIETZSCHE Friedrich, *Généalogie de la morale*, traduit de l'allemand par Henri Albert, Paris, Gallimard, 1964.

PALMA Norman, *Introduction à la théorie et à la philosophie du* droit, Paris, Perspectives libres, 2014.

PERELMAN Chaïm, *Éthique et droit*, 2e Édition, Paris, Éditions de l'Université de Bruxelles, 2012.

PLATON, *La République*, traduit du grec par Robert Bacou, Paris, Flammarion, 1966.

POISSON Jean-Frédéric, *La dignité humaine*, Bordeaux, Les Études Hospitalières, 2005.

RENAULT Alain, *Kant aujourd'hui*, Paris, Flammarion, 1997, p.316.

ROUSSEAU Jean-Jacques, *Émile ou de l'Éducation*, Paris, Éditions sociales, 1978.

SARTRE Jean-Paul, *L'existentialisme est un humanisme*, Paris, Éditions Nagel, 1970.

SCHOPENHAUER Arthur, *Les deux problèmes fondamentaux de l'éthiquen (la liberté de la volonté/ Le fondement de la morale),* traduit de l'allemand par Christian Jaedicke, Paris, Éditions Alive, 1998.

SLOTERDIJK Peter, *Tempéraments philosophiques*, Paris, Libella Maren Sell, 2011.
SYLLA Lanciné, *Anthropologie de la paix : De la contribution de l'Afrique à la culture de la paix*, Abidjan, Les Éditions CERAP, 2007.

TENZER Nicolas, *Philosophie politique*, Paris, PUF, 1994.

WEBER Max, *L'éthique protestant et l'esprit du capitalisme*, traduit de l'allemand par Isabelle KLINOWSKI, Paris, Flammarion, 2009.
WEIL Éric, *Hegel et l'État cinq conférences suivies de Marx et la philosophie du droit*, Paris, Vrin, 2002.

WEIL Éric, *Logique de la philosophie*, Paris, Seuil, 1996.

ZIEGLER Jean, *Les nouveaux maîtres du monde et ceux qui leur résistent*, Paris, Fayard, 2002.

Articles et périodiques

Les cahiers de critique communiste. Le marxisme face au capitalisme contemporain, Paris, Syllepse, 2004.
Revue générale de droit international, Paris, A. Pedone, 1922.
Les cahiers de critique communiste. Marxisme et démocratie, Paris, Éditions Syllepse, 2003.
Revue africaine de politique internationale N°27/28 : Avril-Octobre.2000.
Cahier philosophique d'Afrique, 2013, N°0011.

Table des matières

Sommaire..11

Préface..13

INTRODUCTION..15

PREMIÈRE SECTION

LA PROBLÉMATIQUE DE L'INTERACTION ENTRE DROIT ET MORALE..23

Chapitre premier

Pour une éthicité juridique opérationnelle..25

I-Exigences d'une gouvernance juridique et institutionnelle..26

II-Les vertus fondamentales de l'éthicité sociale..30

III-La corrélation entre bonne volonté et justice..39

IV-L'altruisme comme ouverture à l'universel..43

V-La dignité transcendantale face aux inclinations humaines..51

VI-La tension insoluble entre droit, morale et sanction..55

Conclusion..63

Chapitre deuxième

La rationalité juridique et la responsabilité humaine..65

I-Les figures socialisantes de l'impératif catégorique : anthropologie de la liberté..67

II-Le choix translucide de l'acte dans l'éthique de l'universel..69

III- La liberté civile et la citoyenneté mondiale..75

IV- La dialectique de la nature humaine et du droit..84

Conclusion..91

Chapitre troisième

Les conditionnalités juridiques et le pragmatisme procédural de la loi..93

I-La question de l'autonomie du droit et du « tiers »..........................94

II-Le fondement du droit positif à partir d'une subjectivité-universelle : le moment kantien de la loi..101

III-Le rapport conflictuel entre légitimité et légalité : la dégénérescence institutionnelle...105

IV – Fusion de la normalité rationnelle et de la normalité politique dans la constitution de la métapolitique..109

Conclusion..114

DEUXIÈME SECTION

DE LA COMPATIBILITÉ ONTOLOGIQUE ENTRE DROIT ET RAISON SOCIALE...117

Chapitre premier

L'histoire de l'ontologie du droit est une histoire de l'humanité..........119

I- Nécessité d'une réconciliation sociologique et ontologique du droit.......120

II – La démocratie citoyenne, une législation juridique à la recherche du sens..124

III-Les fondements idéologique et ontologique du droit.........................134

IV-Conditions de la légitimité politique et juridique du pouvoir 143

Conclusion..151

Chapitre deuxième

La déconstruction de la démocratie par la justice distributive............153

I - La justice transcendantale et le droit immanence.................................154

II- Incompatibilité du droit et de l'infrastructure socio-politique.............159

III- Pour un jugement ontologique de la crise de la démocratie...............165

IV-La conflictualité entre droit et argent.....172

V- La psychologie bourgeoise et la psychologie prolétarienne du droit face à une antinomie de l'intersubjectivité.....179

Conclusion.....184

TROISIÈME SECTION

LE DROIT ÉCARTELÉ ENTRE RÉALISME ET UTOPIE.....185

Chapitre premier

La crise de légitimité du droit positif.....187

I-La métalogie du droit positif.....188

II- Le droit et le discernement de la conscience morale.....193

III- Du surréalisme juridique au réalisme juridique.....198

Conclusion.....201

Chapitre deuxième

La démocratisation du droit.....203

I - Droit et résilience sociale en Afrique : un nouveau paradigme de lutte contre la pauvreté.....204

II - Le passage du droit naturel au droit positif : des résidus qui résistent au changement conceptuel.....208

III- Droit et détermination de l'abstraction dans l'effectivité de la liberté citoyenne.....211

Conclusion.....220

Conclusion générale.....221

Bibliographie.....225

Table des matières.....231

Structures éditoriales du groupe L'Harmattan

L'Harmattan Italie
Via degli Artisti, 15
10124 Torino
harmattan.italia@gmail.com

L'Harmattan Hongrie
Kossuth l. u. 14-16.
1053 Budapest
harmattan@harmattan.hu

L'Harmattan Sénégal
10 VDN en face Mermoz
BP 45034 Dakar-Fann
senharmattan@gmail.com

L'Harmattan Cameroun
TSINGA/FECAFOOT
BP 11486 Yaoundé
inkoukam@gmail.com

L'Harmattan Burkina Faso
Achille Somé – tengnule@hotmail.fr

L'Harmattan Guinée
Almamya, rue KA 028 OKB Agency
BP 3470 Conakry
harmattanguinee@yahoo.fr

L'Harmattan RDC
185, avenue Nyangwe
Commune de Lingwala – Kinshasa
matangilamusadila@yahoo.fr

L'Harmattan Congo
67, boulevard Denis-Sassou-N'Guesso
BP 2874 Brazzaville
harmattan.congo@yahoo.fr

L'Harmattan Mali
Sirakoro-Meguetana V31
Bamako
syllaka@yahoo.fr

L'Harmattan Togo
Djidjole – Lomé
Maison Amela
face EPP BATOME
ddamela@aol.com

L'Harmattan Côte d'Ivoire
Résidence Karl – Cité des Arts
Abidjan-Cocody
03 BP 1588 Abidjan
espace_harmattan.ci@hotmail.fr

L'Harmattan Algérie
22, rue Moulay-Mohamed
31000 Oran
info2@harmattan-algerie.com

L'Harmattan Maroc
5, rue Ferrane-Kouicha, Talaâ-Elkbira
Chrableyine, Fès-Médine
30000 Fès
harmattan.maroc@gmail.com

Nos librairies en France

Librairie internationale
16, rue des Écoles – 75005 Paris
librairie.internationale@harmattan.fr
01 40 46 79 11
www.librairieharmattan.com

Lib. sciences humaines & histoire
21, rue des Écoles – 75005 Paris
librairie.sh@harmattan.fr
01 46 34 13 71
www.librairieharmattansh.com

Librairie l'Espace Harmattan
21 bis, rue des Écoles – 75005 Paris
librairie.espace@harmattan.fr
01 43 29 49 42

Lib. Méditerranée & Moyen-Orient
7, rue des Carmes – 75005 Paris
librairie.mediterranee@harmattan.fr
01 43 29 71 15

Librairie Le Lucernaire
53, rue Notre-Dame-des-Champs – 75006 Paris
librairie@lucernaire.fr
01 42 22 67 13

www.ingramcontent.com/pod-product-compliance
Lightning Source LLC
LaVergne TN
LVHW011022061026
849535LV00006B/2012
* 9 7 8 2 3 4 3 1 7 1 7 2 2 *